KB211008

예배가 살아야 교회가 산다

예배가 살아야 교회가 산다

초판 | 1쇄 발행 2014년 10월 10일
지은이 | 유선호
펴낸이 | 이재승 ·황성연
펴낸곳 | 하늘기획
마케팅 | 이동식 ·함승훈
관리부 | 이은성 ·이숙희
북디자인 | 권기용

주소 | 서울특별시 중랑구 상봉동 136-1 성신빌딩 3층
등록번호 | 제8-0856호

총판 | 하늘물류센타   **전화** | 031-947-7777   **팩스** | 031-947-9753

ISBN | 978-89-92320-76

예배가 살아야 교회가 산다

EVANGELICAL CHRISTIAN WORSHIP
AND REVIVAL OF THE CHURCH

유선호 지음

하늘
기획

머리말

1. 한국교회의 부흥이 멈춘 이유는 무엇일까?

5년마다 발표하는 통계청의 '인구주택총조사'(2006년 5월 26일 발표)에 의하면, 2005년 11월 1일 기준으로 10년 전인 1995년과 비교해봤을 때, 기독교 인구는 876만명 (인구 대비 19.7%) 에서 861만 1000명 (인구 대비 18.3%) 로 14만 4000명이 감소하여서 인구대비 1.6%가 감소하였습니다.

일찍이 전가화 목사는 「광명시 교회연합회」가 주최한 한 목회자 세미나에서 "80년대 이후 한국교회의 성장이 멈췄다. 그 이유는 천주교를 본떠서 의식주의 (Liturgical Movement) 로 가기 때문이라" [1]고 지적한 바 있는데, 참으로 정곡을 찌른 말입니다. 전가화 목사의 지적은 당시의 신문보도들에 의해서 확실히 뒷받침되고 있는데, 당시에 발간된 92년 판 '기독교대연감'에 의하면, 89년의 9.2%, 90년의 5.8%에 이어서 91년도에는 3.9%로 한국교회의 성장률이 뚜렷한 둔화의 추세에 있다고 하였습니다. [2] 그 이유는 한국교회가 기도운동, 성령운동, 전도운동보다 의식주의운동에 더 관심을 가졌기 때문입니다.

의식주의적인 교회가 성장할 수 없음은 분명한 사실입니다. 일리온 T. 존스는 "일반 대중은 간단하고 직접적인 예배를 원하지 복잡하고 어렵고 그들의 필요에는 적합하지도 않은 무리한 제사식의 예배를 원치 않는다" [3]고 지적한 바 있는데, 그러한 주장은 사실로서 입증되고 있습니다. 당시의 보도에 의하면, "러시아에서 오랫동안 뿌리를 내린 정교회가 예배의식을 지나치

게 중요시하고 있기 때문에 많은 젊은이들이 정교회를 떠나고 있고",[4] 남미
에서는 천주교가 퇴조하고 기독교가 크게 성장하고 있는데, 남미에서 기독
교가 인기를 끄는 이유는 무엇보다도 간단하고 자유스런 예식에 있다."[5]고
하였습니다.

이러한 모든 사실들을 종합해 볼 때, 소위 "예배갱신운동"이란 미명으로
중세의 의식주의적인 예배로의 복고운동을 벌였던 '의식주의 운동'이 한국
교회에 끼친 영향은 한마디로 말해서 "교회 성장의 둔화"로 나타났다고 볼
수 있습니다. 그것은 예견된 일이며, 자명한 결과였습니다. 의식이 득세하면
생명력이 죽는다는 것은 상식적인 사실이고, 역사가 말해주고 있는 사실입니
다. "역사의 언제 어느 곳에서든 기독교가 의식에 치중한 예배 때문에 영적으로
소생한 일은 별로 없다"[6]고 일리온 T. 존스는 지적합니다. 중세 시대의 영적
상황이 그 역사적 증거입니다.

2. 부흥하는 교회들의 특징은 무엇일까?

그러나 최근 또 다른 소식이 있습니다. 그것은 바로 예배회복에 따른 교
회부흥의 소식들입니다.「성장비결은 말씀과 예배의 회복」이라는 제목 하에
2009년 7월 14일자 국민일보는 다음과 같이 보도했습니다.

"오직 말씀과 예배가 살아나면 가능합니다."

서울 낙성대동 큰은혜교회 이규호(39) 목사가 밝힌 교회성장의 원동력이다. 2007년 7월1일 정세윤 원로목사의 후임으로 부임한 이 목사는 '목회 초년병'이다. 그런 그가 2년간 말씀과 예배에만 전념한 결과, 교회가 3배 이상 성장하며 현재 3000명이 출석하고 있다. 지금도 매달 150여명이 새 신자로 등록한다. 정말 말씀과 예배 사역만 있는 걸까?

큰은혜교회는 문화사역이나 전도축제, 제자훈련 등 프로그램이 일절 없다. 그렇다고 교회가 아파트 밀집지역이나 큰 대로변에 위치한 것도 아니다. 홍보 전단지를 돌리지도 않는다. 그런데도 교회는 계속 성장한다.[7]

그리고 1년 후인 2010년 11월 4일, 국민일보는 다시 또 「오직 말씀·예배 중심으로…」라는 제목 하에 다음과 같이 보도하였습니다.

"서울 큰은혜교회 성도 연 2000명 증가"

2008년 5100명, 이듬해 7100명, 그럼 올해는?

서울 낙성대동 큰은혜교회(이규호 목사)가 오는 14일 예배자 9100명, 새신자 3000명을 목표로 오전 7시30분부터 두 시간 간격으로 총 8차례 예배를 드리는 '2010 큰은혜 새생명축제'를 개최한다. 연예인을 초청한 간증집회나 CCM가수를 불러 찬양을 부르는 문화사역도 없다. 오로지 예배로만 축제를 가득 채운다.

2007년 7월 장세윤 원로목사 후임으로 부임한 이규호 목사는 지난 3년간 예배 사역에만 전념하고도 이런 성장의 결과를 이뤘다. 새 가족으로 2008년 514명, 2009년 871명이 등록했다. 올해도 이미 1100명의 새 가족을 맞아들였다.

이 목사는 "교회 성장의 원동력은 오직 말씀과 살아 있는 예배"라고 말했다. 예배에 집중하기 위해 교회에서 일절 '행사'도 열지 않는다.

"영적으로 갈급해하는 성도들의 필요를 채워주기 위해 성경의 내용을 그대로 전합니다. 간증이나 예화를 적절히 섞어 누구나 쉽게 복음을 받아들이고 삶에 적용할 수 있도록 격려하는 게 전부입니다." [8]

그리고 국민일보는 2011년 8월 8일부터 3박4일간 경기도 파주 오산리 최자실 기념 금식기도원에서 열렸던 '나이스크 (NYSKC) 패밀리 콘퍼런스 코리아 2011' 준비위원과의 인터뷰 기사를 다음과 같이 게재했습니다. [9]

지난달 26일 서울 여의도 국민일보에서 만난 대회 기획실장 박재준(52) 목사와 준비위원장 유성준(71) 목사는 최근 한국 기독교가 어려움을 겪고 있는 이유에 대해 다음과 같이 진단했다.

"교회 안의 성령 충만과 크리스천의 신앙 열정이 사라졌습니다. 기독교의 위기는 크리스천이 가장 중요하게 생각해야 할 예배를 등한시한 결과입니다."

이들이 속한 나이스크 월드미션은 '예배가 살면 교회가 살고 나라와 가정이 산다'는 기치 아래 1993년부터 미국을 중심으로 '나이스크 운동'을 전개해 왔다. ...(중간 생략)...

　박 목사는 "예배가 교회의 본질이라는 것을 깨닫게 하고 한국에서도 예배회복의 역사가 일어나도록 하기 위해 대회를 준비하고 있다"고 밝혔다. 그는 "93년부터 미국에서 개최된 나이스크 콘퍼런스를 통해 한인교회에 영적 각성이 일어났다"고 말했다. 유 목사는 "이번 대회를 통해 예배 중심의 신앙생활이 얼마나 중요한지 다시 한번 깨달을 수 있었으면 한다."고 덧붙였다.[10]

　이와 같이 앞에서 거론한 사실을 통해서 우리가 얻을 수 있는 교훈은, 교회가 생명력 있게 부흥하고 성장하려면, 의식주의 예배운동이 아니라, 복음적이고 신령한 예배의 회복이 있어야 한다는 것입니다. 말씀운동, 기도운동, 성령운동, 전도운동을 해야 한다는 것입니다. 그러한 운동이 활발했던 1970년대의 한국교회의 급성장과, 의식주의 운동인 예배갱신운동이 일어났던 1980년대 이후의 한국교회의 성장둔화 추세는 그러한 사실을 다시 한 번 실증하고 있는 것입니다.

　지나간 예배의 역사를 살펴보면, 예수님께서 "신령과 진정으로 드리는 참된 예배"를 말씀하심에 따라서 (요 4:23-24) 기독교는 의식주의적인 유대교의 예배를 갱신하여 복음적인 예배로 발전시켰습니다. 그러나 몇 세기 후 중세의 의식주의가 득세하였고, 그 체계가 부패되었을 때 종교개혁에 의한 복음주의 예배운동이 일어났습니다. 하지만 1960년대 이후 천주교의 '제2차 바티칸회의'의 영향으로 WCC 중심으로 예배갱신운동 (Liturgical Movement) 이 일어나서 다시 또 의식주의적인 예배로 되돌아가는 현상이 생겼습니다.

지금 우리 한국교회의 예배흐름을 보면, 일부의 예배 현장에서는 '열린 예배운동'이 있고, 실천신학계에서는 '예배갱신운동'이 있어서 서로 다른 방향을 지향하고 있습니다. 열린예배는 '예배신학의 부재'라는 비판을 받을 만큼 비예전적인 반면, 예배갱신운동은 WCC의 리마예식서 (Lima Liturgy) 를 기준으로 하는 예전운동 (Liturgical Movement) 또는 의식주의운동으로서 중세 천주교적인 예배로 되돌아간다는 느낌을 주고 있습니다. 일리온 T. 존스 (Illion T-Jones)가 "형식을 강조하는 바로 그때가 영적 부흥이 필요한 때라" [11]고 잘 지적했듯이, 의식이 득세하면 생명은 고갈됩니다. 따라서 지금 한국교회는 초대교회와 종교개혁 정신을 따른 복음적이고 균형 잡힌 신령한 예배가 절실히 요구되고 있는 실정입니다.

3. 이 책은 무엇을 말하고 있는가?

한 마디로 말해서 이 책은 예배가 살아야 교회가 산다는 것입니다. 그렇다면 예배를 죽이는 것은 무엇입니까? 바로 중세 천주교의 의식주의적인 예배로 돌아가자는 운동입니다.

그러므로 이 책에서는 ①천주교 미사는 예배가 아니라 제사라는 것을 밝히고, ②복음적인 기독교 예배의 본질이 무엇인지를 규명한 후에, ③ "예배 갱신운동" (Liturgical Movement) 의 정체는 "일종의 천주교 미사 운동"과 같다는 것을 파헤치고, ④복음적인 신령한 예배가 교회를 새롭게 살리고 부흥케 한다는 점을 강조하고자 합니다.

본래 이 책은 필자의 신학박사 학위논문[12]에 약간 (예배의 중요성) 만 추가하여서 엮은 것으로, 필자가 섬기는 평강교회의 30주년 기념의 일환으로 발간하게 되었습니다. 그렇기 때문에 어쩔 수 없이 비록 약간의 학문적인 색채를 띠고는 있으나, 웬만큼 책읽기를 좋아하는 목회자와 성도들이라면 대부분 관심을 가지고 일독할만한 책이라고 생각됩니다. 일반적인 독자들의 편이를 위하여 각주는 논문과 달리 후주로 처리하였습니다.

4. 감사의 말씀

그리고 이 책을 빌어서 그동안 필자를 사랑과 관심으로 이끌어주셨던 서울신대 목창균 전 총장님과 지도교수였던 박명수 교수님과, 또한 박사학위논문을 교정하듯이 꼼꼼히 읽어주셨던 성결대학교 성기호 전 총장님께 깊은 감사의 마음을 전해드리고 싶습니다. 아울러서 그동안 부족한 필자를 늘 사랑과 기도로 함께해 주신 평강성결교회 모든 지체들과, 특별히 자원하여 이 책의 출판을 맡아주신 황성연 장로님께 사랑과 감사의 마음을 전하며, 끝으로 오늘이 있기까지 부족한 종을 택하시고 인도해 주신 하나님 아버지께 모든 영광을 돌립니다.

2014년 10월 10일

카타콤에서 평강까지의 30여년을 회상하며

유선호 목사

CONTENTS

서론

1

PART

기독교가 직면한 가장 큰 도전과 위협

1. 종교다원주의

오늘의 세계를 특징 지어주는 것들 중의 하나는 종교다원주의 혹은 다종교현상 (religious Pluralism) 이라고 할 수 있는데,[13] 이것이 오늘날의 기독교가 직면한 가장 큰 도전과 위협이 되고 있다. 기독교[14]는 전통적으로 기독교만이 참 종교요, 절대 종교라고 믿는 기독교 절대주의 (Christian absolutism) 의 입장을 견지해 왔으나, 현대에 와서는 종교는 하나가 아니라 여럿이며 절대 종교란 있을 수 없고 모든 종교는 상대적이라고 주장하는 종교다원주의가 일어나게 된 것이다.[15] 그러나 성경은 말하기를 "다른 이로서는 구원을 얻을 수 없나니 천하 인간에 구원을 얻을만한 다른 이름을 우리에게 주신 일이 없음이니라" (행 4:12) 고 하였고, 예수께서는 "내가 곧 길이요 진리요 생명이니 나로 말미암지 않고는 아버지께로 올 자가 없느니라" (요 14:6) 고 말씀하였다. 그렇기 때문에 그리스도인들은 예수를 믿어야만 구원을 얻는다는 성경적 사실을 굳게 붙잡을 수밖에 없고, 비성경적인 종교다원주의를 결코 받아들일 수 없는 것이다.[16] 그런 의미에서 종교다원주의는 오늘날의 기독교의 가장 큰 도전과 위협이 되고 있다.[17]

2. 성경과 역사의 교훈

그러나 이러한 다종교현상과 종교적 혼합주의는 20세기 후반에 처음으로 제기된 문제는 아니다. 성경을 보면, 이스라엘은 하나님의 말씀을 거역하고 주변 민족들과 같이 거하며 통혼하고, 그들의 신들을 섬기게 되고 결국은 남왕국 유다와 북왕국 이스라엘로 분열된 후, 북왕국은 앗시리아에게 망하고 남왕국은 바벨론에게 망하고 만다. 신약시대 이후 초대교회의 역사를 보아도 기독교는 당시의 그리스와 로마의 다른 종교들과의 문제를 제대로 처리하지 못했고, 결국은 이교도들의 종교사상과 의식들이 교회 속으로 물밀 듯이 들어와서 기독교는 급속히 부패 타락하게 되었던 것이다.[18] 그 후 로마제국은 망하고, 교회는 "서로마 교회"와 "동로마 교회"로 갈라지게 되며 (1054), 드디어 1517년 종교개혁이 일어나게 된다. 이와 같이 성경과 역사를 통해서 볼 때, 기독교가 다른 종교에 대하여 어떤 태도를 가져야 하고, 어떤 관계를 설정해야 하는가 하는 문제는 매우 중요한 문제가 아닐 수 없다. 왜냐하면, 그 결과에 따라서 자기 정체성을 유지할 수도 있고 상실할 수도 있으며, 하나님의 축복을 받거나 진노의 대상이 될 수도 있기 때문이다.

3. 종교다원주의의 주요 원인

그런데 문제는 이러한 종교다원주의의 중심에 WCC와 천주교가 자리잡고 있다는 점이다. 서울신학대학교의 목창균 교수는 종교다원주의의 태동을 두 가지로 추적하는데, WCC의 종교연합 운동의 영향을 받은 선교사들

과 종교학자들이 종교다원주의를 제기했다는 점을 든다.[19] 고신대학의 전
호진 교수도 WCC의 종교대화가 결과적으로 종교다원주의를 초래했다고 지
적하고 있다.[20]

한편 천주교는 제2차 바티칸 회의 (1965) 선언문을 통해서 "어쩔 수 없이
그리스도의 복음을 듣지 못했으면서도 하나님을 진실로 찾고 하나님의 은혜
로 자기 양심의 소리에 귀를 기울여 하나님의 뜻을 따르려고 애쓰는 사람은
영생을 얻을 수 있다"고 선언함으로서 포괄주의적[21] 입장을 공식적으로 천
명했다.[22] 그런데 성결대학교의 이성주 교수는 이 포괄주의는 자신들이 주
장하는 것처럼 중립적 노선이 아니고 사실은 다원주의에 속한다고 본다. 왜
냐하면, 기독교에만 구원이 있는 것이 아니라 다른 종교에도 구원이 있다고
믿기 때문이다.[23] 이러한 사실들로 미루어 볼 때, 오늘날의 기독교에 가장
큰 위협이 되고 있는 종교다원주의의 중심에 WCC와 천주교가 자리 잡고 있
음을 알 수 있다.

4. WCC의 일치운동과 예전운동

그러나 성경을 하나님의 영감된 오류 없는 말씀으로 믿으면서 오직 그리
스도를 통해서만 구원을 받을 수 있다고 믿는 정통적인 그리스도인들은 다
른 종교에 대하여 배타적일 수밖에 없다. 그렇기 때문에 종교다원주의를 받
아들일 수도 없고, 진리를 배제한 채 다른 종교와 일치를 추구할 수가 없다.
반면에 오늘날 WCC는 진리 (교리) 를 배제한 채 일치를 추구하고 있다. 그리
고 그 WCC가 일치운동의 일환으로 만든 것이 바로 리마문서와 리마예식서
이다.

WCC는 1937년 에딘버러에서 모였던 신앙과 직제위원회에서 교리적인

합의를 통한 일치의 추구는 가능성이 없음을 재확인하였다.[24] 그리고 1952년 룬트 (Lund) 에서 열린 제3차 회의에서는 신학적 교리 중심이 아닌, 그리스도 중심이라는 새로운 일치 운동의 방법이 제기되었고,[25] 이제는 의식적(성례전적) 일치를 꿈꾸고 있다.[26] 그리하여 나온 것이 리마문서 (Lima Text) 인데,[27] 1982년 1월 페루의 리마에서 모인 WCC 산하 '신앙과 직제 (Faith and Order)위원회'에서 채택한 세례, 성만찬, 사역 (Baptism, Eucharist and Ministry) 에 관한 합의 문서를 '리마문서' 혹은 'BEM 문서'라고 칭한다.[28] 그리고 이 리마문서의 "성만찬" 항목에 근거하여 만든 성만찬 예식서가 바로 리마예식서 (Lima Liturgy)이다.[29]

문제는 이 리마예식서의 내용이다. 그것은 온갖 종파들의 의식을 혼합하여 만든 혼합물이며, 그 신학적 배경은 혼합주의적이기 때문이다.[30] 이러한 사실은 리마예식서의 실제적인 기초인 막스투리안(Max Thurian)이 제시하는 리마예식서의 자료 출처를 보아서도 알 수 있다.(괄호 안의 번호는 리마예식서의 33 항목 중에 해당되는 번호이다.)

(2)인사(salutation)는 제2차 바티칸회의 이후에 개정된 카톨릭교의 예배의식에서 새삼 회복된 것이고, 그 다음의 (3)죄의 고백(confession)과 (4)용서의 선언(abso-lution)은 미국과 카나다의 루터교회가 공동으로 사용하고 있는 '루터교 예식서'에서 채용한 것이다. (5)자비의 연도(The Litany of the Kyrie)는 비잔틴 예배의식 (Byzantine Liturgy, 동방정교회)에서 온 것이다. (15)신앙고백(Creed)은 381년 콘스탄티노플 회의에서 공인된 니케야 신조를 사용하는데, 이 니케야 신조는 동방정교회에서 사용하는 것으로, 동방교회와의 화해의 의미에서 채택되었다. (16)중보의 기도(intercession)는 교황 겔라시우스(Pope Gelasius, d.496)의 연도로서 5세기 말경

에 로마에서 사용되었던 키리에(Kyrie)의 연도를 반영한 것이다. 성찬 예전에 있어서의 (17)준비기도(prepa- ration)는 유대교 의식의 두 축복기도(로마 가톨릭 예식에도 사용되는)와 디다케(Didache)에 근거한 것이고, 또 알렉산드리아 전통과 로마 전통에 따르기 위해서 (24)성령임재의 기원I(Epiclesis I)이 성만찬 제정의 말씀(Institution) 앞에 드려진다. 이 성령임재의 기원은 동방정교회로부터 온 것이다. (25)추모의 기원(Commemorations)은 로마 카톨릭의 전통에 따른 것으로 죽은 자들을 위한 기도이다. (26)마지막 기원(Conclusion) 역시 로마 카톨릭 예식에서 온 것이다.[31]

위와 같이 리마예식서는 천주교, 동방정교회, 성공회, 루터교의 의식들을 혼합하여 만든 것이지만, 이것을 천주교의 '미사통상문'[32]과 비교해 보면, 리마예식서의 큰 뼈대는 천주교의 미사의식이라고 생각된다. 즉 천주교 미사의식이 둔갑한 것이다.[33] 이와 같은 상황에서 예배갱신을 부르짖으며 예전운동(Liturgical Movement)을 주장하는 학자들에 의해서 추앙 받고 있는 것이 바로 "리마예식서"이다. 박근원은 「리마문서」를 마틴 루터의 "95개조 논제"에 버금가는 것이라고 극찬하면서,[34] "리마예식서의 실험이 세계 그 어느 곳보다도 절실히 요청되고 있는 현장이 우리의 한국교회"[35]라고 주장한다. 그리고 "세계 교회의 일치 추구의 선한 의지를 하느님께서도 성령을 통해서 이끌어가고 계심을 감지할 수 있다"[36]고 하였다.

이렇게 볼 때, WCC는 종교다원주의적 관점에서 종교대화와 일치를 추구하고 있으며, 그 일환으로 리마문서와 리마예식서를 만들었는데, 그것들이 바로 예전운동의 핵심적인 자료로 사용되고 있다는 것을 알 수 있다. 그런 연유로 인하여 WCC의 일치운동과 예전주의운동은 상호 연관되어 있고,[37] 예전주의운동의 주요한 동인 (agent, 動因) 은 에큐메니칼 운동이라는 평가를 받고 있는 것이다."[38] 그런데, 이러한 예전운동 (禮典運動) 은 의식주의운동 (儀式主義運動) 으로서 중세 천주교적인 의식을 연상시키고 중세 천주교 예배로 되돌아간 듯한 느낌을 주고 있다.[39]

5. 연구의 필요성

여기서 필연적으로 제기되는 질문은 "천주교의 미사와 기독교의 예배가 신학적으로 동일한 본질의 것인가?"하는 것이다. 왜냐하면, 예전운동이 천주교의 미사의식을 추종하기 때문이다. 주지하는 바와 같이 천주교의 미사는 성만찬을 중심으로 한 의식으로서, 성만찬을 (그리스도의) 희생제사로 보고, 미사를 구약제사의 연장이며 십자가 희생제사의 반복 (재현) 이라고 주장한다. 그렇기 때문에 천주교 미사에는 제단이 있고, 제물이 있고, 사제 (제사장) 가 있으며, 제사 복장이 있고, 제사 의식이 있다. 따라서 "이러한 천주교의 미사가 과연 복음적인 기독교의 예배와 본질적으로 같은 것인가?"에 대한 질문에 "그렇다"라는 신학적 응답이 없다면, 천주교의 미사의식을 수용 또는 추종하려는 예전운동은 그 신학적 타당성을 얻을 수 없을 것이다.

뿐만 아니라, 중세 일 천 년간의 의식주의 예배에 찌든 천주교는 모든 일반 신자들을 복음과 영생에서 유리시켰고, 도덕적·교리적 타락을 가져왔기에 종교개혁이 일어났던 것이다. 따라서 작금의 기독교 내에서 일어나고 있는 예전운동이 과연 교회를 복음과 생명으로 풍성하게 하고 부흥을 가져올 것인지, 아니면 교회로 하여금 메마른 의식에 질식하여 생명이 고갈되었던 중세 천주교와 같은 종교로 전락시키게 될는지, 심각하게 고민하지 않을 수가 없는 것이다.

그렇기 때문에 우선 먼저 천주교 미사에 대해서 연구하고 그것을 기독교 예배와 비교하여 과연 천주교 미사와 기독교의 예배가 본질적으로 동일한지 규명할 필요가 있다. 뿐만 아니라, "예배갱신운동"(Liturgical Movement) [40]이라고 불리는 예전운동의 본질을 규명하고 그들이 천주교의 의식주의를 추종하는 현상에 대하여서도 연구하고 평가함으로써 그 정체성을 밝힐 필요가 있다. 왜냐하면 대부분의 기독교 지도자들과 그리스도인들이 천주교 미사의 정체에 대하여 잘 알지 못하고 있을 뿐만 아니라, 예배갱신운동의 본질에 대해서도 잘 알지 못하고 있기 때문에 오늘날 기독교의 예배현장이 혼란스럽고 복음적인 예배가 약화되고 있기 때문이다.

chapter

미사, 예배, 예배갱신운동

1. 천주교 미사에 대한 비판적 연구

종교개혁 이후에도 천주교 미사의식을 비판적으로 연구하는 사람들이 있었으니, 그 중의 하나가 알렌산더 히슬롭 (Alexander Hislop) 이다. 그는 1916 년에 「두개의 바벨론 (The Two Babylons) 」에서 니므롯 (Nimrod) 을 숭배하던 바벨론 종교에 뿌리를 둔 로마 카톨릭의 교리와 의식들의 실체에 대하여 서술하였는데, 도날드 그레이 반하우스 (Donald Grey Barnhouse) 는 이 책이 기독교 변증에 관한 한 최고의 책들 중 하나라고 하였다. [41] 이 책에서 히슬롭은 천주교의 "피 흘림이 없는 희생제사", 둥근 밀떡인 "성체" (Host) 가 바로 바벨론 종교로부터 온 것임을 여러 가지 사실을 들어서 설명하였다. [42]

로레인 뵈트너 (Loraine Boettner) 의 「로마 카톨릭 사상 평가 (Roman Cath- oli-cism) 」는 1962년에 초판을 발행한 이래 1990년까지 30판을 증보재판 되었다. 그는 이 책에서 미사의 정의, 본질, 희생제사설, 화체설, 수찬금지, 미사와 돈, 그리스도의 희생의 종속성, 미사 교리의 역사적인 발전 등에 대하여 비판한 후, "우리는 미사가 중세의 미신이며 주의 성만찬을 신비의 베일로 파기하며 무지한 사람들을 이용하기 위해 꾸며낸 것임을 확신할 수가 있다."고 평가를 내리고 있다.[43)]

허버트 카아슨 (Herbert M. Carson) 은 그의 책 「천주교는 과연? (Dawn or Twilight?) 」에서 천주교의 화체설, 미사성제를 성경과 역사적 사실을 들어 비판하고 있는데, 특히 화체설이나 미사가 중세의 철학에 뿌리를 두고 있을 뿐 현대의 천주교 사상가들에 의해 거부되고 있는 것이라는 자유주의자들의 항의에 대하여, 미사와 관련된 천주교의 주장은 과거 중세 뿐 아니라, 현재에도 역시 변함없는 천주교의 교리임을 교황의 회칙 등을 들어 반박하고 있다.[44)] 랄프 우드로우 (Ralph Woodrow) 는 그의 책 「로마 카톨릭주의의 정체 (Babylon Mystery Religion - Ancient and Modern Babylon)」에서 알렉산더 히슬롭과 카톨릭 백과사전 등을 인용하면서 화체설과 미사가 고대 바벨론의 신비 종교에서 유래한 것임을 증거하였다.[45)]

그러나 상기의 알렉산더 히슬롭, 로레인 뵈트너, 허버트 카아슨, 랄프 우드로우 등의 연구는 천주교의 화체설과 미사가 비성경적이고 잘못되었다는 점과 그것들의 이교적 기원에 대해서 논증하는데 중점을 두었을 뿐, 천주교 미사와 기독교 예배 자체를 서로 비교 연구한 내용들은 아니다. 특히 천주교 미사에 해당하는 성찬이 예배에 필수적인 요소인가에 대한 것조차 다루고 있지 않다.

2. 오늘날의 예전운동

천주교 미사와 기독교 예배의 관계에 대하여 본격적으로 연구가 되어진 것은 WCC의 성례전을 통한 일치운동과 그 결과물로 나온 "리마 문서 (Lima

Text)"와 그것을 기초로 만들어진 리마예식서 (Lima Liturgy) 의 영향이다. 그러한 맥락에서 현재의 연구동향은 리마 예식서에 의한 새로운 예배의식을 주장하는 예전운동에 앞장서는 실천신학자들에 의해서 주도되고 있다.

그들의 주장은 지금까지의 말씀 중심의 기독교 예배는 성만찬이 없는 절름발이 예배이므로, 말씀과 성찬예식을 겸비한 온전한 예배를 회복하여야 한다는 것이다. 즉 성찬이 예배에 있어서 없어서는 안 될 필수적인 요소라는 것이고, 온전한 예배의 회복을 위해서는 교회력과 성서일과 등 중세적이고 로마 카톨릭적인 요소를 복구해야 한다는 것이다. 우리나라에서 예전운동과 리마예식서가 본격적으로 보급되게 된 것은 연세대학교 연합신학대학원과 신과대학이 공동으로 주최한 "목회자 하기 세미나"였던 것으로 판단되는데, 거기에서 예전적인 예배에 대하여 강의한 사람들은 김소영 (NBC 총무),[46] 정장복 (장신대 교수),[47] 박근원 (한신대 교수),[48] 은준관 (연세대 교수),[49] 정철범(성공회대 교수),[50] 박익수 (감신대 교수)[51] 등이다.[52]

한편 이러한 예전운동에 앞장서고 있는 사람은 정장복 (장신대학), 박근원 (한신대학), 박은규 (목원대학) 등을 들 수 있을 것이다. 그들의 대표적인 저서로는 정장복의 「예배학 개론」, 「예배학 사전」, 「예배와 설교 핸드북」, 박근원의 「리마 예식서」, 「교회력과 목회 계획」, 「오늘의 예배론」, 박은규의 「예배의 재발견」, 「예배의 재구성」, 「21세기의 예배」등이 있다.

반면에 일리온 T. 존스 (Illion T. Jones) 는 「복음적 예배의 이해 (A Histori- cal Approach to Evangelical Worship)」에서 "복음주의 예배의식의 본질"을 논하는 가운데 이 문제를 논하였는데, "모든 예배 순서는 성만찬과 연결되어 있어야 한다고 주장하는 것은 마치 성만찬을 인간과 하나님 사이의 매개체가 아니면 장애물로 만드는 것과 같으며, 이것은 예수의 의도를 벗어나는 것이 될 것이다."라고 지적하고, "주의 만찬은 완전하고 타당한 기독교 예배를 위한 필요 불가결한 요건은 아닌 것이다"라고 결론지었다.[53]

3. 최근의 연구 동향

1980년대에 정장복 (장신대), 박근원 (한신대), 박은규 (목원대) 등 NCC계열 신학대학교의 실천신학 교수들이 예배갱신운동 (Liturgical Movement) 과 리마 예식서(Lima Liturgy) 를 적극적으로 소개하고 권장한 이래로, 최근까지의 연구는 거의 대부분이 성만찬의 회복과 교회력에 따른 예배를 주장하는 것이 대세이다. 이에 대한 다수의 석사학위 논문들이 있지만, 여기서는 몇 가지 박사학위 논문들만 소개하고자 한다.

목원교회 이현웅 목사는 「월간목회」(1990년 3월호) 에 부록으로 "리마 성찬 예식서 연구"라는 논문을 실었는데, 거기에서 그는 성만찬을 통한 일치를 주장하고, 매주일 성만찬 예전을 집례해야 한다고 주장하였다.[54] 그는 또 "장로교 예배모범의 역사와 전망에 관한 연구"라는 박사학위 논문에서, 예배의 전통성에 대한 이해와 인식을 새롭게 하고, 우리의 문화를 표현하는 일에 보다 적극적 관심을 가질 것과 예배를 통한 교회들과의 일치를 이룰 것을 제안하면서, 그 방안으로 WCC의 리마 예식서를 소개하였다.[55]

한기철은 그의 박사학위논문인 "칼빈의 성만찬론을 통한 한국교회 예배 갱신 연구"에서, 균형 있는 예배가 되기 위해서는 매주일 예배에서 말씀과 성찬이 함께 있는 예배를 드려야 할 것이라고 주장하였다.[56] 리마예식서를 기준으로 하되 시간을 단축하기 위해서 설교를 20분 정도로 하고, 성만찬의 순서에서 필요한 부분과 분급방법을 개선하는 조건으로 예배순서를 제시하였는데, 천주교의 미사와 똑같은 개회예배, 말씀선포, 성찬예식, 폐회예배의 4

부 구조[57)의 예배순서를 제시하였다.[58)

황명현은 그의 박사학위논문인 "예전의 역사 연구를 통한 한국 개신교회의 예배예식서 제안"에서, 천주교 미사와 똑같이 개회예배, 말씀의 예배, 성찬예배, 파송의 예배로 된 4부 구조의 39개 항목으로 된 예배순서를 소개하였는데, 그 대부분이 리마 예식서와 같고 마지막 축도는 리마 예식서의 축도를 사용하였다.[59) 여기서 그는 한국 개신교회는 매 주일에 말씀과 성찬예배를 드려야 한다고 주장하고,[60) 교회력과 성서일과를 사용하고 정교회 예배에 관심을 가질 것을 제안하였다.[61) 그런데 무슨 의도에서인지는 몰라도 그는 그 논문에서 천주교에서 일어난 전례운동 (Liturgical Movement) 을 "예배운동"이라는 용어로 표현함으로서 천주교의 "전례" (Liturgy) 와 기독교의 "예배" (Worship) 를 동일시하는 모순을 범하고 있다.[62)

한편, 종교개혁자들의 예배와 관련하여 연구한 사람들도 있다. 샌프란시스코신학대학원 (P.C.U.S.A.) 의 정승훈 교수는 그의 책 「말씀과 예전」에서 종교개혁가들과 영국성공회와 웨슬레의 예배에 대하여 논하면서, 칼빈주의라는 이름 아래 실상은 칼빈이 아니라 실제로 영향력을 행사해온 것은 쯔빙글리 신학이었다고 평가하였는데,[63) 17세기 네덜란드의 개혁주의와 웨스트민스터 신앙고백을 기초로 생겨난 미국 장로교의 역사속에서 우리는 칼빈 자신의 신학적 관심과 영향력보다는 쯔빙글리의 영향을 여실히 보게 된다고 하면서, 특히 영국 청교도들을 통한 미국 개신교의 예배에서 칼빈의 정신을 외면하고 모든 예전과 예식을 파괴한 쯔빙글리적 "설교 중심"의 예배로 환원된 기형의 모습을 보게 된다고 하였다.[64) 그에 의하면, "말씀중심"의 쯔빙글리적 예배신학이 웨스트민스터 신앙고백을 통해 칼빈주의라는 이름으로 향후 장로교 신학뿐 아니라 개신교의 예배를 운명적으로 못박아버렸다는 것이다.[65] 그는 또 "18, 19세기의 미국의 부흥운동과 20세기의 오순절 성령운동 역시 개신교의 반예전적 예배의 성격을 강화해 왔고, 이것이 개신교의 바른 예배전통인냥 지배해왔으며 그 영향권 하에 있던 한국 개신교의 교회신학과 예배성격을 그 근거에서부터 반예전적인 것으로 못박아버렸다"고 비판하면서,[66] 성만찬의 회복과 예전운동을 통한 예배갱신을 주장하였다.[67]

장신대학의 이형기 교수는 그의 역서「BEM문서 : 세례, 성만찬, 직제」[68]에서 "종교개혁자들과 BEM문서의 성만찬"을 비교 연구하여 부록으로 실었는데, 거기에서 루터, 쯔윙글리, 칼빈이 말씀설교를 성만찬 예식보다 우위에 두고 있으면서도 세례와 성만찬을 은총의 수단으로 보고 교회의 표식에 포함시키는 것을 확인하면서 종교개혁 이후의 개신교 역사속에서 성만찬이 소홀히 되거나 무시되어왔음을 지적하고,[69] 그와는 반대로 BEM 문서가 말씀설교보다 성만찬이 예배의 중심이라고 주장하는 사실을 지적하였다.[70] 그는 거기에서 "BEM 문서가 동방정교회와 성공회와 심지어는 로마 카톨릭교회 영향으로 성만찬에 더 큰 비중을 두고 있는 경향에 대해서 우려를 표명하면서, 루터, 쯔윙글리, 칼빈의 "복음설교"에 대한 강조를 다시 한 번 상기해야 할 것이라"[71]고 결론을 내리고 있다.

교회를 살리는 예배운동

앞에서 살핀 바와 같이, 선행 연구자들이 천주교의 미사에 대해서 연구하고 비판하기는 했으나, 미사가 비성경적이고 잘못되었다는 점과 그것들의 이교적 기원에 대해서 논증하는데 중점을 두었을 뿐, 천주교 미사와 기독교 예배 자체를 서로 비교 연구한 내용들은 아니다. 또한 천주교 미사에 해당하는 성찬이 예배에 필수적인 요소인가에 대한 연구 또한 미진하다. 반면에 예전주의자들과 그 연장선상에 있는 연구자들은 예배에 있어서 성찬의 필수성과 교회력에 따른 예배를 강조함으로서 복음적인 기독교 예배를 중세적인 의식주의 예배로 회귀시키는 데 진력하여 서서히 영향력을 확대해 나가고 있다. 그럼에도 불구하고 복음주의 진영에서는 아직까지도 "예배갱신운동"(Liturgical Movement)이라고 불리는 예전주의에 대한 연구와 평가는 거의 없는 편이고, 반론을 제기하지도 않고 있어서 예전주의자들의 주장만이 넘쳐나고 있다. 따라서 본 연구자는 복음주의적 입장에서 이 문제에 접근하여 연구하려고 한다.

복음주의는 신학적으로는 보수주의이다.[72] 그러나 복음주의는 18세기 대각성운동에 그 기원을 두고 있는바, 딱딱한 교리보다는 체험을 강조하는 신앙, 형식적인 전례보다는 기도와 찬양과 말씀묵상을 통해서 보다 생동력 있는 신앙생활을 갖기를 원하는 경건운동이 그 중요한 특징이다.[73] 그리하여 부흥운동으로 대표되는 복음주의는 형식적인 정통주의와만 싸운 것이 아니라 전례주의와도 싸웠던 것인데, 원래 전례주의는 천주교적인 것이고 여기에 반대한 것이 종교개혁이었다.[74] 미국의 복음주의 교회는 천주교에서 볼 수 있는 성직자 중심주의나 전례주의를 다 같이 반대하고, 성경을 읽고 기도를 하면서 직접적으로 하나님을 체험하는 신앙을 강조하였다.[75] 그렇기 때문에 복음주의자는 자유주의 신학을 거부할뿐만아니라, 전례주의도 거부하게 되는 것이다.

따라서 본 연구자는 우선 먼저 천주교 미사와 기독교 예배에 대하여 역사적 신학적으로 비교 분석함으로써, 그 연장선상에서 천주교 미사와 기독교의 예배가 본질적으로 다르다는 것을 밝히고자 한다. 또한 복음주의적 관점에서 볼 때, 현재의 기독교 일각에서 주장하는 예전운동이 중세적 의식주의 운동임을 규명하고, 그것이 역사적으로나 신학적으로 타당성이 없음을 논증하고자 한다. 아울러서 교회의 복음 확산과 부흥을 저해하는 의식주의의 고유한 특징을 제시함으로써, 예전운동에 둔감한 채 아무런 비판의식 없이 시류에 편승하여 추종하려는 목회자들에게 경종을 울리고자 한다. 그리하여 참되게 하나님을 예배함으로써 교회를 교회 되게 하고 영적 성숙과 부흥을 가져올 수 있는 새로운 복음적 예배운동을 제안함으로서 한국교회 목회현장에 기여코자 한다.

관점과 범위

1. 연구의 관점

연구자는 이 연구를 함에 있어서 기본적인 관점을 비교종교학적 관점에 두고서 연구를 진행하려고 한다. 그 이유는 다음과 같다.

이 논제는 그 성격상 천주교와 기독교의 본질적 차이에서 출발하기 때문에 비교종교학적일 수밖에 없고, 또한 우리가 처한 종교적 혹은 신학적 상황이 종교다원주의적 환경 하에 있기 때문에 변증적일 수밖에 없다. 오늘날과 같이 기독교의 절대적 진리가 상대적 가치로 전락되고 있는 종교다원적인 상황에서는 무엇보다도 기독교 신앙을 변증하는 변증학이 필요하다. 변증학(Apolo- getics) 은 기독교 신학의 4대 분류인 성경신학, 역사신학, 조직신학, 실천신학 중에서 조직신학에 속한다.[76) 그리고 변증학은 다시 반기독교적인 철학문제를 다루는 변증학 (Apologetics proper) 과 자연과학의 도전이나 성경의 역사성을 공격하는 문제를 다루고 있는 험증학 (Evidences) , 외부의 그릇된 종교의 잘못된 주장에 대하여 기독교 신앙을 옹호하려는 비교종교학

(Comparative Reli- gion), 기독교 자체 내에서 일어나는 이단적 또는 배교적 활동 등의 공격에 대한 논쟁학 (Polemics) 등으로 세분된다.[77] 즉 비교종교학은 변증신학에 속하며, 비교종교학의 연구 범위에는 신앙고백뿐만 아니라, 예배에 사용되는 부속물과 제전들 (Cultus) 과 신앙의 외적 작용 (Culture) 도 다루게 된다.[78] 이러한 연유로 인해 비교종교학 관점에서 천주교 미사와 기독교예배를 비교 연구하고자 하는 것이다.

그런데 비교종교학에는 두 가지 개념이 있어서, 광의의 비교종교학을 "종교학" (Science of Religion) 이라 하고, 협의의 비교종교학을 "비교종교학" (Comparative Religion) 이라고 한다. "종교학"은 상대주의적이고 종교다원주의적인 관점에서 종교들을 비교 연구하여 종교의 기본적인 원형을 규명하려는 것인 반면에, "비교종교학"은 기독교의 우위성을 논증하려는 선교적 목적을 가진다.[79] 이에 연구자는 협의의 비교종교학의 관점에서 천주교의 미사와 기독교의 예배를 비교 연구하려고 한다.

여기에서 천주교를 타종파로 보고 비교종교학적으로 접근하는 것이 타당한가 하는 질문이 제기될 수 있음을 감안하여 이 문제에 대하여 먼저 언급할 필요가 있다고 본다. 본 연구자는 다음과 같이 세 가지 이유로 인하여 천주교를 타종파로 보는데 하등의 문제가 없다고 본다.

첫째는, 우리 한국 사회에서의 인식이다. 일반적으로 그리스도교권 (Christ- endom)이라고 하면, 천주교, 동방정교회, 성공회, 기독교 (프로테스탄트)를 포괄하는 개념으로 생각한다. 그러나 "기독교"라고 했을 때는 문제가 달라진다. 일반적으로 우리나라에서 "기독교"라고 하면 프로테스탄트를 의미하지, 천주교나 동방정교회를 의미하지는 않는다. 이것은 국가적인 장례식을 거행할 때 보면 (육영수 여사, 박정희 대통령, 노무현 대통령), 불교, 기독교, 천주교로 나누어서 별도의 종교적 장례식을 거행하는 것만 보아서도 알 수 있다. 불교와 마찬가지로 천주교도 기독교와는 다른 종교로 보고 있는 것이다.

둘째는, 천주교에서 기독교를 타종교로 인식하고 있다는 것이다. 천주교는 종교개혁을 배교 (背敎) 로 규정하고 [80] 이단으로 정죄하였다. 지금도 천주교는 모든 프로테스탄트 교파들을 인정하지 않는다. 그들은 모든 프로테스탄트 기독교에 대하여 하나님의 재가 (裁可) 도 인가 (認可) 도 없는 인조 (人造) 종교로 규정하고, 그러한 인조종교를 버리고 천주교를 믿어야한다고 주장한다.[81] 지금의 기독교는 실제로는 "이교"나 "이단"에 속해 있으나, 고의적인 종교분열의 책임이 현재의 기독교인들에게는 없기 때문에 "이교도"니 "이단자"니 라고 하는 것은 부당하므로 "갈려나간 형제들"이라고 부른다는 것이다.[82] 박도식 신부가 쓴 「천주교와 개신교—하나인 교회」 라는 책에 보면, 박 신부가 기독교 신자인 송 양에게 "기독교에서 많은 사람들이 가톨릭으로 개종합니다."라고 하면서 구원받기 위해서는 천주교로 개종할 것을 권하고, 「18인의 개종실기」 라는 책을 추천하고 있다. 천주교와 기독교가 같은 종교라면, "개종"이라는 말을 쓰지도 않고 개종을 권하지도 않을 것이다. 이와 같이 이미 천주교에서는 그 본질상 기독교를 그리스도의 참된 종교로 인정하지도 않을뿐더러 구원도 없는 인조종교이며 다른 종교로 규정하고 있음을 알 수 있다. 따라서 우리가 천주교를 다른 종교로 보는 것이 당연하다고 생각된다.

셋째는 실제로 천주교는 천주교 나름대로 독특한 교리와 의식과 제도를 가지고 있어서 기독교와는 전혀 다른 별개의 종교이기 때문이다. 마틴 로이드 존스 (Martyn Lloyd- Jones) 는 천주교에 대하여 다음과 같이 평가하였다.

로마 카톨릭교회는 예나 지금이나 똑같습니다. 혹 달라진 것이 있다면, 오히려 상태가 더 나빠진 것뿐입니다. 그녀는 16세기에 그녀가 가르쳤던 교리에서 교황의 절대 무오성과 같은 교리들을 오히려 추가시켰습니다. 다시 말하거니와, 로마 카톨릭교회는 결코 달라지지 않습니다. …… (중략) …… 로마 카톨릭교회는 기독교 모조품이요, 가짜이며, 가장 사악한 매춘부요 가장 마귀적인 집단입니다. 실로 적(敵)그리스도의 모습을 하고 있어서, 마땅히 거절해야 하고, 고발해야 하며, 무엇보다도 대적해야 할 대상입니다.[83]

이와 같이 천주교는 우리나라 일반사회에서 기독교(개신교)와는 다른 종교로 인식되고 있고, 천주교에서도 기독교를 다른 종교로 취급하고 있으며, 더구나 천주교는 우리와는 그 경전이나 교리나 의식이 전혀 다르기 때문에 본질상 같은 종교가 아니다. 이러한 연유로 인하여 천주교를 같은 종교로 인정하지 못하고 다른 종파로 보는 것이다.

2. 연구의 방법과 범위

그동안 한국 신학계에서는 예배에 대한 많은 자료가 소개되고 연구도 되어져왔지만, 주로 예전운동의 입장에 서있는 것이 대부분이었다. 그러다 보니 천주교 미사가 이상적인 예배의 모형이 되고, WCC의 리마 예식서가 교과서가 되어서 성만찬 중심의 연구에 치중하고 있다. 반면에 목회현장은 성만찬 없는 종교개혁 정신과 청교도 정신을 잇는 예배가 절대 다수를 차지하고 있다.

따라서 연구자는 천주교 미사와 기독교 예배에 대하여 역사적이고 신학적인 비교연구를 통하여, 그 본질적 차이를 밝혀내고 전통적인 복음적 예배의 우위성을 논증하고 변증하고자 한다. 뿐만 아니라, 현재 한국교회의 예배 현장에서 일어나고 있는 "예배갱신운동"(Liturgical Movement) 의 거센 도전에 대하여 복음주의적 응전을 하고자 한다. 그리하여 역사신학과 예배학에 관한 문헌들을 중심으로 연구하되, 천주교와 기독교 양쪽의 입장을 대변하는 문헌들과 오늘날의 예전운동을 다루고 있는 문헌들을 참고하여 연구하는 문헌 연구의 방법으로 연구할 것이다. 그리고 현재의 목회 현장이나 선교현장의 상황을 분석하는 데는 여러 가지 논문이나 기사들도 자료로 활용될 것이다.

천주교 미사와 기독교 예배의 이해를 위하여 그 형성 과정을 역사신학적인 방법에 의하여 연구하고, 그 의미와 개념을 파악하기 위해서는 역사신학 및 조직신학 그리고 실천신학 (예배학) 에 의존하였다. 미사와 예배의 비교평가는 조직신학적인 방법 (즉 비교종교학적 관점) 에 의하였지만, 그 세부적인 과정에서는 성서신학과 교리사적 관점에서도 연구하였다.

다만 이 연구는 천주교 예배와 기독교 예배의 비교연구를 통하여 복음적인 기독교 예배의 본질을 규명하고, 지금의 예전운동이 과연 이러한 기독교 예배의 본질에 부합하는 것인가를 논하며 새로운 복음적 예배운동을 제안하는 것으로 제한하려고 한다. 그것을 넘어서서 구체적인 예배의식이나 방법 등을 만들어서 제시하는 것은 비교종교학적 범위를 넘어서는 일이고, 예배학 등 실천신학에서 해야 할 일로 판단되기 때문이다. 이러한 방법과 범위에 따라서 다음과 같이 책을 구성하였다.

1부에서는 서문으로서, 문제제기와 연구목적, 선행연구와 연구의 동향, 연구의 방법과 범위 등을 제시하였다.

2부에서는 먼저 천주교 미사에 대한 이해를 위하여 미사의 역사적인 형성과정을 살펴보고, 미사의 의미를 이해하기 위하여 미사의 개념과 본질 및 특징 등을 규명한다.

3부에서는 천주교 미사와 비교 대상이 되는 기독교 예배에 대한 이해를 위하여 그 역사적 형성과정을 살펴보고, 예배의 개념, 본질과 성격 등을 규명한다.

4부에서는 앞서 파악된 천주교 미사와 기독교 예배를 신학적으로 그리고 역사적으로 비교분석한 후에 평가한다.

5부에서는 현재의 예전운동에 대하여 분석한 후에 새로운 복음적 예배운동의 제안 가능성을 찾아본다.

6부에서는 결론으로서, 요약과 함께 몇 가지 제안을 함으로써 본 논문을 마무리하고자 한다.

1)　1991. 6. 18. 광은교회에서 열린「광명시 교회 연합회」주최의「교회성장과 목회자의 영성」이라는 제하의 강의에서.

2)　「기독교신문」, 1992. 8. 23. ;「기독교연합신문」, 1992. 8. 30, p. 1.

3)　일리온 T.존스,「복음적 예배의 이해」, 정장복 역(서울: 대한예수교장로회총회출판국, 1988), p. 382.

4)　「국민일보」, 1992. 7. 22, p. 24.

5)　「크리스찬신문」, 1992. 9. 19, p. 2. ;「기독교연합신문」, 1992. 9. 27. p. 4.

6)　일리온 T. 존스,「복음적 예배의 이해」, p. 385.

7)　「국민일보」, 2009.07.14., p.26.

8)　「국민일보」, 2010.11.04., p.29.

9)　이 운동은 다섯 가지 기본적 신앙 활동을 통해 예배를 회복하자는 움직임이다. N은 새벽기도로 얻어지는 새로운 삶(New life), Y는 성경 열독을 통해 얻는 영혼의 양식(Yielding for manna)을 의미한다. S는 전도(Salvation for one by one), K는 주일성수(Keeping for Lord's day), C는 헌금(Complete offering)을 뜻한다.

10)　「국민일보 」, 2011.04.02., p.23.

11)　일리온 T. 존스,「복음적 예배의 이해」, p.385.

12)　유선호, "천주교 미사와 기독교 예배의 신학적 비교연구 : 예전운동에 대한 복음주의적 적용을 위하여"(박사학위논문, 서울신학대학교 신학전문대학원, 2009).

13)　해롤드 G. 카워드,「종교다원주의와 세계종교」, 오강남 역(서울: 대한기독교서회, 1993), p. 3.

14)　용어의 정의 : 본 논문에서 "기독교"라 함은 종교개혁 전통을 이어받은 비-카톨릭적이고(Non-Roman Catholic) 복음적인 프로테스탄트 교회(Evangelical Protestant Church)를 의미한다. 한국에서는 복음적인 프로테스탄트 교회들을 가리켜 "개신교"라고 부르는 경향이 있으나, 이는 우리가 지은 이름도 아니고, 우리가 속한 교회를 올바로 표현하는 명칭이 아니므로 이 논문에서는 사용하지 않는다. "개신교"라는 명칭은 "고쳐서 새로 만든 종교"라는 뜻으로서, 우리의 신앙의 대상이 무엇인지 알 수 없기 때문에 자기 정체성이 없는 용어이다. 또한 개신교라는 명칭은 우리가 지은 것이 아니라, 천주교가 기독교를 하대(下待)해서 붙여준 이름이다. 그런 이유로 해서 8개 교단장들의 모임에서는 "개신교"라는 용어 대신 "기독교"라는 용어를 사용하기로 합의한 바 있다(기독교연합신문, 2002. 2. 10., p. 1.). 따라서 본 논문에서는 우리의 신앙의 대상이 그리스도이며, 또한 우리의 기원(origin)이 천주교가 아니라 그리스도에게 있다는 의미에서 "개신교" 대신 "기독교"라는 용어로 사용하되, 문맥에 따라서 프로테스탄트(Protestant)와 병기 또는 혼용하고자 한다. 그러나 직접 인용의 경우에는 부득이 하게 "개신교"라는 용어를 인용할 수밖에 없을 것이다.

15)　목창균,「현대신학 논쟁」(서울: 도서출판 두란노, 1995), pp. 409 - 410.

16) 목창균은 그의 책「현대신학논쟁」에서 "종교다원주의는 비성서적인 것이 가장 큰 문제점인 동시에 오류이다"라고 지적하고 있다. - 목창균,「현대신학 논쟁」, p. 420.

17) 목창균,「현대신학 논쟁」, p. 140.

18) B. K. 카이퍼,「세계 기독교회사」, 김해연 역(서울: 성광문화사, 1980), pp. 57 - 58.

19) John Hick and Brian Hebblethwait(ed), Christianity and Religion(Philadelphia: Fortress Press, 1981), p. 87-91. - 목창균,「현대신학 논쟁」, pp. 410-411.에서 재인용

20) 전호진,「종교다원주의와 타종교 선교전략」(서울: 개혁주의신행협회, 1992), p. 50.

21) 영국교회 신학자인 알란 레이스(Alan Race)는 종교 신학을 세 가지 유형 즉 배타주의, 포괄주의, 및 다원주의로 분류했는데, 배타주의(exclusivism)는 오직 기독교만이 절대적인 종교라고 주장하는 것이고, 기독교의 우월성을 양보하지 않으면서도 타종교와 협력하는 사람들은 포괄주의(inclusivism)에 속하고, 종교다원주의는 기독교의 구원이 기독교뿐 아니라 타종교에도 있다고 주장한다. - 이성주,「현대신학」, 제2권(서울: 문서선교 성지원, 1994). p. 482.

22) 목창균,「현대신학 논쟁」, p. 420.

23) 이성주,「현대신학」, 제2권(서울: 문서선교 성지원, 1994), p. 499.

24) 박근원, "리마 성찬 예식서의 의의와 가치,"「신학사상」, 제 56호(서울: 한국신학연구소, 1987 봄). p. 231.

25) 박근원 편,「리마 예식서」(서울: 한국기독교교회협의회, 1987). p. 12.

26) 박영호,「WCC 운동 비판」(서울: 기독교문서선교회, 1984). p. 93.

27) 이현웅, "리마 성찬예식서 연구,"「월간 목회」, 163(1990. 3), p. 282.

28) 박종화, "리마문서의 신학적 의미,"「기독교 사상」, 35, No. 11 (1991. 11), p. 57.

29) 박근원 편,「리마 예식서」, p. 14.

30) 박종화, "리마문서의 신학적 의미,"「기독교사상」, 35. No. 11(1991. 11), p. 57.

31) Max Thurian, "리마 성찬 예식서의 해설과 본문," 박근원 역,「신학사상」, 제 56 호(1987, 봄), p. 243.

32) 가톨릭 공용어 심의위원회 편,「가톨릭 기도서」, 수정판(서울: 한국천주교중앙협의회, 1987), pp.125-169.

33) 리마예식서와 미사통상문을 비교한 자료는 본 논문의 "V. 현재적 적용" 중 "C. 예전운동의 분석과 평가"에서 제시한다.

34) 박근원 편,「리마 예식서」, p. 9.

35) 박근원 편,「리마 예식서」, p. 27.

36) 박근원, "리마 예식서의 의의와 가치,"「신학사상」, 제56호, p. 231.

37) 박근원, "현대 예배신학의 동향과 그 과제," 연세대학교 연합신학대학원 편,「연신원 목회자 세미나 강의집」, 제 6 집(서울: 유니온 학술자료원, 1989), p. 191.

38) New Catholic Encyclopedia, Vol. VIII (Washington, D. C.: The Catholic Uni- versity of America, 1967), p. 906.

39) 김영재,「교회와 예배」(경기: 합동신학대학원출판부, 1995), p. 108.- 예전운동이 천주교의 전례운동의 영향을 받은 것이고, 중세적 의식주의적인 예배운동이라는 점에 대해서는 본 논문 "V. 현재적 적용"에

서 상세하게 서술하였다.

40) Liturgical Movements. 천주교에서는 "전례운동"이라 하는데 반해, 기독교에서는 "예배갱신운동"이라고 한다. 이것은 예전운동을 도입하거나 주장하는 사람들이 자신들의 주장이 중세적인 의식주의운동임을 은폐하고, 예배를 새롭게 하려는 운동으로 인식되게 하려는 의도에서 그렇게 번역하여 사용하는 것으로 생각된다.

41) Alexander Hislop, The Two Babylons or The Papal Worship(N. J.: Loizeaux Brothers, Inc., 1959) - 표지 안쪽에 도날드 그레이 반하우스의 추천의 글이 실려 있다. 번역서로는 알렉산더 히슬롭, 「두 개의 바빌론」, 안티오크 번역실 역(서울: 도서출판 안티오크, 1997)를 참조했음.

42) Alexander Hislop, The Two Babylons or The Papal Worship, pp. 156-165.

43) 로레인 뵈트너, 「로마 카톨릭 사상 평가」, 이송훈 역(서울: 기독교문서선교회, 1992), pp. 235-272.

44) 허버트 M. 카아슨, 「천주교는 과연?」, 박우석 역(서울: 생명의말씀사, 1984), pp. 135-163.

45) 랄프 우드로우, 「로마 카톨릭주의의 정체」, 안금영 역(서울: 도서출판 태화, 1984), pp. 229-246.

46) 김소영, "예배신학," 연세대학교 연합신학대학원 편, 「연신원 목회자세미나강의집」, 제1집(서울: 유니온학술자료원, 1989), pp. 357-372.

47) 정장복, "개신교 예배의식에 대한 새로운 이해," 연세대학교 연합신학대학원 편, 「연신원 목회자세미나강의집」, 제1집(서울: 유니온학술자료원, 1989), pp. 409-419.

48) 박근원, "현대 예배신학의 흐름과 과제," 연세대학교 연합신학대학원 편, 「연신원 목회자세미나강의집」, 제6집(서울: 유니온학술자료원, 1989), pp.187-193. ; 박근원, "예배와 성례전", 연세대학교 연합신학대학원 편, 「연신원 목회자세미나강의집」, 제6집, pp. 263-270.

49) 은준관, "예배의 구조와 모형 연구," 연세대학교 연합신학대학원 편, 「연신원 목회자세미나강의집」, 제6집, pp. 247-262.

50) 정철범, "교회력과 예배의식," 연세대학교 연합신학대학원 편, 「연신원 목회자세미나강의집」, 제6집, pp. 279-289.

51) 박익수, "세례와 성만찬의 재발견," 연세대학교 연합신학대학원 편, 「연신원 목회자세미나강의집」, 제8집(서울: 유니온학술자료원, 1989), pp. 285-297.

52) 이 세미나의 내용은 1981년 제1회부터 1988년 제8까지의 강의자료가 1989년도에 모두 8권으로 발간되었다.

53) 일리온 T. 존스, 「복음적 예배의 이해」, 정장복 역(서울: 대한예수교장로회총회출판국, 1988), pp. 267-271.

54) 이현웅," 리마 성찬 예식서 연구," 「월간목회」, 163(1990, 3), pp. 260-321.

55) 이현웅, "장로교 예배모범의 역사와 전망에 관한 연구"(박사학위논문, 장로회신학대학교 대학원,2004), pp. 397-404.

56) 한기철, "칼빈의 성만찬론을 통한 한국교회 예배갱신 연구"(박사학위논문, 국제신학대학원대학교, 2003), p. 120.

57) 천주교 미사의 4부 구조는 "말씀의 전례" 앞에는 "개회식"이, "성찬의 전례" 뒤에는 "폐회식"이 첨가되

어 있는 구조이다. - 이홍기, 「미사 전례」(경북: 분도출판사, 1997), p. 83.

58) 한기철, "칼빈의 성만찬론을 통한 한국교회 예배갱신 연구", pp. 124-133.

59) 황명현, "예전의 역사 연구를 통한 한국 개신교회의 예배예식서 제안"(박사학위논문, 한세대학교 목회대학원, 2004), pp. 133-146.

60) 황명현, "예전의 역사 연구를 통한 한국 개신교회의 예배예식서 제안", p. 153.

61) 황명현, "예전의 역사 연구를 통한 한국 개신교회의 예배예식서 제안", p. 154.

62) 황명현, "예전의 역사 연구를 통한 한국 개신교회의 예배예식서 제안", p. 126.

63) 정승훈, 「말씀과 예전」(서울: 대한기독교서회, 1998), p. 8.

64) 정승훈, 「말씀과 예전」, p. 91.

65) 정승훈, 「말씀과 예전」, p. 97.

66) 정승훈, 「말씀과 예전」, p. 97.

67) 정승훈, 「말씀과 예전」, pp. 98-107.

68) 이 책의 제목에서는 'miniastry'를 '사역' 대신 '직제'로 번역하였다.

69) 세계교회협의회 편, 「BEM 문서 : 세례, 성만찬, 직제」, 이형기 역(서울: 한국장로교출판사, 1993), p. 126.

70) 세계교회협의회 편, 「BEM 문서 : 서례, 성만찬, 직제」, p. 128.

71) 세계교회협의회 편, 「BEM 문서 : 서례, 성만찬, 직제」, p. 128.

72) 박명수, 「근대사회와 복음주의」(서울: 한들출판사, 2008), p. 5.

73) 박명수, 「근대사회와 복음주의」, pp. 5-6.

74) 박명수, 「근대사회와 복음주의」, pp. 376-377.

75) 박명수, 「근대사회와 복음주의」, p. 377.

76) 이성주, 「조직신학, 제 1권」(서울: 성지원, 1989), p. 38.

77) 신학사전편집위원회 편, 「신학사전」(서울: 개혁주의신행협회, 1978), p. 38

78) 신학사전편집위원회 편, 「신학사전」, p.222

79) 정진홍, 「기독교와 타종교의 대화」(서울: 전망사, 1980), pp. 10-13

80) 요셉.후우비 편, 「가톨릭 사상사」, 강성위 역, 중판(서울: 성바오로출판사, 1982), p. 182.

81) 죤 오브라이, 「억만인의 신앙」, 정진석 역(서울: 가톨릭출판사, 1960, pp. 78-102.

82) R. 로울러 · D. 우얼 · T. 로울러, 「그리스도의 가르침」, 오경환 역(서울: 성바오로출판사, 1977), pp. 269-274.

83) 마틴 로이드 존스, 「로마 카톨릭사상 평가」, 편집부 역(서울: 도서출판 안티오크, 1994), pp. 46-47.

천주교 미사는
예배가 아니다

2

PART

천주교 미사의 역사적 형성과정

천주교에서는 "성사가 없는 교회는 구원이 있을 수 없다." [1]고 하는데, 천주교의 성사에는 세례, 견진, 성체, 고해, 병자, 성품, 혼인의 7 가지가 있다. [2] 이것은 피터 롬바르드 (Peter the Lombard) 의 사견이 보편화되어서 1439년의 플로렌스 회의 (The Council of Florence) 에서 공적으로 채택된 것이었다. [3] 성체성사 (聖體聖事) 는 이 일곱 가지 성사 중에서 제일 으뜸가는 성사이며, 다른 여섯 가지 성사는 성체성사를 위해서 있다고도 볼 수 있다. [4] 이 성체성사는 미사를 통해서 이루어지는데, [5] 이 미사가 바로 천주교 흠숭 (欽崇, latria, 공경) 의 핵심이다. [6] 미사의 구체적인 내용에 대해서는 다음 항목인 「B. 미사의 의미」에서 다루기로 하고, 여기서는 미사의 역사적 형성과정에 대해서만 살펴보고자 한다.

미사는 초대교회에 알려지지 않았고 베네딕트 교단 (Benedictine) 수도승인 라드베르투스 (Radbertus) 에 의해 처음 고안되었으며, 교황 이노센트 3세의 지시 하에 1215년 라테란 회의에 의해 선포되어질 때에야 비로소 천주교의 공식적인 부분이 되고, 1545년 트렌트 회의에 의해 재확인 되었다.[7] 미사는 크게 '말씀의 전례'와 '성찬의 전례'의 두 가지 부분으로 나눠지는데,[8] 베네딕트회의 백 쁠라치도 (Placidus Berger, O.S.B.) 신부에 의하면, 그것은 미사의 성격이나 형식을 이해하기 위해 편의상 그렇게 할 뿐이지 미사 자체가 독립된 두 부분으로 나눠지는 것은 아니다.[9]

"말씀의 전례"라는 명칭은 제2차 바티칸회의 이전에는 미사전례서나 다른 예식서에 거의 나타나지 않았던 것으로, 그것의 옛 명칭은 "예비미사" 또는 "예비신자 미사"로서, 미사의 본 부분으로 간주하던 "봉헌미사 (성체성사) "를 준비하는 부분이라는 뜻을 함축하고 있다.[10] 뿐만 아니라, "말씀의 전례"는 미사에만 있는 것이 아니라 대부분의 다른 예식에도 말씀의 전례나 그 비슷한 예식이 있기 때문에 미사 전례만이 지니는 고유한 특징은 둘째 부분인 "성찬의 전례"에 이르러 뚜렷이 나타난다.[11] 이 "성찬의 전례"가 바로 미사의 본 부분 (本部分) 이다.[12] 이러한 천주교의 미사는 "화체설"과 "희생제사설"이라는 두 기둥 위에 서 있고, "성체숭배"를 가져왔는데, 이 성체숭배는 칼빈에 의해 "미신과 우상숭배"라는 비판을 받았다.[13]

1. 화체설(化體說, Transubstantiation)의 형성

천주교는 성만찬의 떡과 포도즙이 사제인 신부의 축성 기도를 통해서 예수님의 참된 몸과 피로 변한다는 교리를 주장하는 바,[14] 이것을 "화체설" 즉 "본질에서의 변화"라고 부른다.[15] 이 화체설은 제4차 라테란 회의 (1215년) 에서 완전한 교리로 인정되고,[16] 트렌트 회의 (1551년) 에서 재확인되어 최종적으로 공식화 되었다.[17] 라테란 회의에서 결의한 종규 (宗規) 제1조에 보면, 화체설을 다음과 같이 설명하고 있다.

이 교회 안에서는 사제와 희생제물이 바로 예수 그리스도 자신이며, 그의 몸과 피가 떡과 포도주의 외형(外形) 아래 있는 제단의 성물(Sacrament) 안에 실제로 담겨 있으며, 신적 능력으로 그 떡은 그의 몸으로, 그 포도주는 그의 피로 본질변화(transubstantiation)된다.[18]

천주교는 화체설의 근거로서, 〈요 6:51〉의 "나는 하늘로서 내려온 산 떡이니 사람이 이 떡을 먹으면 영생하리라 나의 줄 떡은 곧 세상의 생명을 위한 내 살이로라"는 예수의 약속과 공관복음의 성찬제정의 말씀 (마26:26이하, 막 14:22이하, 눅 22:19이하) [19]과 사도 바울의 제정 (고전 11:23이하) [20]을 제시하고 있다.[21] 이러한 말씀을 근거로 하여 천주교는 그리스도께서 하신 말씀을 문자적으로 해석한다. 그리하여 주장하기를 "'이것은 내 몸이요, 이것은 내 피이다'는 성찬제정의 말씀들은 그 문자적 의미가 초기부터 중단 없이 지지되어 왔다."[22]고 하면서, 그리스도께서 "'이것은 내 몸의 상징이다' 라고 말씀하시지 않고, 절대적으로 '이것은 내 몸이다' 라고 하셨는데, 이는 명백하게 화체설을 의미한다."[23]고 주장하는 것이다.

그러나 서방 카톨릭주의의 가장 뛰어난 지도자인 어거스틴이 성만찬에 관해서 베렝가 (Berengar), 위클리프 (Wyclif), 쯔윙글리 (Zwingli), 칼빈 (Calvin) 등 이른바 천주교에서 이단으로 정죄한 사람들이 강조한 바와 꼭 같은 입장을 취하였다는 것은 역사적으로 보아 매우 중요한 일이다.[24] 성만찬에 대하여 어거스틴은 그리스도의 살을 먹고 피를 마신다는 표현을 하기도 했다. 그러나 어거스틴은 그리스도의 몸의 편재를 누차 부정했기 때문에 그러한 표현이 어거스틴의 상징적 개념과 모순되는 것은 아니었고, 그에게 있어서 그리스도의 몸은 단지 그 몸의 상징 (sign) 에 불과한 것이었다.[25] 어거스틴은 자기보다 앞에 있었던 신학자들의 실재론(實在論)에 반대해서 성만찬 그 자체와 성만찬이 전달하고자 하는 은총을 구별했으며,[26] 떡과 포도주의 본질은 변하지 않는다고 주장하였다.[27] 때때로 그가 암브로스의 실재론적인 사고체계를 따라 말할 때도 있었으나, 그의 실제적인 이해는 성례전은 징표라는 것이다.[28] 그리하여 베른하드 로제 (Bernhard Lohse) 는 평하기를, "기독교 역사에 영향력을 끼친 어거스틴의 성례전 이해의 본질적인 요소는 상징주의인데 이것은 암브로스의 실재론에 대칭적인 것으로 볼 수 있다."[29]고 하였다. 서방교회에 있어서 화체설의 발전을 수세기 동안이나 저지시킨 것은 어거스틴이었고, 또 로마 카톨릭 교회에 있어서 화체설이 완전히 통일된 교의로 채택되지 못하게 된 것도 어거스틴의 권위 때문이었다.[30]

"화체설 (성체변질론, transubstantiation) "이라는 용어가 처음 발견된 것은 "페트루스 코메스테르 (Petrus Comester, d. 1179) "에게서와 "힐데베르트 (Hilde -bert of Lavardin, d. 1134) "의 설교들에서였지만,[31] 그 사상을 처음 말한 사람은 9세기의 "파스카시우스 라드베르투스 (Paschasius Radbertus, 약 790-856 또는 859) "였다.[32] 프랑스의 코르비 (Corbie) 수도원의 수도승이었던 그는 수도원장의 요구에 따라 「주의 몸과 피에 관하여」(de Corpore et Sanguine Domi- ni) 라는 책을 펴냈는데,[33] 거기에서 그는 "빵과 포도주는 그리스도의 몸과 피로 변한다. 이러한 과정에서 성물 모양, 색상, 맛은 그대로 있지만, 그 본질은 내적으로 변한다. 이것은 자연의 질서를 위배해서 수행되는 기적이라"고 강조했던 것이다.[34]

이와 같은 라드베르투스의 견해에 대해서 라바누스 (Rhabanus Maurus) 와 라트람누스 (Ratramnus) 가 반대하고 나섰는데, 라바누스는 빵과 포도주는 상징이라고 강력하게 강조했고, 라트람누스는 라드베르투스와 똑같은 제목인

「그리스도의 몸과 피에 관하여(de Corpore et Sanguine Christi)」라는 책을 저술하였는데, 여기서 그는 빵과 포도주는 변하지 않고 그대로 있었다고 주장했다.[35] 그러나 이들에 의한 첫 번째 논쟁은 그때 당시에 결론을 짓지 못했고, 라드베르투스의 실재론적인 개념은 점점 더 널리 통용되기에 이르렀다.[36]

성찬에 대한 제2차 논쟁은 11세기에 가장 유명한 신학자였던 베렝가(Berengar, 1088년 사망)에 의해 시작되었는데, 그의 성찬 교리는 반실재론적인 상징주의(Antirealistic Symbolism)라고 부를 수 있다.[37] 그는 1049년경 화체설을 공격하였는데, 그의 입장은 라트람누스와 비슷했다.[38] 그러나 "칼빈이 쯔윙글리를 능가했던 것처럼, 그 역시 라트람누스를 넘어서서 육체적 형체 없이 영적 실재를 구하고자 노력했다."[39]고 필립 샤프(Philip Schaff)는 평가한다. 그리하여 베렝가는 "떡과 포도주는 단순히 그리스도의 몸과 피의 상징에 지나지 않으며, 그리스도와의 연합은 내적 영적으로 이루어진다."[40]고 하였다. 즉 봉헌 기도를 통해서 성물 자체에는 아무 변화도 일어나지 않지만 전혀 새로운 어떤 것, 즉 그리스도의 죽음의 능력과 영적 임재를 더해 준다는 것이다.[41]

1050년 베렝가는 라드베르투스를 비난하는 편지를 벡(Bec) 수도원장이었던 란프랑(Lanfranc)에게 보내었는데, 이 편지는 때마침 로마에 가 있었던 란프랑에게 전송되었고 그가 이 편지를 교황에게 보여 1050년 부활절 회의에서 베렝가를 파문하였다.[42] 그리고 베렝가는 1059년에 로마에서 소집된 대회 석상에서 훔버트(Humbert)가 작성한 "제단 위에 놓인 빵과 포도주는 봉헌 기도 후에는 예수 그리스도의 참 된 몸과 피가 되며, 사제는 이것을 성례전적일뿐 아니라 감각적으로 참으로 손에 쥐고서 신앙에 의해서 쪼갠 후 이빨로 씹는다."라는 신조에 서명하게 되었다.[43] 그러나 거기에 강제로 서명했기 때문에, 그후 란프랑과 다시 또 문서로서 논쟁을 벌이다가 결국은 1079년에 다시 또 굴복하게 되어 화체설을 승인하는 신조에 서명하게 되었고 1088년에 세상을 떠나게 되었다.[44]

이러한 2차 논쟁을 통해서 화체설은 정립 되었고 빅토르 휴고와 피터 롬바르드에 의해 더욱 견고하게 옹호되었으며,[45] 1215년 제4차 라테란회의에서 교황 이노센트 3세에 의해 정식으로 교의화 되었다.[46] 그 후 1551년 트렌트회의에서는 종교개혁의 신학을 파문하면서, 성만찬은 보이지 않는 실재성을 드러내는 상징일 뿐 아니라, 성별이후 떡과 포도주의 심오한 실재성 (본체)은 그리스도의 몸과 피의 심오한 실재성 (본체) 으로 전환된다는 화체설을 재차 천명하였다.[47]

2. 희생제사설(미사)의 형성

화체설은 매일의 미사 희생 (제사) 과 구세주의 그 몸과 피를 창조하고 봉헌하는 굉장한 권리를 가진 사제직의 권능을 위한 교리적 기초를 제공한다.[48] 왜냐하면, 십자가에서 고난당한 그리스도의 몸과 동일한 몸이 성찬식에서 정말로 제시되고 먹히운다면, 그것은 또한 미사에서 되풀이되는 갈보리 희생제사와 동일한 것이어야만 하며 참 제사는 그것을 제단에 드리는 참 사제를 요구하기 때문이다.[49] 그리하여 로마 카톨릭교는 성찬을 일종의 제물로 보며,[50] 성만찬의 공식 명칭을 '미사'라고 불렀다.[51] 백 쁠라치도 신부 (Placidus Berger, O.S.B.)가 지적한 바와 같이, 초대교회의 성만찬 (주의 만찬) 은 제사적 (祭祀的) 특성을 거의 가지지 않았었는데, 중세기에 들어오면서 미사는 극히 좁은 의미의 제사로 이해되기 시작하였고 또한 미사의 제사성 (祭祀性) 이 강조되게 된 것이다.[52]

「기독교대백과사전」에 의하면, '미사'란 말을 최초로 사용한 사람은 '세빌랴의 이시도르 (636년 사망) '이다.[53] 이 미사란 말은 라틴어로 'Congrigatio est Missa'로써 미사 전 (前) 에 학습인과 방청자를 내보낸다는 뜻으로 폐회 후에 거행하는 예식이란 말이 되었고, 어미 (語尾) 에 있는 미사란 말만 따서 사용하게 된 것이다.[54]

성만찬을 "주의 만찬"의 개념으로부터 "우리의 구속을 위한 희생"이라는 개념으로 변경한 것은 대 그레고리 (Gregory the Great, 교황 그레고리 I세) 인데,[55] 그에 의하여 선포된 「미사 전문」(Cannon of the Mass)에 보면, "성만찬의 예전은 우리의 구속을 위한 그리스도의 계속 반복되는 희생"[56]이라고 되어 있다. 토마스 아퀴나스 (Thomas Aquinas) 도 말하기를 "성찬 희생제사는 그리스도에 의해 바쳐지는 것이므로 십자가의 희생제사와 동일한 가치를 가지고 있다."[57]고 하였다.

이와 같이 해서 성립된 천주교의 성찬 교리는 화체설을 주장할 뿐만 아니라, "미사는 곧 갈보리 산상의 그리스도의 육체적 수난의 재연으로써, 사제는 떡과 포도주가 변하여 된 그리스도의 몸과 피를 마치 그리스도가 십자가에서 희생의 제물로 자기 자신을 바친 것과 꼭 같은 모양과 효과를 가진 희생 제물로서 하나님께 바친다."[58]는 것이었다. 즉, 미사는 십자가 제사의 재현이요,[59] 십자가 제사의 영속 (永續) 으로서 제헌 (祭獻) 되는 양식만 다를 뿐 그 목적이 같고,[60] 이 두 제사는 본질적으로 같은 것이며,[61] 같은 가치와 효과를 가진다는 주장이다.[62] 그리하여 트렌트회의에서는 희생제사를 반대하는 사람들을 다음과 같이 저주하였던 것이다.

만일 누구든지 미사에서 참되고 적절한 제사가 하나님께 바쳐지지 않는다고 이야기하거나 또는 그리스도가 우리에게 먹도록 주어지지 않는다고 이야기하거나 또 그리스도가 우리에게 먹도록 주어진다는 점 이외에는 아무것도 봉헌되지 않는다고 이야기한다면 그는 저주를 받을 것이다.[63)

천주교가 미사에 대한 근거로 주장하는 성경 구절들은 〈창14:18〉의 "살렘 왕 멜기세덱이 떡과 포도주를 가지고 나왔으니 그는 지극히 높으신 하나님의 제사장이었더라"는 말씀과, 〈말1:11〉의 "만군의 여호와가 이르노라 해 뜨는 곳에서부터 해 지는 곳까지의 이방 민족 중에서 내 이름이 크게 될 것이라 각처에서 내 이름을 위하여 분향하며 깨끗한 제물을 드리리니 이는 내 이름이 이방 민족 중에서 크게 될 것임이니라"는 말씀과, 앞에서 지적했던 공관복음서의 성찬 제정의 말씀들이다.[64)

3. 성체(떡)숭배의 형성

"화체설"의 교리로부터 "성체숭배"가 필연적으로 나오게 된다.[65) 왜냐하면, 떡과 포도주가 이제는 그리스도의 몸과 피가 되었기 때문이다. 이러한 성체숭배에 대한 신학적 근거를 제공한 것은 홈버트 (Humbert) 의 "화체설" 교리였다.[66) 그리하여 14세기 후반기에는 성체숭배가 널리 퍼지게 되었는데, 이 사실에 대해 래토렛 (Latourette) 은 다음과 같이 기록하고 있다.

화체설을 강조한 나머지 생긴 다른 또 하나의 관습, 곧 제14세기 후반기에 널리 보급됐던 관습은 '거룩히 구별된 떡과 포도주를 예배하는 습관' 이었다. 떡과 포도주는 제단 위에 놓여진, '성체 안치기(a monstrance)' 라는 투명체 그릇 안에 넣어 하루 종일 보관 내지 공개됐고, 신도들은 개인 또는 단체로 와서 '성체(그리스도의 몸으로 화

한 떡과 포도주)'를 예배하곤 했다.[67]

따라서 천주교에서는 '그리스도의 성체와 성혈 대축일(Corpus Christi)' 행렬들에서처럼 그것을 거양하고 여기 저기 운반하는 것이 있을 수 있는 일이 되었고, 천주교인들은 로마교회 교의에 따라 성체 앞에 무릎을 꿇고 예배를 드린다.[68] 그리하여 트렌트 회의에서는 "신부는 제단에서 예배드릴 때에 마땅히 무릎을 꿇고 떡과 포도즙에 경배 드리며, 마치 그리스도께 하듯 그것들에게 기도 드리지 않으면 안 된다.(제13회기 제5장)"[69]고 하면서, "성체숭배를 반대하고 그것을 우상숭배라고 하는 자들은 저주를 받으라"[70]고 하였던 것이다.(제13회기 성찬에 관한 신조 제6)

천주교의 성체숭배는 떡에게 절하는 '성체조배'와 복을 비는 '성체강복'이 있다. 천주교의 성인 교리서에 보면 성체숭배는 '무릎을 꿇거나 절하기, 성체조배 등 여러 가지 방법과 행위'가 있는데,[71] 성체에 절하며 존경심을 가지고 사사로이 대화하는 '성체조배'와 신부가 성체를 들고 신자들에게 복을 비는 '성체강복'으로 볼 수 있다.[72] 로마 교회는 신자들이 사사로이 성체를 조배하며 기도하게 하기 위해서 '감실'이라고 부르는 곳에 언제나 성체를 모셔 두는데, 이것은 1215년 제4차 라테란 회의에서 확정되고 1918년 교회법으로 의무화시켰으며, 성체를 모셔 둔 것을 알리고 그에 대한 존경의 표시로 성체 불을 켜놓는다.[73] 따라서 천주교의 교회당을 예배당이 아니고 '성당'이라고 부르는 것은 '성체'를 모셔 두고 있기 때문이라고 한다.[74]

천주교 성당에서는 성체축일에는 성체를 감실에서 제대 위로 모셔내어 40시간 성체조배를 하고, 어떤 교구나 수도 단체에서는 성체를 계속 현시해 놓고 영구 조배를 하기도 하고, 19세기 후반부터는 '국제 성체대회'를 열어 전례 행사, 연구 발표회 외에 다른 여러 행사를 하는데,[75] "제44차 세계 성체대회"가 1989년 10월 5일부터 서울에서 개막되었었다.[76] 이 성체대회는 "성체 거동" 또는 "성체행렬"이라고도 불리는 것으로, 성체에 대한 신앙을 드러내고자 하여 "성체 (떡)"를 모시고 행렬을 하는 것이다.[77] 이것은 1881년 프랑스 릴 (Lille) 지방에서 가스통 드 세귀르 (Gaston de Ségur) 등이 성체에 대한 신앙심을 촉진시키기 위해 모임을 갖기 시작한 데서 비롯되었고,[78] 4년마다 세계 모든 국가가 참여하는 국제 성체대회와 한 국가 내에서 열리는 크고 작은 대회로 나누어진다.[79]

4. 수찬금지 제도의 형성

"수찬금지 제도"란 평신도들에게는 떡만 주고 사제만이 떡과 잔을 모두 드는 제도로서, "그것은 화체설을 받아들이게 된 다음의 자연적 부수 사정이었다."[80]고 래토렛 (Latourette) 은 지적한다. 즉 떡과 포도주가 실제로 그리스도의 살과 피가 된다면, 이 물체들의 신성이 모독되지 않도록 굉장히 조심해야 하며 특히 평신도들에게 잔을 나눠 줄 때 포도주가 엎질러질 위험이 있기 때문에 생긴 습관이라고 한다.[81]

이것은 12세기에 로버트 풀레인 (Rovert Pulleyn) 이 그 필요성을 말했고 13세기에 이르러 알렉산더 할레시우스 (Alexander Halesius) 가 그 풍속을 시인했으며,[82] 아퀴나스에 의해 정당화되었고 1415년 콘스탄스 회의에서 규정되었다.[83] 이것을 합리화시키기 위해서 그들은 '예수의 온전한 몸이 떡과 포도주 양쪽에 다 들어 있다'는 교리를 주장했는데, 이 설은 안셈 (Anselm) 이 최초로 가르치기 시작했고,[84] 아퀴나스(Aquinas)가 발전시킨 것이다.[85]

5. 미사의 이교적 기원

"미사"라고 하는 "피흘림이 없는 희생제사"는 천주교의 독창적인 의식이라기보다는 이교도에게서 유래한 것이라는 주장들이 있다. 천주교 신부였다가 기독교로 개종한 클락 버터필드 (Clark Butterfield) 는 천주교의 미사에 대하여 말하기를, 사탄의 역사는 그만두고서라도 부분적으로는 그 당시에 유행하던 동방의 신비종교를 흡수한 결과에 기인하는 것이며 또한 그리스와 로마의 이교주의를 거쳐서 "반복되는 희생제사를 규정한 유대교의 교리"를 부활시킨 것이라고 하였다.[86] 교회사가 카이퍼 (B. K. Kuiper) 는 콘스탄틴 이후의 교회가 이교주의의 홍수에 침륜되면서 이교도의 제사의식이 교회 안에 자리잡게 된 것을 다음과 같이 묘사하였다.

> 이교주의에서 승리한 교회는 그 순간이 이교주의로부터 가장 큰 위협을 받는 시간이 된 것이다. 모든 이교 종교는 그들의 희생, 그들의 승려와 제단들을 가졌다. 교회는 즉시 그 희생, 그 승려들, 그 제단들을 물려받아 가지게 된 것이다.[87]

천주교는 미사에서 떡이 변하여 그리스도의 몸이 되었다고 믿고, 그 떡 즉 그리스도의 몸 (聖體) 을 먹는다. 그런데, 이러한 천주교의 화체설과 영성체 의식이 이교도에게서 왔다는 것이다. 역사가 듀란트 (Durant) 는 천주교의 화체설의 교리가 "고대의 원시 종교의 의식들 중 한 가지"라고 말하고 있고,[88] 「헤스팅스의 종교와 윤리의 백과사전」(Hasting's Encyclopedia of Religion and Ethics) 에서는 "신을 먹는 것"이라는 조항에서 화체 의식이 많은 국가, 족속 및 종교들 가운데서 존재하였다고 증거하고 있다.[89] 이집트에서는 제사장들이 빵 덩어리 하나를 바쳤으며 이것은 오시리스 (Osiris) 의 살이 된다고 보았으며 이것을 먹고 의식의 한 부분으로 포도주를 마셨다.[90] 천주교의 예수회 (Jesuit) 신부였던 알베르토 리베라 (Alberto R. Rivera) 는 천주교의 화체설과 성체 (聖體, Host) 가 이집트 종교에서 온 것이라고 지적한다. 그에 의하면, 이집트 사원의 사제들은 화체를 실행했는데, 그들은 거대한 태양신 이시스 (Isis) 를 성병 (聖餠 즉 聖體) 으로 변화시킬 수 있는 거대한 힘이 있다고 하였고, 종교의식의 차원에서 그들의 영혼을 살찌우기 위해서 신들을 먹는다고 믿었다는 것이다.[91]

천주교는 미사를 "피흘림이 없는 제사"라고 주장하는데, 이 역시 이교도에게서 온 것이라고 한다. 알렉산더 히슬롭 (Alexander Hislop) 에 의하면 "미사"라고 하는 "피흘림이 없는 희생제사"는 바벨론으로부터 유래한 것으로 바벨론 여신에게 드렸던 독특한 제사였다고 한다.[92] 그에 의하면, 이 "피없는 희생제물"은 유대인들이 〈렘 44:19〉에서 하늘여왕에게 바친 것과 동일한 것이고, 4세기경 이 하늘여왕이 기독교 내에서 마리아라는 이름으로 경배되기 시작했을 때, 이 "피없는 희생제물"이 도입되었다는 것이다.[93] 이 제물을 바치고 먹는 관습도 이교도들로부터 온 것인데 에피파니우스 (Epiphanius) 에 따르면, 이 관습은 아라비아 여인들 사이에서 시작되었다고 한다.[94]

또한 천주교에서 사용하는 성체 (聖體) 의 모양과 문양도 이교도들에게서 온 것이라고 한다. 천주교의 이 "피없는 희생제물"인 성체 (聖體) 의 작고 얇은 둥근 모양은 이집트 종교에서 유래한 것으로 얇고 둥근 케이크는 모든 제단 위에 드려졌고,[95] 그 둥근 원은 태양을 상징했다. 히슬롭은 "둥근 형태가 로마의 밀의종교 (密儀宗教, mystery) 에서 매우 중요한 요소였고, 둥근 성체는 바알 혹은 태양의 또 하나의 상징일 뿐이다"라고 하였다.[96] 알베르토 리베라 역시 그 성체에 쓰인 문자 IHS는 이집트의 수신 (水神) 의 삼위일체인 이시스 (Isis), 호러스 (Horus), 셉 (Seb) 을 의미하는 것으로서, 이집트의 수신 (水神) 을 태양신인 오시리스 (Osiris) 로 바꾸어 놓은 것이고, 성체가 동그랗게 생긴 이유는 바로 이것이 태양신을 상징하기 때문이라고 한다.[97] 한편 랄프 우드로우(Ralph Woodrow) 는 지적하기를 미사에서 사용하는 성체 (聖體) 는 흔히 십자가 표를 가진 원형을 하고 있는데, 이것은 앗시리아 기념비에 그려져 있는 "십자가 표시가 있는 둥그런 떡을 태양신에게 바치는 그림"의 내용과 유사함을 주목해야 한다고 하였다.[98]

이와 같이 미사와 관련된 많은 것들이 이교도들에게서 기원하였음을 알 수 있다. "피흘림이 없는 희생제사"라는 미사의 개념과, 화체 (化體)된 신을 먹는 것, 미사에서 사용되는 밀떡인 성체의 둥근 모양과, IHS 또는 십자가 문양 등은 바벨론, 앗시리아, 이집트, 그리스와 로마의 이교도들에게서 유래했음을 보여주는 증거들이 히슬롭을 비롯한 다수의 연구에 의하여 제시되었다.

06
chapter

미사의 의미

1. 미사의 어원

미사 (彌撒) 를 영어로 "mass"라고 하는데, 이것은 라틴어 미사 (missa) 에서 파생된 것이다. [99] 미사의 어원과 기원에 대해서는 아직도 학자들 사이에 논란이 많다. [100]

박도식 신부는 "미사라는 말은 라틴어 mittere (보낸다) 에서 나왔다. 제사가 다 끝난 다음 교우들을 보낸다는 말에서 유래되었다." [101]고 주장한다. 이것은 오늘날의 천주교의 입장에서 미사 후에 교인들을 파송한다는 의미로 재해석하여 적용하려는 의도가 엿보이는 주장이지, 역사적으로 추적한 진정한 의미에서의 어원은 아니다.

교회사가 (敎會史家) 필립 샤프 (Philip Schaff) 에 의하면, "미사라는 단어는 원래 교회의 공예배가 폐할 때 회중에게 해산 (dismissal) 을 알리는 말 (missio, dismissio) 이었던 것이 4세기 말 이후에는 신자들의 예배 즉, 제사와 성찬식으로 구성되는 예배를 가리키는 이름이 되었다" [102]고 한다. 반면에 천주교 신학자요 사제인 이홍기는 "4—6세기의 문헌에 나타난 미사의 쓰임새를 보면 예비신자 파견, 교회에서 거행된 모든 예식의 폐회식이나 폐회선언, 성무일도의 아침기도와 저녁기도의 끝부분, 강복으로 끝나는 모든 예식, 성찬 등 다양한 용도와 의미로 쓰이다가 5세기 중엽 이후부터 미사의 고유 명칭이 되었다고 한다.[103]

미사가 「감사의 제사」를 지칭한다는 표현을 처음으로 말한 사람은 세빌랴의 이시도르 (Isidore of Seville, d. 636) 인데, 그에 의하면 "미사란 제사를 가리키는 말로 이 제사가 시작되면 세례 예비자들 (Catechumens) 은 해산된다… 세례 예비자들이 해산된다는 (dismissed) 이유 때문에 이 제사는 미사로 불린다. 세례 예비자들이 해산하는 이유는 아직 중생하지 않은 사람들은 제단의 제사에 참여할 수 없기 때문에 이 제사는 미사 (missa) 로 불린다." (Etymologiae vi. 19) 는 것이다.[104] 이러한 주장은 「카톨릭백과사전」의 진술 곧, "여기서 미사는 엄격하게 신자들 (Faithful) 만을 위한 예전인 성찬식을 의미하는 것이고, 예비신자들을 위한 예전은 포함하지 않는다는 것을 유의해야 한다."[105] 는 말과도 일치한다.

이러한 사실들을 종합해 보았을 때, 미사란 말은 본래가 신자와 예비신자 (세례자와 비세례자) 를 포함하는 모든 회중이 모여서 공예배를 드린 후에, 예배가 폐하였으므로 회중에게 해산 (dismissal) 을 알리는 말이었다. 그것이 나중에는 (아마도 4-5세기 이후) 공예배 후에 신자들 (세례자들) 만이 참석하는 성만찬 (Eucharist) 을 의미하게 되었고, 그레고리 I 세 (d. 604) 이후 성만찬이 제사의 개념으로 변함에 따라서 오늘날과 같이 제사의 개념을 띠게 된 것이다.

"미사" (missa) 라는 말은 단순히 "해산" (dismisal) 을 의미한다.[106] 회중의 해산을 의미하는 용어인 미사가 희생제사를 드리는 천주교의 미사의식 전체를 의미하는 용어로 사용하기에는 결코 적당하다고 할 수 없다. 이 점에 대해서는 이홍기 신부도 인정하여 말하기를, "이와 같이 '미사'라는 명칭은 그 어원이나 말의 뜻으로 보아 성찬의 신비를 드러내기에는 상당히 빈약한 것이 사실이다. 그러나 워낙 오랫동안 성찬의 대표적인 명칭으로 사용되었기 때문에 이제는 그 고유 명칭이 되어버렸다."[107]고 하였다.

2. 미사의 정의

미사는 라틴의식 (the Latin rites) 에 있어서 성찬예배 (the Service of the Eucharist) 를 구성하는 기도와 예식들의 복합체이다.[108] 이러한 천주교 미사에 있어서의 핵심 개념은 "제사" (sacrifice) 인데, 하나님께 드리는 제사를 말하는 것이다.[109] 즉, 천주교의 미사는 제사이며, 예수 그리스도를 제물로 바치는 제사인 것이다.[110]

존 오브라이언 (John A. Obrien) 신부는 그의 책 「억만 인의 신앙」 에서 미사는 구약제사의 계승이며, 갈보리의 제사를 피 흘림이 없이 새롭게 하는 제사라고 주장하는데, "미사는 빵과 포도주를 그리스도의 몸과 피로 축성 (祝聖) 함으로서 인류의 구속을 위하여 갈보리 산에서 희생된 바로 그 제물을 천주께 제헌하는 바 십자가의 제사의 영속 (永續) 이다"라고 하였다.[111] 박도식 신부는 그의 책 「무엇하는 사람들인가?」 에서 "미사는 사제가 그리스도의 몸과 피를 성부께 바치면서, '십자가상의 제헌'을 새롭게 하는 가톨릭의 참 제사"라고 하였고,[112] 〈가톨릭 성인 교리서〉인 「그리스도의 가르침」 에서는 미사에 대하여 설명하기를 "십자가의 제사를 피흘림 없이 재현하고, 그 제사의 구속 은총을 적용하는 미사성제에서 주님이 희생으로 바쳐진다"[113]고 하였다.

「가톨릭 교리 사전」 은 이러한 천주교의 주장들을 종합하여 미사에 대하여 정의하기를, "미사는 예수께서 우리 죄를 없애기 위해서 자신을 바치신 십자가의 제사를 되풀이 하여, 사제의 손으로 예수님의 몸과 피를 천주 성부께 바치는 가장 숭고한 제사다."라고 한다.[114] 덧붙여서 종교개혁에 대항한 반종교개혁운동 (反宗敎改革運動, Counter Reformation) 의 결과물이며 또한 천주교의 본질을 천명하였던 트렌트회의 (Trent Council, 1545-1563) 가 미사의 의미에 대하여 공식적으로 선포한 내용을 인용하면 다음과 같다.

그러므로 우리는 미사제를 십자가의 희생제사와 똑같은 것으로 고백하며, 또 마땅히 이렇게 간주하여야 한다. 왜냐하면 그 희생은 십자가 제단에서 자신을 피 제사로 한번 드리신 바 있는 주 예수 그리스도와 꼭 같은 제물이기 때문이다. 피흘린 제사나 피흘림이 없는 제사가 상이한 두 가지 제사가 아니라 실상은 한 같은 제사이며 이는 "나를 기념하여 이를 행하라"고 하신 우리 주님의 말씀을 따라서 드려지는 성찬예식에 있어서 날마다 새로워진다(제2부, pp. 246-247).[115]

미사의 본질과 특징

1. 미사의 본질

많은 기독교인들이 천주교 미사의 본질을 이해하지 못하고 있는 것은 매우 놀라운 일이다. 대부분의 기독교인들은 천주교의 미사를 기독교의 예배와 같은 것으로 생각하거나, 단지 주의 만찬이나 거룩한 교제의 다른 형태로 단순하게 처리해 버리고 만다. 그러나 미사는 우리가 생각하는 예배나 성만찬과는 전혀 다른 것이다.

천주교 미사의 본질이 무엇인가를 알려면, 역 (逆) 으로 종교개혁자들이 천주교 미사를 비판했던 핵심이 무엇인가를 보면 알 수 있다. 종교개혁자들은 무엇보다도 미사가 가지고 있는 "희생의 개념"을 철저하게 반대하였다.[116] 루터 (Martin Luther) 는 「교회의 바벨론 포로」라는 그의 논문에서 천주교의 성찬 (미사) 에는 세 가지 포로가 있는데, 첫째는 평신도들에게 잔을 주지 않는 것이고, 둘째는 화체설이며, 셋째는 그릇된 희생의 개념이라고 하였다.[117] 쯔윙글리 (Ulirich Zwingli) 는 그의 「67개조 논제」에서 희생으로서의 미사는 인간이 만든 비성경적이며 가증한 것들이라고 비판하였고,[118] 칼빈 역시 미사는 마귀가 퍼뜨린 것이며,[119] 성만찬을 모독하고 말살한다고 비판하였다.[120] 그가 그렇게 말한 것은 천주교가 "그리스도를 드리는 사제와 그 봉헌에 참여하는 신도들이 미사라는 행위를 행함으로써 그 공로로 하나님의 은혜를 받는다. 또한 미사는 속죄의 희생 제물이며 이 제물에 의해서 하나님을 자기들과 화해시킨다."[121]고 주장하기 때문이다.

천주교 미사의 본질을 분석함에 있어서는 미사의 두 부분, 즉 고유의 미사 (the mass proper) 와 영성체 (領聖體, 거룩한 교제, holy communion) 사이에 구분이 있음을 주의해야 하는바, 소위 희생 (sacrifice) 이라고 부르는 미사 (the mass proper) 는 유일하게 사제에 의해 드려진다.[122] 그들에게 있어서 미사의 의미는 사제에 의해 수행된 희생이며, 이 미사의 희생적인 요소는 매우 중요하여서, 실제로 미사의 희생은 그들의 예배에 있어서 중심점이 된다.[123] 이에 대하여 박도식 신부의 주장을 인용하면 다음과 같다.

그런데 종교에 있어서 제사가 꼭 있어야 하나요? 물론입니다. 제사는 합법적인 제관(祭官)이 하느님께 감각적인 어떤 희생물을 바침으로써 절대적인 하느님의 권능을 승복한다는 뜻을 표현하는 공식 경신행위입니다. 옛말에 "인류가 있었던 곳에 제단이 있었다." 했는데, 이것은 무슨 뜻인고 하니 하느님 공경에 있어서 제사는 최대의 종교의식임을 말하는 것입니다. 어떤 민족이든지, 어떤 위대한 존재를 섬길 때는 언제나 제사를 지내왔고, 이 제사가 그들의 종교의식의 중심이 되었던 것입니다. 성경에도 "이것은 나의 피다. 죄를 용서해 주려고 많은 사람을 위하여 내가 흘리는 계약의 피다." (마태 26:28), "또 나를 위해서 당신의 몸을 내어주신 하느님의 아들" (갈 2:20) 이렇게 그리스도의 제사를 말했고, "나를 기억하기로 이 예를 행하라" 하시면서 그리

스도는 제자들에게 사제권을 주어 제사를 지내게 하셨습니다.[124]

뿐만 아니라, 그는 주장하기를 "오늘날에도 어떤 절대자에게 존경을 바치고 은혜를 빌 때는 제사를 바치는 풍속이 있습니다. 그렇다면, 하느님 공경하는 종교 의식에 제사가 없을 수 없습니다. 제사가 없는 종교가 있는데, 그것은 기형적인 종교로서, 큰 결함을 가지고 있습니다."라고 하였다.[125] 천주교의 미사의 본질이 제사라는 사실은 이미 트렌트회의에서 장엄하게 천명되었는데,[126] 거기서 그들은 천주교 미사의 희생제사성을 천명하면서 종교개혁운동에 대하여 다음과 같이 저주함으로서 종교개혁운동을 전체적으로 항거하는 입장을 표현하였던 것이다.[127]

> 만일 누구든지 미사제가 하나님께 드려지는 참되고 정당한 제사가 아니라고 하거나, 이것을 단지 찬송과 감사의 제사로 보거나, 예수의 십자가에 대한 희생에 대한 기념적 행위로 보고 이를 속죄적 희생의 성격을 띤 것으로는 보지 않거나, 이것이 산 자와 죽은 자의 죄와 고통과 속죄와 그 밖의 다른 요구를 채우기 위한 목적으로 드려서는 안된다고 하거나, 또한 이로 말미암아 십자가상에 죽으신 지존하신 그리스도의 희생제사가 모독되고 훼손된다고 말하면 저주받을찌어다. (22회기 I, II조)[128]

더 나아가서 천주교의 현행 「미사총지침」이나 「미사경문」역시 미사의 제사적 특성을 다양하게 설명하거나 표현하고 있음을 이홍기 신부는 다음과 같이 인용하고 있다.

> "주님, 교회가 바치는 이 제사를 굽어보소서. 이는 주님 뜻에 맞은 희생제물이오

니…" (감사기도 제3양식); "이는 주님께서 기꺼이 받으시는 제사이며 세상에 구원을 주는 제사이옵니다." (감사기도 제4양식) [129]

2. 미사의 특징

a. 성찬은 만찬이 아니고 제사(祭祀)이다.

천주교 미사의 본질이 제사이며, 그리스도의 십자가 제사의 재현이라고 주장한다는 사실은 이미 살핀 바와 같다. 그런데 천주교의 미사는 다름 아닌 성찬을 의미하는 것이고, 그들은 성찬이 곧 희생제사라고 주장하는 것이다.

기독교에서는 성찬이 그리스도의 죽으심을 기념하여 떡과 잔에 참여하는 (고전 10:16) 만찬이다 (고전 11:20). 반면에 천주교에서는 성찬을 그리스도의 십자가의 희생을 재현하는 제사라고 주장한다. "그리스도의 몸과 피를 성부께 바치면서「십자가상의 제헌」을 새롭게 하는 가톨릭의 참 제사"라는 것이다. [130] 이에 대한 〈제2차 바티칸 공의회 문헌〉과 〈가톨릭 교회 교리서〉의 내용들을 인용하면 다음과 같다.

47. 우리 구세주께서는 팔리시던 그 밤에 최후 만찬에서 당신 몸과 피의 성찬의 희생 제사를 제정하셨다. 이는 다시 오실 때까지 십자가의 희생 제사를 세세에 영속화하고, 또한 그때까지 사랑하는 신부인 교회에 당신 죽음과 부활의 기념제를 맡기시려는 것이었다. 이 제사는 자비의 성사이고 일치의 표징이고 사랑의 끈이며, 그 안에서 그리스도를 받아 모시어, 마음을 은총으로 가득 채우고 우리가 미래 영광의 보증을 받는 파스카 잔치이다.〈제2차 바티칸 공의회 문헌, 전례헌장 제47항〉[131]

Ⅱ. 이 성사는 어떻게 불리는가?

1330. 거룩한 희생제사. 성체성사가 구세주 그리스도의 유일한 제사를 재현하고 교회의 봉헌도 담고 있기 때문이다. 또 미사성제(聖祭), 찬양 제물, 영적 제물, 깨끗하고 거룩한 제물이라고 불리는 것은 이 제사가 구약의 모든 제사를 완성하고 이를 능가하기 때문이다.[132]

1365. 성찬례는 그리스도의 파스카를 기념하는 것이므로 희생제사이기도 하다. 성찬례가 지닌 제사적 성격은 성찬 제정 말씀, 곧 "이는 너희를 위하여 내어 주는 내 몸이다", "이 잔은 너희를 위하여 흘리는 내 피로 맺는 새 계약이다."(루카 22,19-20) 하신 말씀에 나타나 있다. 그리스도께서는 십자가 위에서 우리를 위해 내어 주신 바로 그 몸과, "죄를 용서해 주려고 많은 사람을 위하여 흘리는 피"(마태 26,28)를 성찬례에서 주신다.

1366. 성찬례는 십자가의 희생 제사를 재현(현재화)하고, 이를 기념하며, 그 결과를 실제로 적용시키기 때문에 희생 제사이다.

1367. 그리스도께서 바치신 희생 제사와 성찬례의 희생 제사는 동일한 제사이다. "제물은 유일하고 동일하며, 그때 십자가 위에서 자신을 바치셨던 분이 지금 사제의 직무를 통해서 봉헌하시는 바로 그분이시다. 단지 봉헌하는 방식이 다를 뿐이다." 십자가 제단 위에서 '단 한번 당신 자신을 피흘려 봉헌하신' 저 그리스도께서 그 똑같은 제사를, 미사로 거행되는 이 신적 희생 제사에서 피흘림이 없이 제헌하고 계시기 때문에……이 희생 제사는 참으로 속죄의 제사이다.[133]

이와 같이 천주교에서는 성찬을 희생제사라고 주장하되, 특별히 그리스도의 십자가의 희생을 성찬을 통해서 재현한다고 주장하는 것이다. 이와 같은 천주교의 주장을 이홍기 신부는 다음과 같이 요약하였다.

> 교회가 성찬을 제사라고 가르치는 가장 근본적인 이유는 그리스도의 십자가상 죽음을 성서의 가르침(히브 10,5-12; 에페 5,22; 1베드 1,18-19)에 따라 구원과 속죄의 희생제사로 단정하기 때문이다. 그렇다면 바로 주님의 몸과 피를 받아먹고 마시면서 그분의 죽음을 기념하는 행사인 성찬도 당연히 "그리스도의 몸과 피의 제사", "십자가의 제사를 영속화한 제사", "봉헌 방법이 다르다는 점을 제외하고는 십자가의 제사와 하나이며 동일한 제사"임에 틀림없다.[134]

결론적으로, 천주교에서의 성찬은 곧 제사이며, 떡과 포도주를 하나님께 바치는 거양성체 (擧揚聖體) 는 미사 중에 가장 거룩한 순간이며 미사의 절정이 되는 부분이다. 또한 신자들이 떡 (성체) 을 받아먹는 영성체 (領聖體) 는 바로 음복 (飮福 - 일반제사에서 제사 후에 제물을 먹는 부분) 의 부분이라고 한다.[135]

b. 떡과 그리스도를 동일시한다.

성찬이 그리스도의 십자가의 제사를 재현하는 희생제사라고 주장하는 천주교의 미사 개념은 필연적으로 화체설 (化體說) 을 전제한다. 왜냐하면 그들이 미사의식에서 제물로 바치는 것이 떡과 포도주인데, 이 떡과 포도주가 단순히 자연 그대로의 떡과 포도주라면, 그리스도를 제물로 바치는 십자가의 제사가 재현된다고 할 수 없기 때문이다. 떡과 포도주가 변하여 그리스도의 몸과 피가 된다는 화체의 교리는 우리 기독교에서는 용납할 수 없는, 천주교 미사의 특징 중 하나이다. 그들의 주장에 의하면, 성찬의 떡과 포도주는 그리스도의 말씀과 성령청원 기도를 통해 그리스도의 몸과 피로 변화된다.[136] 즉, 사제가 성찬 제정의 말씀을 말하는 순간 떡과 포도주가 예수의 몸과 피로 변화된다는 것이다.

1353. 성령 청원 기도(Epiclesis)에서 교회는, 성부께서 성령(또는 성부의 강복하시는 능력)을 빵과 포도주 위에 보내시어, 그 능력으로 빵과 포도주가 예수 그리스도의 몸과 피가 되게 하시고, 성찬에 참여하는 사람들이 오직 한마음 한 몸이 되게 해 주시기를 간청한다.(일부 전례 전통들은 이 성령 청원 기도를 '기념' 다음에 하기도 한다.)

성찬 제정 축성문에서 그리스도의 말씀과 행위의 힘과 성령의 권능이 빵과 포도주의 형상 안에 당신의 몸과 피, 곧 단 한번 영원히 십자가 위에서 바쳐진 당신의 희생제물을 성사적으로 현존하게 한다.[137]

성체성사의 재료는 빵과 포도주이며 이 빵과 포도주를 들고 사제는 다음과 같은 성체성사의 형상인 예수님의 말씀을 통해서 빵을 예수님의 몸으로, 포도주를 예수님의 피로 축성한다. 즉 사제는 빵을 손에 들고 "너희는 모두 이것을 받아먹으라. 이는 너희를 위하여 바칠 내 몸이니라" 하면서 축성하고, 다음에는 포도주가 담긴 잔을 들고, "너희는 모두 이것을 받아 마시라. 이는 새롭고 영원한 계약을 맺는 피의 잔이니 너희와 모든 이의 죄 사함을 위하여 흘릴 피니라. 너희는 이 예식을 행함으로써 나를 기념하라" 하면서 축성한다.[138] 이 순간 빵은 예수님의 몸이 되고 포도주는 예수님의 피가 된다.[139]

미사는 바로 이 순간이 절정의 순간이며,[140] 이 화체의 교리는 천주교 신앙의 핵심적인 요소가 된다.[141] 이러한 화체의 교리에 대하여 트렌트회의에서는 다음과 같이 규정했다.

1376. 트리엔트 공의회는 다음과 같이 가톨릭 신앙을 요약하여 선포한다. "우리 구세주 그리스도께서 빵의 형상으로 내어 주시는 것은 참으로 당신의 몸이라고 말씀하셨기 때문에, 하느님의 교회는 항상 이러한 확신을 지녀 왔으며 본 공의회는 이를 다시금 선포하는 바이다. 빵과 포도주 축성으로써 빵의 실체 전체가 우리 주 그리스도의 실체로, 포도주의 실체 전체가 그리스도의 실체 전체로 변화한다. 가톨릭 교회는 이러한 변화를 적절하고도 정확하게 실체변화(transubstantiation)라고 불러 왔다."[142]

만일 누구든지 성체성사에 예수 그리스도께서 그의 천주성과 함께 참으로 실제로 그리고 실체적으로 계시다는 것을 부정하고 어떤 표시나 상징적인 것으로만 받아들이는 사람은 파문을 받아야 한다.[143]

그렇기 때문에 "미사는 천주이신 예수 그리스도를 제물로 드리는 제사이며 하느님 외에는 다른 누구에게 절대로 드릴 수 없다."[144] 는 것이다. 이와 같이 천주교는 화체설에 의거하여 떡 (성체) 과 그리스도를 동일시하고, 실제로 그 떡을 숭배하게 됨을 다음 항목에서 볼 수 있다.

c. 떡을 숭배(崇拜)한다.

천주교 미사의 특징 중의 하나는 성체 (Host, 성찬에서의 떡) 를 숭배한다는 것이다. 빌헬름 니젤 (Wilhelm Niesel) 이 지적한 바와 같이, 이것은 "화체설"의 교리로부터 필연적으로 나오게 된다.[145] 왜냐하면, 그 떡과 포도주는 더 이상 평범한 떡과 포도주가 아니라, 예수 그리스도의 몸과 피가 되었기 때문이다. 박도식 신부는 이 점을 다음과 같이 강조한다.

성체는 빵과 포도주 안에 살아 계신 예수님이시다. 밀가루 떡이 곧 예수님의 몸이요, 포도주가 곧 예수님의 피라는 이 교리는 가톨릭 신앙의 핵심적인 요소가 된다…(중략)… 성체가 예수님의 진실한 몸이라는 교리는 초대교회에서 부터 믿어 왔고 많은 성인들이 입증했으며 교회 권위로서는 트리엔트 공의회에서 다음과 같이 규정했다.[146]

그리하여 그들은 떡에 대하여 절하고 기도하고 복을 달라고 빈다. 화체설이 신학적으로는 "성찬에 그리스도께서 어떻게 임재하느냐"에 대하여, 그리스도께서 성찬에서 "물리적 신체와 피가 임재한다"는 천주교의 성찬론으로 알려져 있지만,[147] 실제적으로 종교 현장에서는 천주교인들이 떡과 그리스도를 동일시하여 떡을 숭배의 대상으로 삼고 있는 것이다. 그리하여 그들은 떡 (성체)을 하나님으로서 경배한다.[148] 이것을 「가톨릭 교회 교리서」에서 인용하면 다음과 같다.

1378. 성체공경. 우리는 미사 전례 중에 특히 무릎을 꿇거나, 주님에 대한 흠숭의 표시로 깊이 몸을 숙여 절함으로써, 빵과 포도주의 형상 안에 그리스도께서 실제로 현존하신다는 믿음을 표현한다. "가톨릭 교회는 성체성사에 바쳐야 할 이 흠숭 예절을 미사 중에는 물론이고 미사가 끝난 뒤에도 실천하여 왔다. 교회는 오늘날에도 여전히 축성된 제병(성체)을 아주 정성스럽게 보존하고, 장엄한 흠숭을 위하여 신자들

에게 현시하며, 또 백성들의 기쁨에 찬 행렬 중에 함께 모심으로써 이 흠숭 예절을 실천한다.[149)

1418. 그리스도께서 친히 성체성사 안에 계시므로 그분을 흠숭의 예로서 공경해야 한다. 성체조배를 할 때, 우리 주 그리스도에 대한 감사와 사랑을 표하고, 흠숭의 의무를 이행한다.[150)

이와 같이 그들은 성체에 대한 숭배를 "하나님께만 바치는 최고의 예배인 흠숭 또는 라트리아의 예배와 똑같이 해야 한다."[151)고 주장한다. 그리고 또 그들은 성체숭배에 헌신한 남성들과 여성들의 특별 조직을 통해서 성체숭배를 장려하는데, 복된 성사의 영원한 예배 수녀회, 귀한 보혈의 수녀 예배회, 복된 성서의 회중회 등이 그것이다.[152) 다음 기도는 세인트루이스의 대주교였던 추기경 카베리 (Caberry) 가 쓴 것인데, 이 기도는 성체 앞에서 드리는 천주교 예배의 대표적인 것이다.

예수님, 나의 하느님, 나는 여기 제단에 안치된 복된 성체에 현존하는 주 예수님을 찬미합니다. 우리가 하늘에 계신 주님이 나타나 현존하시기를 기다리는 동안 주님은 이 제단에서 우리의 위로가 되기 위해 밤낮으로 늘 기다리십니다. 예수님, 나의 하느님, 나는 복된 성체가 있는 곳들과 이 사랑의 성체에 대해 죄를 범하는 곳, 모든 곳에 존재하시는 주님을 찬미합니다. 예수님, 나의 하느님, 나는 과거, 현재, 미래의 모든 시간을 위해, 그리고 이미 창조되었고, 창조되고 있고, 창조될 것인 모든 영혼을 위해 주님을 찬미합니다. 예수님, 나의 하느님……. ─「묵상과 기도」[153)

천주교의 성체숭배에는 "성체조배", "성체강복", "성체거동 (성체행렬)" 등이 있다. 성체조배 (聖體朝拜) 는 성체 안에 계신 예수님을 찾아가 인사드린다는 뜻인데,[154] 시간을 내어 지극히 거룩하신 성체 안에 계신 예수님을 찾아 열렬한 애정과 존경심을 가지고 사사로이 대화하는 것을 말한다.[155] 성체강복 (聖體降福) 은 사제가 성체를 가지고 신자들에게 강복을 주는 전례의 일종인데, 성체를 성광 (聖光)[156] 에 모셔 현시 (顯示) 하고 분향, 성가, 장엄기도 등으로 성체께 특별한 찬미와 흠숭을 드리며, 강복을 청하는 예절로서 성체 앞에 강복해 주시기를 기도하는 예절이다.[157] 성체거동 (聖體舉動) 은 성체행렬 (聖體行列) 이라고도 하는데, 성체 앞에서 최대의 흠숭을 드리기 위하여 성체의 뜻 깊은 신비를 묵상하고, 가톨릭 신앙을 드러내고자 성체대회 (聖體大會) 를 열고, 성체를 모시고 행렬을 하는 것을 의미하며, 이 행렬을 성체대회라고도 한다.[158]

d. 사제(司祭)는 중보자이며, "또 다른 그리스도" 이다

천주교의 성찬 혹은 미사에 대해서 생각할 때, 떡이 변하여 그리스도의 몸이 된다는 화체설과, 그 떡을 하나님께 제물로 바치고 또한 그 떡에게 절하고 기도하면서 복을 빌면서 숭배한다는 것이 가장 핵심적인 것처럼 보인다. 그러나 실상 천주교 미사제도의 핵심은 신부의 중보적인 사제직에 있다.

본 연구자는 이미 「천주교 미사에 대한 종교개혁가들의 비판과 개혁」 이라는 신학석사 (Th. M.) 학위논문에서 종교개혁의 중심 사상은 한마디로 "만인제사장의 사상"이라는 점을 지적하면서,[159] 이 만인제사장 사상이 적용되는 일차적인 대상은 의식주의와 사제직의 핵심인 미사일 수밖에 없었기에 종교개혁가들은 "미사"라고 하는 성례를 개혁하지 않고는 진정한 개혁이 있을 수 없었다는 점을 지적한 바 있다.[160] 이 말은 곧 미사제도의 핵심에 "사제"라고 하는 "중보직"이 있다는 말이다. 천주교는 기독교와의 핵심적인 차이점이 하나님과 인간 사이의 중보자로서의 사제직에 있음을 다음과 같이 주장한다.

가톨릭교회는 홀로 제대와 사제직을 갖고 있다는 점에서 프로테스탄트 교파들과 **구별된다.** 가톨릭은 전능하신 천주의 기도로 뿐만 아니라 제사로서도 흠숭한다. 이는 갈보리 산에서 바치신 그리스도의 제사를 피흘림 없이 바치는 것이다. 이 제사는 구약에 레위의 사제직의 피흘리는 제사로 예표되었다. 그때의 제물은 양, 염소, 황소였다. 살렘의 왕이며 동시에 지존하신 분의 사제인 멜기세덱은 빵과 포도주의 제사를 바쳤으니 이는 예언자 말라기가 말한바 정결한 희생의 전형이다.

"해가 뜨는 곳으로부터 해가 지는 곳까지 온 백성들에게 내 이름이 크나니 어디든지 제사가 있을 것이며 조촐한 희생을 내 이름에 바치리라. 무릇 내 이름이 백성들에게 큰 연고니라고 만군의 주 말씀하시니라" (말라기 1:11) 이것이 조촐한 희생 곧 그리스도가 세운 교회의 흠숭행위의 중심을 이루는 미사성제에 관한 천주의 신감을 받은 예언이다. 그런데 사제가 없으면 제대도 제사도 있을 수 없음은 우리를 떠난 무수한 열교파들의 경험이 입증하는 바이다(열교파란 개신교를 말함 - 연구자 註). 딴은 설교와 기도는 있을 수 있다. 하지만 흠숭의 본절적 요소는 구약에 너무나 많이 기록되어 있는 바 제사이다. 이는 사제직이 없으면 덩달아 없어진다. 그리스도는 제사를 드릴 제사직을 마련함이 없이 교회를 세웠던가? 그는 당신이 시작한 사업을 만대에 계속할 사제직을 설정하지 않았던가? 그리스도는 교회를 세울 때는 일정한 사제직을 정하여 영속을 꾀하였다는 것이 그리스도가 세운 교회의 불변의 신앙이다. 교회는 그리스도가 다만 사제직을 설정했을 뿐 아니라 여기에 명백한 권능과 권위를 부여했음을 가르친다. 천주이신 예수 그리스도가 만대의 인류의 영신적 필요에 응해서 교회를 세울 때 그와 동시에 사제직을 세워 이에게 교회가 천주께로부터 맡은 사명을 완수하기에 필요한 권능과 권위를 주지 않았다는 것은 도저히 생각될 수 없는 일이다. 이성으로나 상식으로나 그렇게 하셨을 수밖에 없다.

멜기세덱의 차서대로 신약의 최고의 사제인 예수 그리스도는 만찬 때 당신의 살을 먹게 주고 당신의 피를 마시게 주겠다는 약속을 실천했다. 그는 당신이 방금 제헌한 성체의 제사를 영구적이며 공식적인 흠숭행위로 설정했다. 당신이 방금 행한 바를 사도들이 행하기를 명하면서 그는 여기에 포함된 권능 곧 축성권도 주었다. 그리스도는 당신이 설정한 바 당신 자신의 제사를 봉헌할 권능을 사도들에게 주면서 사도들과 후계자들을 당신의 영원한 사제직의 분담자로 삼았다.[161]

사제의 중보적 기능이란 사제가 인간과 하나님 사이에 있는 중보자의 역할을 한다는 것이다. 이것을 그들은 다음과 같이 간단히 설명하고 있다.

사제는 우선적으로 그리스도와의 성사적 접촉의 수단이다. 그리스도인은 성사 안에서 하나님을 만난다. 그리고 그리스도는 사제만을 통해서 당신의 성사적 현존을 유지하신다.[162]

그들의 주장에 의하면, 천주교 외에는 성사가 없고,[163] 하나님의 모든 은혜가 오직 천주교의 성사 (Sacrament – 성례, 聖禮)를 통해서만 온다. 즉 천주교의 성사 외에는 하나님의 은혜나 구원을 받을 길이 없다. 그런데 이 성사는 신부들에 의해서 거행되기 때문에, 결국 사죄와 그 외의 모든 은총이 오직 신부들의 중보를 통해서만 얻어지게 된다. 따라서 신부들을 떠나서는 구원을 얻을 수가 없고, 천주교 밖에서는 구원이 있을 수가 없는 것이다.[164] 모든 프로테스탄트 교회는 인조종교 (人造宗敎)이며, 아무런 신적 (神的) 재가 (裁可)도 인준 (認

⑵도 없기 때문에 이러한 인조종교를 버리고 그리스도가 세우신 종교인 천주교를 믿어야 한다는 것이다.[165] 이러한 사제의 중보직이 가지고 있는 성격에 대하여 알렉산더 스튜아트는 다음과 같이 논하였다.

"이 주장은 대체로 인간이 어떤 특별한 중보자를 통하지 않고서는 하나님께 나아갈 수 없다는 억설에 의거하고 있다. 이 견해에 의하면, 죄인이 하나님의 말씀을 듣고 그의 영혼의 구원을 위해 그리스도에게 직접 나아와 그를 신앙하는 것은 옳지 않다고 한다. 저들에게 있어서 인간의 영혼구원에 가장 중요한 것은 내적이며 영적인 인격적 신앙 그것보다도 외부적 의식 준수이다. 그리하여 저들은 복음을 전하는 것보다 성례의식의 거행을 더 소중히 여긴다. 그들에 의하면, 성례의식들은 다만 구원의 방편뿐만 아니라 직접 구원의 은혜를 부여하는 것이라고 한다. 그리고 보통 이 예식들은 신부들에 의해서만 거행됨으로 결국 사죄와 그 밖의 은총은 오직 저이들의 중보를 통하여서만 얻어지게 된다. 따라서 신부들을 떠나서는 구원을 얻을 수 없게 된다. 이 교리는 필연적으로 성례가 거행되는 그들의 교회 밖에 있어서는 구원이 있을 수 없다는 처지를 취하게 한다. 그리하여 실제적으로 이 교리는 신부들로 하여금 그리스도의 자리를 대신 취하게 한다. 이 견해가 내포하는 종교상의 근본적 결함은 그것이 죄인들로 하여금 온전히 자비로우신 하나님의 손안에 떨어지는 것보다 한갓 무능한 인간의 손에 떨어지게 하는데 있다."[166]

뿐만 아니라, 천주교 신부는 사제로 서품될 때에 "성령의 도유로 특별한 인호가 새겨지고 사제이신 그리스도와 동화되어 머리이신 그리스도로서 행동할 수 있다"[167]고 한다. 그렇기 때문에 신부가 서품될 때에 주교가 손을 머리에 얹고 "너는 또 다른 그리스도다. 많은 사람들이 네 이름으로 와서 네가 그리스도라고 말할 것이다."라고 말한다.[168] 신부들은 미사에서 그리스도를 대신하여 그리스도의 몸과 피를 하나님께 제물로 바치는 제사장직을 수행하기 때문에 사제라고 불리며, 거기에서 그리스도로서 행동한다.[169] 그리하여 사제는 "또 다른 그리스도 (Another Christ) "라고 불린다.

사제직은 별개의 성사로 수여되는 것이며 이 성사에 의하여 사제는 갱신의 도유 (기름을 뿌림 —연구자 註)로써 특별한 영적 인호가 새겨지고 이로서 머리이신 그리스도의 대리로 행동할 수 있도록 사제이신 그리스도의 모습을 닮게 된다. "다른 그리스도"로서의 사제의 힘은 그리스도만이 할 수 있는 행동을 이행하는 독특한 능력에 기초를 둔다. 축성된 빵을 봉헌하는 사제를 볼 때에 우리는 그의 손에서 그리스도 자신의 손을 본다.[170]

이와 같이 이 세상에서의 그리스도의 사절로서, 대리자로서 행동하는 특권을 가진 크리스챤 사제들의 직무는 얼마나 숭고한 존엄성을 지닌 것이냐? 그는 그리스도의 본질적 사명을 계속하고 그리스도의 권위로 가르치며 그리스도의 권능으로 통회하는 죄인의 죄를 사하고, 일찍이 그리스도께서 갈보리에서 봉헌한 바 흠숭과 속죄의 제사를 또다시 제헌한다. 그러니 만큼 영신적 작가들이 사제들을 또 하나의 그리스도(alter Christus)라고 부르기를 즐기는 것도 당연하다. 사제야말로 또 하나의 그리스도이며, 또 하나의 그리스도이어야 하는 까닭이다.[171]

다음은 "또 다른 그리스도"라고 하는 사제의 미사와 관련된 엄청난 특권에 대한 천주교의 설명이다.

사제직의 최상의 권능은 축성권이다. 성 토마스는 "그리스도의 몸을 축성함보다 위대한 행위는 없다.("Summa Theol." lib. Ⅲ in Suppl. q. 40, a. 4,5)"고 말한다. 성
직의 이 본질적 면에 있어서는 사제의 권능은 주교나 대주교나 추기경이나 교황의 그
것보다 못하지 않다. 이것은 온전히 그리스도의 그것과 동등이다. 이때 사제는 천주
그분의 목소리와 권위로 말하는 까닭이다. 사제가 축성하는 놀라운 말을 말할 때 그
는 하늘에 닿아 그리스도를 옥좌로부터 제대 위에 모셔 내려와 다시 인간의 죄를 위
한 희생으로 봉헌한다. 이는 군주나 황제의 그것보다 우월한 권능이다. 이는 성인과
천사들의 그것보다 우월하며 세라핌(스랍)과 케루빔(그룹)의 그것보다 위대하다. 실
로 이는 동정녀 마리아의 권능보다도 위대한 것이다. 즉 복되신 동정성모의 그것은
그리스도께서 오직 한 번 강생하신 바 인간적 매개인데, 사제는 그리스도를 하늘로
부터 모셔와 인간의 죄를 위한 영원한 희생으로서 제대 위에 현존케 하며, 그것도 한
번이 아니라 몇천 번이라도 하는 까닭이다. 사제가 말한다. 그때 보라! 그리스도, 영
원하고 전능한 천주께서 사제의 명령에 공손히 복종하여 머리를 숙인다.[172]

이와 같이 미사에 있어서 찾아볼 수 있는 가장 큰 특징은 하나님과 사람
사이의 유일하신 중보자이신 그리스도 (딤전 2:5) 대신 신부들이 중보자직을 차
지하고 있다는 점이다. 또한 천주교는 신부들을 사제라고 부르면서 그리스
도와 동등시하는데, 신부들은 "또 다른 그리스도"라 불리면서 대제사장이신
(히 4:14) 그리스도의 제사장 (사제) 직을 대신하고 있다.

e. 죽은 자를 위한 제사를 드린다.

천주교 미사의 특징 중의 하나는 죽은 자를 위하여서도 미사의 제사를 드
린다는 것이다.[173] 그것은 미사의 희생제사가 살아있는 사람들뿐만 아니라,
죽은 사람들에게도 은총을 준다고 생각하기 때문이다.[174]

트렌트회의는 1562년 9월 17일의 「미사의 교리」〈법규3〉에서 "만일 누구든지, 미사의 제사가 찬양과 감사의 제사에 불과하다고 말하거나…(중략)…혹은 미사의 제사가 이를 받는 당사자에게만 유익을 주며 죄와 고통, 속죄(satisfaction) 및 기타 필요한 것들과 관련하여 산 자와 **죽은 자**를 위해 드려져서는 안 된다고 말한다면, 그는 저주를 받을지어다."라고 하였다.[175] 다음은 죽은 자를 위한 미사에 대하여 「가톨릭 교회 교리서」에서 진술하고 있는 내용이다.

1371. 성찬의 제사는 또한 "그리스도 안에서 **죽었지만** 아직 완전히 정화되지 못한 죽은 신자들을 위해서, 그들이 그리스도의 빛과 평화를 얻을 수 있도록 바치는 것이기도 하다.[176]

1414. 희생제사로서 성찬례는 산 이와 **죽은 이들**의 죄에 대한 보상으로도 바치는 것이며, 하느님께 영적이거나 현세적인 은혜를 얻기 위해서도 바치는 것이다.[177]

한편, 가톨릭 성인교리서인 「그리스도의 가르침」에서는 "모든 이들을 위한 미사"의 항목에서 죽은 자들을 위한 미사에 대하여 다음과 같이 진술을 하고 있다.

모든 사람을 위한 미사 : 사제는 산 이와 **죽은 이**를 위하여, 만인의 구원을 위하여, 하느님의 백성의 여러 가지 요구를 위하여, 그리스도와 함께 성령 안에서 성부께 미사성제를 봉헌해야 한다. …(중략)… 흔히 신자들이 자기들의 특별한 지향, **죽은 이의 영원한 안식**, 어떤 영신적인, 또는 현세적 필요, 하느님에게 감사의 표시 등을 위

하여 미사를 드려달라고 청한다.[178]

죽은 영혼을 위한 미사를 위령미사 (慰靈彌撒) 라고 하는데,[179] 이것을 레퀴엠 (Requiem) 이라고도 하며,[180] 장례미사, 주년 위령미사 (기일미사), 보통 위령미사 등이 있다.[181] 이 죽은 자를 위한 미사는 연옥설과 밀접하게 연결되어 있는 교리이다. 다음 인용문들은 천주교의 죽은 자를 위한 미사가 연옥설과 연결되어 있음을 보여주고 있다.

지옥 근처에 사함을 받을 수 있는 죄 가운데에서 **죽은 많은 신자**와 큰 죄에 해당하는 일시적 형벌을 충분히 받지 못하고 **죽은 많은 신자들이 가는 한 처소가 있어,** 거기서 그들의 작은 죄를 충분히 속량받거나 또는 그들에게 합당한 일시적인 형벌을 충분히 받기까지 불 가운데서 고통을 받게 된다. 그러나 그 고통의 기간은 그들을 위하여 그들을 대신하여 땅 위에 있는 사람들에 의해서 드려지는 **미사제**와 기도와, 헌금과, 그 밖의 경건한 행위로 말미암아 단축될 수 있다.[182]

지상에 있는 신자들과의 연결은 끊기지 않는다. 생존자는 중재 즉 **미사**, 기도, 자선과 교회의 관습대로 신자들이 다른 신자에게 하는 여러 선업으로써 **연옥**에 있는 이들에게 위로와 단련의 단축을 얻어 줄 수 있다.[183]

연옥 단련은 불로써 이루어집니다. 연옥의 영혼들은 감옥살이 하는 사람들과 같아서 자기들 힘으로는 그 보속을 경감할 수 없습니다. 그래서 이 세상 사람들이 바치는 기도와 희생을 통해서 그들의 보속은 경감될 수 있습니다. 그래서 가톨릭에서는 **죽은 이**를 위한 〈위령미사〉를 위시해서 죽은 이들을 위한 기도를 바치고 있습니다. 진

정 하나님께 **죽은 자의 명복**을 비는 거지요.[184]

이와 같이 천주교는 연옥설과 관련지어서 죽은 자들을 위해서 〈위령미사〉라고 하는 제사를 드리고 있다.

f. 미사는 재정 수입의 한 방편이다.

천주교 미사에는 미사예물 (彌撒禮物) 이라는 것이 있다. 미사는 제사이기 때문에 미사를 바치기 위해서 신자들이 예물을 바치는데 이 제물을 미사예물이라고 한다.[185] 즉 미사예물은 미사를 청하는 사람이 바치는 일정한 금액으로써, 특별히 지정된 미사를 위해서 바치는 특별봉헌액이다.[186] 그들은 미사예물의 근거를 초대교회 신자들이 미사 참례할 때 각자 빵과 포도주를 들고 제단에 바쳤다는 데서 찾고 있으며, 그 때에 사제는 제물을 관리하며 제사 때 필요한 양만을 떼내고 나머지는 사제의 생활비로 했었는데, 이것이 불편함으로 일정한 금액을 바치게 되었다고 한다.[187] 미사예물의 액수로는 성의껏 하면 되지만, 약간의 기준이 있는 바, 사제가 하루 살아갈 수 있을 정도는 봉투에 넣어 미사 지향을 쓰고 미리 신청해야 한다 (예: 혼인, 회갑, 위령, 장례, 생일, 입학, 가정, 생미사 등) 고 한다.[188] 이러한 미사의 신청은 두 가지 종류로 나누는데, 하나는 죽은 영혼을 위한 〈위령미사〉이고 다른 하나는 살아있는 사람을 위해서 특별히 은혜를 청하는 〈생미사〉이다.[189]

흔히 신자들이 자기들의 특별지향, 죽은 이의 영원한 안식, 어떤 영신적인, 또는 현세적 필요, 하나님에게 감사의 표시 등을 위하여 미사를 드려달라고 청한다. 이런 청을 할 때에 보통으로 금전적 기부를 한다. 특별 지향을 위해서 미사를 드려달라고 미사 예물을 바치는 것은 사실은 미사의 결실 일부가 그리스도 안에 사랑받던 사람에게 돌아가기를 청할 뿐이다.[190]

로레인 뵈트너는 천주교에서 행해지고 있는 미사의 또 하나의 중요한 특징은 재정적인 원조를 끌어들이는 것이라고 다음과 같이 지적하고 있다.

로마교회에서 행해지고 있는 미사의 또 하나의 중요한 특징은 재정적인 원조를 끌어들이는 것이다. 그것은 분명히 교회에서 의식을 행함으로 들어오는 큰 수입이다. 교묘한 제도들이 만들어졌다. 미국에서 연옥에 있는 영혼들을 위해 드리는 평미사(low mass)는 사제에 의해 낮은 목소리로 음악이 없이 1달러의 매우 적은 금액으로 행해진다. 주일날이나 축제일에 드리는 장엄미사(high mass)는 사제에 의해 큰 목소리로 음악과 합창단이 있어 10달러의 비용을 가지고 행해진다. 장엄미사에서 일반적인 값(비용)은 25달러에서 35달러까지 된다. 장례식 때 드리는 장엄미사(the high requiem mass), 결혼식 때 드리는 결혼미사(the high nuptial mass)는 심지어 100달러까지 소요되며 이는 사제들이 참석하는 숫자와 계급, 꽃의 진열, 음악, 촛불 등에 따라 결정되어진다. 미사를 드리는 비용(가격)은 교구 주교나 비용을 지불해야 할 교구민의 능력에 따라 다양하다. **어떤 미사도 돈이 없이 행해질 수 없다.** 아이레(Irish)의 격언은 이를 잘 나타내주고 있다. "많은 돈이 있으면 장엄한 미사를 드릴 수 있고 적은 돈이 있으면 평미사를 드릴 수 있고 돈이 없으면 미사를 드릴 수 없다."[191]

이와 같이 천주교의 미사는 그리스도를 신앙함에 대한 가장 장엄한 의식을 한 상품(商品)으로 만들어 버리는 가장 해롭고 부패한 상업행위를 수반하는데, 곧 저들이 돈을 거두기 위한 목적에 크게 이용하는 소위 연옥설과 밀

접히 관련되어 있다.[192)]

　　가장 인기있는 미사는 연옥에 있는 영혼들의 고통을 경감하거나 종결시키는 미사이다. 연옥에서 괴로워하는 영혼들을 위해 드려지는 미사일수록 더 좋다. 때때로 교회 신문의 광고에 다양하고 반복되는 미사들의 값이 게재되어진다. 연옥단체와 미사모임은 수혜자들이 암송할 수 있도록 일괄하여 한꺼번에 총괄적인 미사들을 제공한다. 그런데 가령 10달러를 보내는 자는 누구나 죽은 자들을 위해 한달 동안 또는 그이상 매일매일 많은 장엄미사를 드릴 수 있다.[193)]

　　미사제도에 대한 가장 악한 특징들 가운데 하나는 사제가 미사드리는 영혼이 연옥에서 벗어났다는 확신을 결코 할 수 없기 때문에 계속해서 제물 (헌금) 을 드려야 한다는 것이다. 이 점에 대하여 스티븐 테스타 (Stephen L. Testa) 와 킹 (L. T. King) 은 다음과 같이 말하고 있다.

　　그가 기도드리는 영혼이 이미 연옥을 벗어나 하늘나라에 가 있으며 더 이상 미사드릴 필요가 없다고 한다면 사제에게 헌금을 지불하지 않을 것이다. 그것은 풍요로운 수입의 원천을 잘라버리는 것과 같다. 건강한 환자의 질병을 오히려 연장하는 많은 부도덕한 외과의사처럼 그 역시 이러한 시나리오(treat- ment)를 계속해야만 한다. 사제는 그녀의 딸이 '예수와 함께' 하늘에 있으며 더 이상 장례미사를 드릴 필요가 없다는 것을 사별한 어머니에게 결코 말할 수 없다. 개신교 목사는 하나님의 말씀으로부터 위로의 확신을 주지만 카톨릭 사제는 결코 그렇지 않다.[194)]

　　죽음은 로마 카톨릭 교회의 모든 것을 끝내지 못한다. 어떤 사람도 죽음으로 로마 카톨릭 교회의 지급금(dues)을 피할 수 없다. 그의 자손 또는 친구들은 계속하여 지불해야만 한다. 세금을 거두는 징수인은 비록 죽은 사람에게 늦출 수도 있지만 로마 카톨릭 교회는 결코 그렇지 않다. 그들이 죽은 후에도 오랫동안 로마교회의 통제력이 계속 보유된다. 사제들은 영혼들이 연옥의 활활 타오르는 불꽃 속에 고통 받고 있으며 거기에 그들이 오랫동안 남게 될 것이며 따라서 활활 타오르고 있는 감옥에 억류되어 있는 아들이나 딸을 위해 슬퍼하는 어머니로부터 최종적인(결정적인) 돈을 가져오도록 위협한다.[195]

g. 미사는 일종의 종교극(드라마)이다.

볼테르 (Voltaire) 가 전성기였을 때 프랑스의 대성당에서 행해진 미사에 대해 언급하기를 미사는 "가난한 자들의 장엄한 오페라"라고 하였는데 [196], 죤 오브라이언 (John A. Obrien) 신부도 그의 책「억만인의 신앙」에서 미사는 "일종의 종교극"이라고 서술하고 있다. [197] 실상 미사는 많은 기도들과 상징적 동작과 복장과 장식과 순서를 가진 예식들로 이루어진 복합체이다. [198] 이 미사를 통해서 그리스도의 경험, 즉 다락방에서의 주의 만찬으로부터 시작해서 겟세마네 동산에서의 고민, 배신, 시험, 십자가에 못 박히심, 죽음, 장사지냄, 부활, 승천 등을 각색 (design) 해서 그 여러 날의 상세한 사건 하나하나를 한 시간 또는 그 이하의 시간에 쑤셔 넣으려고 하는 종교적인 드라마이다. [199] 다음은 "미사"라고 하는 종교극에 대한 죤 오브라인 신부의 설명이다.

미사 – 일종의 종교극

종교 진리를 전하는데 감각을 이용하는 손쉬운 방법은 연극이다. 여러 가지 빛깔의 제의를 입고 생생한 예전으로 거행되는 미사는, 갈바리아 산에서 그리스도께서 바치신 제사를 피 흘림이 없이 극적으로 재현하는 것이다. 미사의 상징과 예절(禮節)로 미사에 참여하는 이들의 마음은 구세주의 수난을 되살리게 된다. 제세마니 동산에서의 예수의 고민은 사제가 몸을 깊이 꾸부리고 가슴을 치며 고죄경을 외울 때, 십자가상의 죽으심은 성체를 쪼갤 때 각각 표상된다. 「이떼 미사 에스뜨」와 미사끝 복음은 「너희는 가서 만민을 가르치라」는 종도들에게 맡긴 구세주의 마지막 사명을 표상한다.

또 사제가 입는 가지가지 색의 제의빛이 지닌 생생한 뜻에 대해서도 주목할 만하다. 흰색은 순결과 기쁨을 표상하는 바, 구세주의 생활 중 기쁨의 현의(玄義)의 축일과 성모 마리아, 신앙 증거자, 동정자(童貞者)의 축일에 입는다. 홍색(紅)은 신자들에게 그리스도께 대한 신앙 때문에 흘린 피를 회상케 한다. 그러므로 붉은 제의는 순교자들과 종도들의 축일과 구세주의 수난 축일과 불혀(火舌)의 형상으로 종도들에게 강림(降臨)하신 성신을 기념하는 성신강림 축일에 입는다. 녹색(綠)은 희망을 표상한다. 황폐한 겨울이 지나가고 난 후, 자연계에 생명이 움돋는 최초의 표지인 푸른 풀잎과 싱싱한 나뭇잎은 육신이 죽은 후 영혼 생명의 희망을 표상하기에 적절하다. 푸른 제의는 때로는 아무 고유한 빛깔이 없는 때, 가령 삼왕내조(三王來朝) 후부터 칠순(七旬) 주일까지의 주일들과, 성삼(聖三) 주일부터 장림수주일(將臨首主日) 전까지의 주일들에 입는다. 자색은 통회를 표상하는 바, 장림 때와 사순절(四旬節) 때와 큰 축일 전날에 입는다. 흑색(黑)은 죽음의 상징인 바, 성(聖)금요일과 죽은 이를 위한 미사 때 입는다. 이처럼 교회는 축일이나 미사의 성격을 빛깔이라는 생생하고 보편적인 말로 신자들에게 가르치고 있다.

이와 마찬가지로 미사의 감명 깊은 예전은 그리스도의 수난과 죽음의 뜻을 묘사한다. 곧 미사는 축성하는 순간, 성체를 높이 치켜올릴 때 절정에 달한다. 인류의 가장 옛스러운 말 — 몸짓과 무언의 동작이라는 에스페란트 — 로 관중에게 말하는 연극이다. 교회는 객체교수법을 맘껏 이용해서 조형미술(造形美術)이나 그림을 이용하고, 또 가장 정묘한 미사의 표상, 또 다채로운 예전을 쓰느니만큼 그 감동적인 연극과 엄숙한 장관(壯觀) 때문에 신자들이 받는 인상이란 실로 기막힌 것이다. 이처럼 자극제가 여러 방법으로 흘러들어가 이것이 마음에 닿으면 즉시 감정이 들끓게 되어 흠숭행위에 전 인격을 몽땅 쏟지 않을 수 없게 된다. 신심행위는 단지 목청만 돋구는 기계적인 몸짓에 그치지 않고, 감정과 의미를 지닌 싱싱하고 함축적인 것이다. 흠숭행위를 이처럼 생생하게 하는 데는 생생한 감각인상과 풍성한 지성적 영상(映像)이 극히 근본적으로 중요하다.[200]

이러한 미사에 대해서 이홍기 신부는 "전례 중의 동작과 자세는 공동체의 정신과 내적 태도, 집회의 공동체 특성과 일치의 표징이며, 각 예식의 의미와 기능을 드러내는 중요한 요소이다."라고 주장한다.[201] 반면에 로뢰인 뵈트너(Loraine Boettner)는 그리스도께서 다락방에서 행하신 최후의 만찬의 단순함에 비하여 천주교의 "미사"라고 하는 드라마는 얼마나 복잡하고 기계적이고 과장된 겉치레인가를 다음과 같이 지적하고 있다.

미사의 올바른 실행을 위해 사제는 신학교에서 오랜 시간동안 훈련을 받는다. 그리고 불가사의한, 매우 어려운 기억들을 하고 있어야만 한다. 그러한 증거들은 다음과 같다. 그는 16번 성호를 긋는다(makes the sign of the cross), 회중에게 돌아서 6번 성호를 긋는다, 그는 눈을 하늘을 향해 11번 오린다, 제단에 8번 입맞춤을 한다. 그의 손을 4번 껴안는다. 그의 가슴을 10번 두들긴다, 그의 머리를 21번 숙인다, 무릎을 8번 구부린다, 그의 어깨를 7번 활 모양으로 휘게 한다. 제단에 30번 성호를 그으면서 축복한다. 그의 손을 제단 위의 편평한 부분에 29번 놓는다, 은밀히 11번 기도한다, 크게 13번 기도한다, 빵과 포도주를 취하고 그것을 그리스도의 몸과 피로 변하게 한다. 잔을 10번 덮고 씌운다, 그리고 20번 왔다 갔다 한다. 그리고 다수의 다른 행동들을 첨가한다(미사의식〈liturgy〉은 1965년 상당히 단순화되어 현재는 구어체 언어로 행해지고 있다). 여기서 사제가 절을 하고 무릎을 구부리는 행위는 그리스도의 고뇌와 고통의 모방이다. 드라마의 매 다른 단계마다 사제가 입는 다양한 옷의 품목은 그리스도가 입은 옷을 나타낸다. 이음매 없는 옷, 자주 빛의 화려한 코트, 가야바의 집 뜰에서 예수의 얼굴을 뒤집어씌운 베일, 겟세마네 동산에서 예수를 결박한 끈을 나타내는 허리띠, 십자가에서 예수를 묶은 끈 등이다. 만일 사제가 이와 같은 드라마의 한 가지 요소라도 잊어버린다면, 그는 큰 죄를 범하게 되며 기능적으로 미사는 무효화된다. 성직자들이 입은 매우 다채로운 옷 외에도 촛불, 종, 향, 음악, 가끔 희미하게 비추이는 성가대석의 특별한 건축양태가 어울어지고, …(중략)… 그러나 이러한 모든 것들이 연극과 같이 얼마나 간련한 것인가! 가엾은 사람들이 영원한 생명을 위해 의존하고 있는 복음을 바꾸고 있지 않은가! 대조적으로 그리스도께서 주의 만찬을 제정하셨을 때 다락방에서 행해진 장면들은 얼마나 단순한가! …(중략)… 그러나 이 단순한 사건을 로마 카톨릭 교회는 지나치게 현란할 정도로 화려하게, 허황된 미사의 겉치레와 드라마로 확대하고 있다.[202]

이와 같이 천주교의 미사의 기원은 고대의 바벨론과 이집트와 로마와 그리스 세계의 이교도들과 관련이 있고, 그 본질이 희생제사로써, 그리스도의 십자가를 재현하는 것이다. 이는 십자가의 완전성과 효능을 부인하는 엄청난 적그리스도적 오류이다. 뿐만 아니라, 미사의 특징들을 살펴보면 그리스도를 기념하는 성찬을 그리스도의 십자가를 재현하는 희생제사로 변질시켰고, 그 떡을 그리스도와 동일시하며 그 앞에 절하고 복달라고 빌며 숭배한다. 신부들을 중보자와 제사장이라고 하면서 그리스도와 동일시하고 "또 다른 그리스도"라고 부르는 오류를 범하고 있다. 죽은 자를 위하여 제사를 지내고 미사를 통해서 연옥에 있는 자들의 고통을 경감시켜준다는 등 우리가 받아들일 수 없는 것들이 많이 있음을 알 수 있다. 지금도 그들은 매 주일마다 그리고 날마다 그리스도를 십자가에 죽이는 의식인 미사를 계속하고 있다.

1) 박도식,「가톨릭 교리사전」(서울: 가톨릭출판사, 1985), p. 93.

2) 「가톨릭 교회 교리서」, 주교회의교리교육위원회 역, 개정판(서울: 한국천주교중앙협의회, 2009), pp. 452-453. - 천주교에서는 기독교의 성례(聖禮, sacrament)를 성사(聖事)라고 하는데, 이 일곱 가지 성례를 칠성사(七聖事, seven sacraments)라 한다.

3) 루이스 벌,「기독교 교리사」, 신복윤 역(서울: 성광문화사, 1979), p. 282.

4) 박도식,「무엇하는 사람들인가?」(서울: 가톨릭출판사,1964), p. 352.

5) 박도식,「무엇하는 사람들인가?」, p. 357.

6) 존 오브라이언,「억만인의 신앙」, 정진석 역(서울: 가톨릭출판사, 1960), p. 445.

7) 로레인 뵈트너,「로마 카톨릭 사상 평가」, 이송훈 역(서울: 기독교문서선교회, 1992), pp. 262-263.

8) 박도식,「무엇하는 사람들인가?」, p. 366.

9) 백 쁠라치도,「미사는 빠스카 잔치이다」(경북: 분도출판사, 1976), p. 59.

10) 이홍기,「미사 전례」(경북: 분도출판사, 1997), p. 130.

11) 이홍기,「미사 전례」, p. 193.

12) 박도식,「무엇하는 사람들인가?」, p. 367.

13) John Calvin, Institutes of the Christian Religion, Vol. II, ed. by John T. McNeill(Philadelphia : The Westminster Press, 1973), IV. 17. 36.(이하 Inst.로 약칭함). - 번역서로는 "죤 칼빈,「기독교 강요(下, Vol. IV)」, 김종흡 외 3인 공역(서울: 생명의 말씀사, 1986)"을 참조했음.

14) 박도식,「천주교와 개신교-하나인 교회」(서울: 가톨릭출판사, 1980), p. 78.

15) B. K. 카이퍼,「세계 기독교회사」, 김해연 역(서울: 성광문화사, 1980), p. 221.

16) Williston Walker,「기독교회사」, 류형기 역편, 중판(서울: 한국기독교문화원, 1987), p. 287.

17) 루이스 뻘콥,「뻘콥 조직신학(제6권, 교회론)」, 고영민 역(서울: 기독교문사, 1981), p. 185.

18) 이장식,「기독교 신조사」(서울: 컨콜디아사, 1979), p. 28.

19) 〈마26:26-28〉"저희가 먹을 때에 예수께서 떡을 가지사 축복하시고 떼어 제자들을 주시며 가라사대 받아 먹으라 이것이 내 몸이니라 하시고 또 잔을 가지사 사례하시고 저희에게 주시며 가라사대 너희가 다 이것을 마시라 이것은 죄 사함을 얻게 하려고 많은 사람을 위하여 흘리는 바 나의 피 곧 언약의 피니라"〈막 14:22-24 참조〉〈눅 22:19-20〉"또 떡을 가져 사례하시고 떼어 저희에게 주시며 가라사대 이것은 너희를 위하여 주는 내 몸이라 너희가 이를 행하여 나를 기념하라 하시고 저녁 먹은 후에 잔도 이와 같이 하여 가라사대 이 잔은 내 피로 세우는 새 언약이니 곧 너희를 위하여 붓는 것이라"

20) 〈고전 11:23-26〉"내가 너희에게 전한 것은 주께 받은 것이니 곧 주 예수께서 잡히시던 밤에 떡을 가지

사 축사하시고 떼어 가라사대 이것은 너희를 위하는 내 몸이니 이것을 행하여 나를 기념하라 하시고 식후에 또한 이와 같이 잔을 가지시고 가라사대 이 잔은 내 피로 세운 새 언약이니 이것을 행하여 마실 때마다 나를 기념하라 하셨으니"

21) The Catholic Encyclopedia, Vol. V(New York : The Encyclopedia Press, Inc., 1913), pp. 573-574.

22) The Catholic Encyclopedia, Vol. V, p. 574.

23) Douay version Bible (Baltimore: John Murphy & co., 1914), footnote to Matt. 26 : 26. - 헨리 디이슨, 「조직신학강론」, 권혁봉 역(서울: 생명의말씀사, 1975), p. 675에서 재인용.

24) J. L. 니이브, 「기독교교리사」, 서남동 역(서울: 대한기독교서회, 1965), p. 259.

25) J. L. 니이브, 「기독교교리사」, p. 258.

26) 베른하드 로제, 「기독교 교리의 역사」, 차종순 역(서울: 목양사, 1986), p. 200.

27) 루이스 뻴콥, 「기독교 교리사」, 신복윤 역(서울: 성광문화사, 1980), p. 294

28) 베른하드 로제, 「기독교 교리의 역사」, p. 200.

29) 베른하드 로제, 「기독교 교리의 역사」, p. 205.

30) J. L. 니이브, 「기독교교리사」, p. 259.

31) R. 제베르그, 「기독교 교리사(중.근세 편)」, 김영배 역(서울: 도서출판 엠마오, 1985), p. 114.

32) 이장식, 「기독교 사상사」, 제1권(서울: 대한기독교서회, 1963), p. 60.

33) 베른하드 로제, 「기독교 교리의 역사」, 차종순 역(서울: 목양사, 1986), p. 207.

34) 베른하드 로제, 「기독교 교리의 역사」, p. 208.

35) 베른하드 로제, 「기독교 교리의 역사」, pp. 209-210.

36) J. L. 니이브, 「기독교 교리사」, 서남동 역(서울: 대한기독교서회, 1965), p. 303.

37) 베른하드 로제, 「기독교 교리의 역사」, pp. 211-212.

38) Williston Walker, 「기독교회사」, p. 274.

39) Philip Schaff, History of the Christian Church, Vol. IV(Mich : WM. B. Eerdmans Publishing Co., 1910), p. 565.

40) J. L. 니이브, 「기독교 교리사」, pp. 303-304.

41) 베른하드 로제, 「기독교 교리의 역사」, p. 212.

42) Williston Walker, 「기독교회사」, p. 274.

43) 베른하드 로제, 「기독교 교리의 역사」, pp. 214-215.

44) 베른하드 로제, 「기독교 교리의 역사」, pp. 214-217.

45) R. 제베르그, 「기독교 교리사(중.근세 편)」, pp. 114-115.

46) R. 제베르그, 「기독교 교리사(중.근세 편)」, pp. 115-116.

47) 정승훈, 「말씀과 예전」(서울: 대한기독교서회, 1998), pp. 30-31.

48) Philip Schaff. History of the Christian Church, Vol. IV, p. 569.

49) Philip Schaff. History of the Christian Church, Vol. IV, p. 569.

50) B. K. 카이퍼,「세계 기독교회사」, p. 221.

51) 성갑식 편,「그리스도교 대사전」(서울: 대한기독교서회, 1972), p. 347.

52) 백 쁠라치도,「미사는 빠스카 잔치이다」, p. 69.

53) 「기독교 대백과사전」, 제6권(서울: 기독교문사, 1980), p. 793.

54) 송낙원,「기독교회사」(서울: 기독교문화사, 1957), p. 247.

55) J. L. 니이브,「기독교교리사」, p. 277.

56) J. L. 니이브,「기독교교리사」, p. 259.

57) Summa Theologiae, III.88. l ad 3. -「기독교 대백과사전」, 제9권(서울: 기독교문사, 1983), p. 311.에서 재인용.

58) 이장식,「기독교 사상사」, 제2권(서울: 대한기독교서회, 1963), p. 262.

59) 박도식,「천주교와 개신교-하나인 교회」, p. 76.

60) 죤 오브라이언,「억만인의 신앙」, 정진석 역(서울: 가톨릭출판사, 1960), pp. 441 -442.

61) 박도식,「무엇하는 사람들인가?」, p. 360.

62) 이기정 편,「중요 교리 · 전례 · 용어 해설」(서울: 가톨릭출판사, 1977), p. 150.

63) 빌헬름 니젤,「비교교회론」, 이종성 · 김항안 공역(서울: 대한기독교출판사, 1988), p. 146.

64) 빌헬름 니젤,「비교교회론」, p. 146. - 공관복음서의 성찬제정의 말씀은 각주 19 참조.

65) 빌헬름 니젤,「비교교회론」, p. 144.

66) 베른하르드 로제,「기독교 교리의 역사」, p. 215.

67) 케니스 래토레트,「기독교사(중)」, 윤두혁 역(서울: 생명의말씀사, 1980), p. 73.

68) 빌헬름 니젤, op. cit., pp. 144-145.

69) 알렉산더 스튜아트,「로마교 교리와 성경교리」, 최진도 역(부산: 성문사, 1961), pp. 59-60.

70) 알렉산더 스튜아트,「로마교 교리와 성경교리」, pp. 87-88.

71) R. 로울러 · D. 우얼 · T. 로울러,「그리스도의 가르침」, 오경환 역(서울: 성바오로출판사, 1977), p. 456.

72) 이기정 편저,「중요 교리 · 전례 · 용어 해설」(서울: 가톨릭출판사, 1977), pp. 370 -371.

73) 최윤환,「미사 해설」(서울: 가톨릭출판사, 1982), pp. 9-10.

74) 박도식,「천주교와 개신교-하나인 교회」, p. 82. - 박도식,「무엇하는 사람들인가?」, p. 374. 참조.

75) R. 로울러 · D. 우얼 · T. 로울러, op. cit., pp. 456-457.

76) "교황 두 번째 서울 방문,"「크리스챤 신문」, 1989. 3. 18.

77) 박도식,「가톨릭 교리사전」(서울: 가톨릭출판사, 1988), p. 107.

78) 최형락,「가톨릭 교리 용어집」(서울: 계성출판사, 1987), pp. 230-231.

79) P. 스카르가, 「성체현존」, 조원규 역(서울: 크리스챤출판사, 1988), p. 146.

80) 케니스 래토레트, op. cit., p. 72.

81) 케니스 래토레트, op. cit., p. 72.

82) 송낙원, 「기독교회사」, p. 246.

83) 「기독교 대백과사전」, 제9권, p. 312. S. V. 성찬식.

84) Philip Shaff, History of the Christian Church, Vol. IV, p. 569.(foot note 2를 보라.

85) Williston Walker, 「기독교회사」, p. 287.

86) 클락 M. 버터필드, 「로마 카톨릭에서 그리스도인으로」, 서달석 역(서울: 생명의 서신, 1989), p. 160.

87) B. K. 카이퍼, 「세계기독교회사」, 김해연 역(서울: 성광문화사, 1980), p. 58.

88) Will Durant, The Story of Civilization : part IV, The Age of Faith(N. Y. : Simon and Schuster, Inc., 1950), p. 741. ; 랄프 우드로우, 「로마 카톨릭주의의 정체」, 안금영 역(서울: 도서출판 태화, 1984), p. 237.

89) James Hastings, Encyclopaedia of Religion and Ethics, vol. V(N.Y. : Charles Scribner's Sons, 1981), pp. 136-139. ; 랄프 우드로우, 「로마 카톨릭주의의 정체」, p. 237. 참조.

90) Encyclopedia of Religion, vol. 2, p. 76. - 랄프 우드로우, 「로마 카톨릭주의의 정체」, p. 238.에서 재인용.

91) 알베르토 리베라, 「악령의 처소」, 서달석 역(서울: 생명의 서신, 1989), p. 12.

92) Alexander Hislop, The Two Babylons or The Papal Worship(N. J. : Loizeaux Brothers, Inc., 1959), pp. 156-157. - 번역서로는 알렉산더 히슬롭, 「두 개의 바빌론」, 안티오크 번역실 역(서울: 도서출판 안티오크, 1997)를 참조했음.

93) Alexander Hislop, The Two Babylons or The Papal Worship, p. 159.

94) Epiphanius, Adversus Haereses, vol. i, p. 1054. - Alexander Hislop, The Two Babylons or The Papal Worship, p. 159.에서 재인용.

95) Wilkinson, Egyptians, vol. V, p. 353. - Alexander Hislop, The Two Babylons or The Papal Worship, p. 160.에서 재인용.

96) Alexander Hislop, The Two Babylons or The Papal Worship, p. 163.

97) Alexander Hislop, The Two Babylons or The Papal Worship, p. 29.

98) 랄프 우드로우, 「로마 카톨릭주의의 정체」, 안금영 역(서울: 도서출판 태화, 1984), p. 244.

99) 「기독교대백과사전」, 제6권, p. 793.

100) 이홍기, 「미사 전례」, p. 23.

101) 박도식, 「가톨릭 교리 사전」(서울: 가톨릭출판사, 1988), p. 58.

102) Philip Schaff, History of the Christian Church, vol. III(WM. B. Eerdmans Publishing Co., 1910), p. 505.

103) 이홍기, 「미사 전례」, p. 23.

104) 「기독교대백과사전」, 제6권, p. 793.

105) The Catholic Encyclopedia, vol. IX(New York: The Encyclopedia Press, Inc., 1910), p. 791.

106) 「기독교대백과사전」, 제6권, p. 793. ; The Catholic Encyclopedia vol. IX, p. 791.

107) 이홍기, 「미사 전례」, p. 23.

108) The Catholic Encyclopedia, vol. IX, pp. 790-791.

109) 최형락, 「가톨릭 교리 용어집」(서울: 계성출판사, 1987), p. 130.

110) 이기정 편, 「중요 교리. 전례. 용어 해설집」, p. 150.

111) 존 오브라이언, 「억만인의 신앙」, pp. 441-442.

112) 박도식, 「무엇하는 사람들인가?」, p. 357.

113) R. 로울러 · D. 우얼 · T. 로울러, 「그리스도의 가르침」, p. 444.

114) 박도식, 「가톨릭 교리 사전」, pp. 58-59.

115) 알렉산더 스튜아트, 「로마교 교리와 성경교리」, 최진도 역(부산: 개혁신행협회, 1961), p. 84.에서 인용.

116) 이장식, 「기독교 사상사」, 제2권, p. 262.

117) 말틴 루터, 「교회의 바벨론 감금」, 지원용 역(서울: 컨콜디아사, 1985), p. 5.

118) 오덕교, 「종교개혁사」(경기: 합동신학대학원대학교출판부, 1998), p. 124.

119) John Calvin, Institutes of the Christian Religion, Vol. II, ed. by John T. McNeill(Philadelphia : The Westminster Press, 1973), IV. 18. 1.(이하 Inst.로 약칭함). - 번역서로는 "존 칼빈, 「기독교 강요(下, Vol. IV)」, 김종흡 외 3인 공역 (서울: 생명의 말씀사, 1986)"을 참조했음.

120) Inst., IV. 18. 1.

121) Inst., IV. 18. 1.

122) 로레인 뵈트너, 「로마 카톨릭 사상 평가」, p. 239. - 본 논문에서는 기독교 예배에 상응하는 천주교 미사의 본 부분(the mass proper)에 대해서 주로 다루고, 기독교의 성만찬에 해당하는 영성체(holy communion)에 대해서는 깊히 다루지 않는다.

123) 로레인 뵈트너, 「로마 카톨릭 사상 평가」, p. 239.

124) 박도식, 「무엇하는 사람들인가?」, p. 358.

125) 박도식, 「무엇하는 사람들인가?」, pp. 359-360.

126) 이홍기, 「미사전례」, p. 41.

127) 토마스M. 린제이, 「종교개혁사(III)」, 이형기. 차종순 역(서울: 대한예수교장로회총회출판국, 1991), p. 315.

128) 알렉산더 스튜아트, 「로마교 교리와 성경교리」, pp. 83-84.

129) 이홍기, 「미사전례」, p. 42.

130) 박도식, 「무엇하는 사람들인가?」, p. 357.

131) 「제2차 바티칸 공의회 문헌」, 개정판(서울: 한국천주교중앙협의회, 2009), p. 45.

132) 「가톨릭 교회 교리서」, 주교회의교리교육위원회 역, 개정판(서울: 한국천주교중앙협의회, 2009), pp.

521-522.

133) 「가톨릭 교회 교리서」, pp. 533-534.

134) 이홍기, 「미사전례」, p. 42.

135) 박도식, 「무엇하는 사람들인가?」, pp. 367-368.

136) 「가톨릭 교회 교리서」, pp. 522-523. "1333항"

137) 「가톨릭 교회 교리서」, pp. 530-531.

138) "축성"(祝聖, consecration)은 준성사(準聖事)의 하나로 사람이나 물건을 하느님에게 봉헌하여 성스럽게 하는 것을 축성이라 하고, 이러한 교회의 의식을 축성식이라고 한다. 축성은 다음의 경우, 즉 빵과 포도주를 그리스도의 몸과 피로 변화시킬 때, 사제를 주교로 축성할 때, 성당, 미사용 제구, 종, 교회 묘지 등을 성스럽게 할 때 행한다. 사제는 빵과 포도주를 미사 중에 성체와 성혈로 축성한다.

139) 박도식, 「가톨릭 교리 사전」, P. 107.

140) 제임스 G. 멕가티, 「가톨릭에도 복음이 있는가?」, 조남민 역(서울: 도서출판 한인성경선교회, 2006), p. 190.

141) 박도식, 「가톨릭 교리 사전」, p. 107.

142) 「가톨릭 교회 교리서」, pp. 538-539. 에서 재인용.

143) 박도식, 「가톨릭 교리 사전」, p. 107에서 재인용.

144) 이기정 편, 「중요 교리. 전례 용어 사전」, p. 150.

145) 빌헬름 니젤, 「비교 교회론」, p. 144.

146) 박도식, 「가톨릭 교리 사전」, p. 107.

147) 루이스 뻘콥, 「뻘콥 조직신학」, 제6권 교회론, 고영민 역(서울 : 기독교문사, 1981), p. 198.

148) 로레인 뵈트너, 「로마 카톨릭 사상 평가」, p. 251.

149) 「가톨릭 교회 교리서」, p. 539. - 여기서 "흠숭"(Adoration)은 절대자이며, 전지전능하신 하나님께 드리는 최고로 높은 숭배를 말한다.(이기정, 「중요 교리. 전례 용어 해설」, p. 394.)

150) 「가톨릭 교회 교리서」, p. 552.

151) 제임스 G. 멕가티, 「가톨릭에도 복음이 있는가?」, p. 195.

152) 제임스 G. 멕가티, 「가톨릭에도 복음이 있는가?」, p. 196.

153) John J. Cardinal Carberry, Reflections and Prayers for Visits with Our Eucharistic Lord(Boston: St. Paul Books and Media, 1992), p. 15. - 제임스 G. 멕가티, 「가톨릭에도 복음이 있는가?」, p. 197.에서 재인용.

154) 박도식, 「가톨릭 교리 사전」, p. 108.

155) 이기정 편, 「중요 교리. 전례 용어 해설」(서울: 가톨릭출판사, 1985), p. 370.

156) 성광(聖光)은 신자들에게 성체를 보여 조배케하고 성체강복이나 성체거동 때 쓰는데, 금이나 은으로 만들거나 도금을 한다. 형체는 둥글며 광채나는 것으로 중앙에 성체를 모신다. - 박도식, 「가톨릭 교

리 사전」, p. 91.

157) 박도식,「가톨릭 교리 사전」, p. 107.

158) 박도식,「가톨릭 교리 사전」, p. 107.

159) 유선호, "천주교 미사에 대한 종교개혁가들의 비판과 개혁"(석사학위논문, 서울신학대학교 신학전문
대학원, 2005), pp. 34-35.

160) 유선호, "천주교 미사에 대한 종교개혁가들의 비판과 개혁", p. 41.

161) 존 오브라이언,「억만인의 신앙」, 정진석 역(서울: 가톨릭출판사, 1983), pp. 322 - 324.

162) R.로울러 · D.우얼 · T.로울러,「그리스도의 가르침」, p. 462.

163) 박도식,「무엇하는 사람들인가?」, p. 424.

164) 박도식,「무엇하는 사람들인가?」, p. 424.

165) 존 오브라이언,「억만인의 신앙」, pp. 80-83.

166) 알렉산더 스튜아트,「로마교 교리와 성경교리」, pp. 57 - 58.

167)「가톨릭 교회 교리서」, "1563", p. 599. - "1548" 참조.

168) 알베르토 리베라,「큰 바벨론」, 서달석 역(서울: 생명의서신, 1990), pp. 236-237.

169)「제2차 바티칸 공의회 문헌」, p. 121.

170) R. 로울러 · D.우얼 · T.로울러,「그리스도의 가르침」, p. 460.

171) 존 오브라이언,「억만인의 신앙」, p. 332.

172) 존 오브라이언,「억만인의 신앙」, pp. 331-332.

173) 이기정 편,「중요 교리. 전례 용어 해설」, p. 150.

174) 제임스 G. 멕가티,「가톨릭에도 복음이 있는가?」, p. 228.

175) 피터 툰,「카톨릭, 개신교와 무엇이 다른가?」, 박용규 역(서울: 도서출판 솔로몬, 1995), pp. 118-120.

176)「가톨릭 교회 교리서」, p. 536.

177)「가톨릭 교회 교리서」, p. 552.

178) R.로울러 · D.우얼 · T.로울러,「그리스도의 가르침」, p. 447.

179) 박도식,「가톨릭 교리 사전」, p. 59.

180) 최형락,「가톨릭 교리 용어집)」, p. 103.

181) 최형락,「가톨릭 교리 용어집)」, p. 303.

182) 알렉산더 스튜아트,「로마교 교리와 성경교리」, pp. 88-89.

183) R.로울러 · D.우얼 · T.로울러,「그리스도의 가르침」, p. 543.

184) 박도식,「천주교와 개신교 - 하나인 교회」(서울: 가톨릭출판사, 1980), p. 92.

185) 최형락,「가톨릭 교리 용어집」, pp. 131-132.

186) 박도식,「가톨릭 교리 사전」, p. 59.

187) 최형락,「가톨릭 교리 용어집」, p. 132.

188) 최형락,「가톨릭 교리 용어집」, p. 132.

189) 박도식,「가톨릭 교리 사전」, p. 59.

190) R.로울러 · D.우얼 · T.로울러,「그리스도의 가르침」, p. 447.

191) 로레인 뵈트너,「로마 카톨릭 사상 평가」, pp. 259-260. - 미사의 비용액수는 이 책이 처음 출판된 것이 1962년임을 감안하여 생각해야 한다.

192) 알렉산더 스튜아트,「로마교 교리와 성경교리」, pp. 88.

193) 로레인 뵈트너,「로마 카톨릭 사상 평가」, pp. 260-261.

194) 「카톨릭, 개신교 그리고 유대교에 대한 진리」, p. 13. - 로레인 뵈트너,「로마 카톨릭 사상 평가」, p. 261에서 재인용.

195) 로레인 뵈트너,「로마 카톨릭 사상 평가」, p. 262.

196) 로레인 뵈트너,「로마 카톨릭 사상 평가」, p. 241.

197) 존 오브라이언,「억만인의 신앙」, p. 460.

198) The Catholic Encyclopedia, vol. IX, p. 790.

199) 로레인 뵈트너,「로마 카톨릭 사상 평가」, p. 240.

200) 존 오브라이언,「억만인의 신앙」, pp. 460-462.

201) 이홍기,「미사전례」, p. 67.

202) 로레인 뵈트너,「로마 카톨릭 사상 평가」, pp. 240-241.

축복받는
참된 기독교 예배

EVANGELICAL CHRISTIAN WORSHIP AND REVIVAL OF THE CHURCH

3

PART

기독교 예배의 역사적 형성과정

기독교의 예배의 형성은 종교개혁자들의 미사개혁에서부터 시작한다고 볼 수 있다. 물론 기독교의 예배는 성경과 초대교회의 정신을 이어받고 있지만, 그것은 종교개혁자들이 중세의 천주교 미사를 개혁하고 성경적인 예배를 회복하여 우리에게 유산으로 물려주었기 때문에 가능한 일이었다. 그렇기 때문에 기독교 예배의 역사적 형성과정을 살펴보려면, 종교개혁의 중심사상과 종교개혁가들의 미사개혁과 그 영향에 대해서 살펴보아야 한다.

1. 종교개혁의 중심사상과 미사

a. 종교개혁의 중심사상 : "만인제사장"의 사상

종교개혁의 구호가 "성경으로 돌아가자!", "초대교회로 돌아가자!"라는 것과, 종교개혁의 3대 원리가 "오직 성경", "오직 은혜", "오직 믿음"이라는 것은 익히 알려진 보편적인 사실이다. 그리고 이것들의 반대편에는 "사제의 중재"라고 하는 중세의 사상이 자리 잡고 있다.

그렇다면, 종교개혁의 중심 사상은 무엇인가? 한 마디로 말해서 그것은 "만인제사장"의 사상이라고 할 수 있다. 이 점에 대해서 「기독교대백과사전」은 다음과 같이 기록하고 있다.

> 종교개혁의 원리들을 교황이나 화체설의 배척에서 찾는 것은 잘못일 것이며 교회 당국을 떠나 성서에 호소하는데서 찾는 것도 잘못일 것이다. 이 모든 것은 종교개혁의 결론들에 지나지 않으며, 그 모두의 배후에 있는 원리는 하나님에 대한 지식은 직접적이고 개인적이라는 것이다.[1]

중세의 종교체계에서는 '구원에 있어서 필수적이라'고 보편적으로 받아들여졌던 것이 "사제의 중재"(mediation of priest) 라는 개념이었다.[2] 중세 교인들은 막연하나마 성례전을 통해서 영혼의 초자연적인 생명이 창조되고 성장해서 완성된다고 믿었으며, 이러한 성례전을 집례하는 사제는 사제서품 때에 받은 임직의 효능에 의해서 그리스도의 참된 희생을 제단 위에 매일같이 올려 놓으며, 또한 인간의 죄를 용서할 수 있는 신비적인 능력을 가졌고 하나님의 권위로 구원의 진리를 가르칠 수 있다고 가르쳤다.[3] 이러한 중세의 사제주의에 대하여 호남신학대학의 교리사 교수인 차종순은 다음과 같이 지적하였다.

> 이와 같이 중세의 구원론은 "사제의 중재(mediation of priest)" 를 대원칙으로 하였다. 하나님의 은총이 사제가 집례하는 성례전(성사, sacrament)을 통해서 전달되며, 참회자의 고백도 사제의 중재를 통해서 하나님께 전달되고, 사죄의 선언도 사제를 통해서 참회자에게 선포되었다. 중세의 제도에 의해서 사제는 하나님의 위치를 차지하였다.[4]

중세인들은 사제의 영적인 노예였으며 성례전이라는 사슬에 묶여 있었기 때문에, 여기로부터의 해방은 사제와 평신도라는 이중적 구조를 무너뜨리고서 다같이 성직자로 동일시하는 것이었다.[5] 이것이 종교개혁자들이 부르짖었던 "만인제사장"의 사상이며, 이렇게 함으로써 중세인들은 해방을 누렸고 영적인 자유를 맛볼 수 있었던 것이다.[6]

루터의 삼대 논문도 바로 이 "만인제사장"의 정신의 흐름 속에서 나오게 된 것이다. 「그리스도인의 자유」에서 루터의 표현을 빌리면, 중세의 제도에 의한 사제의 중재는 하나님과 인간 사이를 가로막는 담이었다.[7] 「교회의 바벨론 포로」도 또한 중세의 대원리인 "사제의 중재"라는 개념을 무너뜨리는 새로운 대안이었다.[8] 「독일 크리스천 귀족들에게 보내는 글」에서 루터는 교황의 영적 우위권에 대해서 만인제사장직 이론으로 대응하였다.[9] "만인제사장의 원리"가 종교개혁의 중심사상이 된다는 사실을 토마스 M. 린제이는 다음과 같이 주장하였다.

이와 같은 모든 신자들의 사제직 원리야말로 사람들을 성직자에 대한 막연한 두려움으로부터 구해 냈으며, 그렇게도 절실하게 요구되던 교회의 개혁을 촉진하도록 박차를 가하는 결과를 가져왔다. 이것은 또한 종교개혁운동 전반에 놓인 가장 위대한 신앙원리였다. 이것은 또한 비개혁교회와 재연합을 꾀하던 모든 노력이 산산이 부서지곤 했던 암초이기도 하다. 이것은 종교개혁 신앙과 중세 신앙 사이를 갈라놓는 두드러진 차이였다. 종교개혁 진영의 거의 모든 원리들은 모든 신자의 사제직이라는 이 하나의 원리를 맴돌고 있었다.[10]

오늘날도 천주교는 주장하기를 "성사가 없는 교회는 구원이 있을 수 없다."[11]고 한다. 그런데 사제가 없이는 성사도 있을 수 없다. 그러므로 사제가 없는 곳에는 구원도 없다. 그렇기 때문에 사제가 없는 기독교 (Protestant) 와는 일치 될 수가 없다는 것이다. 왜냐하면 기독교에는 성품성사 (즉, 사제직) 가 없어서 성체의 진정하고 온전한 본체를 보존하지 못했다고 믿기 때문이다.[297] 한마디로 천주교는 제대 (altar) 와 사제직을 갖고 있다는 점에서 프로테스탄트 교파들과 자신들을 구별한다는 것이다.[12] 이와 같이 "만인제사장" 사상이 종교개혁의 중심사상이라는 것은 천주교의 주장을 통해서도 반증 (反證)되고 있음을 볼 수 있다.

b. 종교개혁은 미사의 개혁에서 시작

다양한 종교개혁의 동기와 원인들이 있었지만, 유럽 전역에 범람하는 물처럼 흘러들어 간 영적인 갈망만큼 강렬한 동력은 없었다. 그것은 의식적인 종교가 영적 기갈을 해결해 주지 못했기 때문이다.[14] 그리하여 결국은 예배 (미사) 에 대한 불만이 종교개혁의 주요한 원인이 되었던 것이고,[15] 종교개혁은 예배 개혁으로 나타나지 않을 수 없었던 것이다. 예배에 의한 불만이 종교개혁의 주요한 원인이었다는 사실을 샌프란시스코 신학교 실천신학 교수인 일리온 존스 (Ilion T. Jones) 는 다음과 같이 말하고 있다.

종교개혁은 정치, 경제, 사회구조, 교육 또는 종교 등 모든 사람들의 주요 관심사를 총괄하는 큰 규모의 개혁운동으로 출발하였다. 피셔(George P. Fisher)는 종교개혁에 대한 연구에서 "종교개혁은 원래 종교 영역 내의 사건" 이었다고 말하고 있다. 종교개혁을 일으키게 한 종교의 여러 양상 중 중요한 것은 예배였다. 왜냐하면 종교의 모든 측면은 신학과 정치 형태를 포함하여 예배와 밀접하게 연결되어 있기 때문

이다. 예배가 저속하게 타락하였던 당시 상황은 개혁을 일으키게 하는 주원인이 될 수밖에 없었다.[16]

로버트 웨버 (Robert E. Webber) 가 지적한 바와 같이, "콘스탄틴 대제의 시대와 함께 기독교의 예배는 두 가지 요인의 영향으로 차츰 변화하기 시작하였는데, 첫째는 의식 (ceremony) 이 점차 증가함에 따라, 둘째는 기독교 이전에 로마제국을 풍미했던 이교도들의 신비종교의 미묘한 영향을 받아 서서히 기독교의 예배가 변질되어 갔던 것이다."[17] 중세시대에 이르러 이같은 변질은 그 도를 지나치게 되어서, 겉으로는 풍성하고 번지르르하였으나 속으로는 예배의 참된 내용이 없이 텅 비어 있었고 종교의식은 형식에 불과하였으며 백성들은 무지와 미신 가운데 버려져 있었다.[18] 이러한 상황을 샌프란시스코신학대학원 (P.C.U. S.A.) 교수인 정승훈은 다음과 같이 묘사하였다.

희생으로서의 미사 개념이 중세교회를 지배하게 되면서부터, 16세기에 이르러 화체설에는 이미 수많은 미신적인 생각들이 첨부되었다. 속죄 얻는 희생으로서의 미사는 하나님 앞에서 결정적인 가치를 지닌다고 여겨졌고, 결국 두 번의 미사, 또는 세 번의 미사가 한번의 미사보다 가치 있는 것으로 간주되었다. 더욱이 미사가 공적 행위가 되기 때문에 얼마나 많은 미사를 드려야 연옥에 있는 영혼을 천국으로 인도하는지, 또는 영원히 심판된 영혼의 고통을 어떻게 미사를 통해 경감시키는가 하는 문제가 대두되었다. 어이없게도 도둑을 잡기 위한 미사, 도난당한 물건을 찾기 위한 미사, 심지어 사람을 죽이기 위해 드리는 미사(물론 이 미사는 694년 톨레도 종교회의에서 금지된다.) 등, 개인 미사는 중세교회의 영혼을 갉아먹는 암적인 존재로 나타났다.[19]

이와 같이 중세의 미사는 수많은 미신적인 요소가 첨부되어 영혼을 갉아 먹는 암적인 존재가 되었던 것이다. 뿐만 아니라, 중세시대 교회의 미사는 사실상 성직자들과 수도사들이 전담, 독주하였고 일반 교인들은 구경꾼이었다.[20] 신자들이 모르는 라틴어로 된 미사 책과 기도서는 신자들로부터 외면 당했고, 라틴어에 의한 미사의 진행은 일반 평신도들이 미사에 참여하였으면서도 소외감을 맛보게 되기에 충분했다.[21] 그와 같은 형식적인 미사라고 하는 예배는 회중의 깊은 욕구를 만족시키지 못했고 교회 안에는 불안한 정신과 개혁하려는 요구가 발전하게 되었던 것이다.[22] 이와 같은 예배의 무질서는 종교개혁의 필연적 발판을 서둘게 하는 요소가 될 수밖에 없었는데,[23] 그러한 사실을 윌리엄 맥스웰 (William D. Maxwell) 은 다음과 같이 서술하였다.

우리는 이미 16세기초에 서방 교회의 성만찬 의식이 하나의 극적인 구경거리(dramatic spectacle)로 전락되고, 그 절정을 영성체의 시간에 두기보다는 화체의 순간 (the miracle of transubstantiation)에 두었으며, 거양성체(elevation)에 있어서도 미신적인 요소가 가미되어 숭배하게 되는 것을 보았다. 알아들을 수 없는 언어로 들리지 않게 말하면서 의식이 진행되고, 지나치게 화려하고 장식된 의식, 그리고 정교하고 수준 높은 음악 등은 회중들이 예배에 능동적으로 참여하는 것을 극히 제한하였다. 회중들은 1년에 한번 이상 성만찬에 참여하는 것이 어려웠다. 설교는 무덤 속으로 퇴락하고, 대부분의 교구 신부들은 설교를 하기에는 너무 무식하였다. 성경이 봉독되어져야 할 부분이 성자들의 생활담이나 전설로 채워졌고, 성경은 예배자들의 모국어로 전달되지 않았다. 그리고 미사의 헌금과 면죄부의 구입은 성직 매매와 착취의 근원이 되었다. 따라서 종교개혁은 시급하고도 필연적일 수밖에 없었던 것이다.[24]

종교개혁은 본래가 중세 로마 천주교의 형식화된 의식적 생활에서 떠나 본래적 기독교 혹은 사도적 교회로의 회복을 의미하는 것이었다.[25] 즉 하나님의 말씀에서 떠난 성례전적인 제도 (sacramental system) 와 공덕축적 사상 등 교회적 율법주의와 비복음적인 전통에서 벗어나 초대교회로 돌아가려는 운동이었다.[26] 그런데 예배는 교회론과 성례전의 거행과 본질적으로 연결되어 있기 때문에 개혁자들의 종교개혁은 자연스럽게 예배개혁으로 이어지게 되었던 것이다.[27]

이것을 좀더 간단하게 말하면, 사람들의 영혼과 정신을 얽어매고 있던 것이 바로 무지하고 단순한 군중들을 희생의 대상으로 삼고 있었던 각종 제도나 미신적 관습,[28] 특히 성례전이었고,[29] 유럽을 온통 포로로 하였던 것이 바로 중재적인 사제직 (mediation of priest) 의 권한이었는데,[30] 이것을 깨뜨리고 중세인들을 해방하여 영육간의 자유를 맛볼 수 있게 한 것이 바로 종교개혁의 중심사상인 만인제사장 사상이었다.[31] 그리고 이 만인제사장 사상이 적용되는 일차적인 대상은 의식주의와 사제직의 핵심인 미사일 수밖에 없었다. 왜냐하면, "미사"라고 하는 성례를 개혁하지 않고는 진정한 개혁은 있을 수 없었기 때문이다. 그리하여 종교개혁자들이 중세교회의 폐단을 개혁함에 있어서 가장 구체적이며 실제적으로 착수한 것이 바로 예배의 개혁이었고,[32] 종교개혁은 그 실제에 있어서 예배의 개혁을 이루었던 것이다.[33]

이와 같이 미사 (예배) 에 대한 불만이 종교개혁의 주원인이었음과 동시에, 종교개혁은 자연스럽게 미사 (예배) 의 개혁으로 이어지게 되었음을 알 수 있다. 따라서 다음 항목에서는 "종교개혁가들의 미사개혁"에 대해 살펴보고자 한다.

2. 종교개혁가들의 예배 개혁

a. 루터의 예배 개혁

루터는 당시의 종교개혁자들 가운데서 가장 보수적이고 온건한 개혁자였다. 루터를 중심한 개혁자들은 지금껏 전래되어온 예배의 의식을 개혁할 생각은 좀처럼 하지 않은 지극히 보수적인 사고를 가진 세력이었다.[34] 그에게 있어서는 "새로운 예배의식을 만들어 내자는 것보다는 복음적인 태도에 입각하여 초대교회의 예배의 균형을 다시금 찾아보고자 하는 것"이 목적이었다.[35] 루터가 천주교 미사의 개혁을 요구하였던 핵심적인 것들을 열거해 보면 다음과 같다.

1) 예배는 단순히 희생제사이기 보다는 '하나님의 말씀' 이 선포되는 것이어야 한다.

2) 인간의 예배행위에 의하여 의(義)로와지기 보다 믿음으로 의롭다 함을 얻어야 한다.

3) 미사와 성서는 자국어로 사용되어야 한다.

4) 기도의 부분에 있어서 회중의 참여가 있어야 한다.

5) 성찬의 떡과 포도주는 예수 그리스도의 몸 자체와 피가 된다는 화체설(Transubstantiation)을 받아들일 수 없다.

6) 카톨릭 교회의 예배는 지나치게 감각에 호소하고, 정교하게 미화되고 장식되었으며 너무 형식주의에 빠져있다.

7) 마리아에게 드리는 기도, 성인에게 드리는 기도, 죽은 자를 위한 기도는 예배의 퇴폐로 보아 반대했다.

8) 예배의 찬송도 자국어로 불리어지고 회중들에게 현실감 있는 찬송을 새롭게 창작해야 한다.[36]

1523년 루터는 예배와 예배의식의 개혁을 문서화하였고, 이때부터 1526년까지 나온 네 가지의 작품은 이 예배와 예배의식을 개혁하자는 내용을 담은 글들이다. 그 네 가지는" ① 「개교회 안에서 행해지는 예배의식에 관하여 (Concerning the Ordering of Divine Worship in the Congregation, 1523. 3), ② 「미사 예식서」(Formula Missae, 1523. 11.), ③ 「모든 교회를 판단하며, 교역자와 교사들을 임면 (任免) 할 수 있는 개교회의 권한 : 이는 성서에 의해서 확정되었고 증명된 것임」(The Right and Power of a Christian Congregation to Judge all Teaching and to Call, Appoint, and Dismiss Teachers, Established and Proved from Scripture, 1523년 봄), ④ 「독일 미사」(The German Mass, 1526.)" [37] 이다.

여기에서 루터에 의하여 개혁된 예배는 "구어체 설교가 예배의 핵심을 이루었고, 설교가 예배의 중심이 되면서 로마 카톨릭에 의하여 시작된 제단 중심적인 예배에서 설교 중심이 되는 강단 중심의 예배로 바뀌었으며, 이 예식서에서 보여 준 그의 예배 내용은 성경봉독과 그 말씀에 의한 설교를 분명하게 제시한 것과 성만찬에 있어 신약적 형태와 진행을 회복하려는 노력이 표출되어 있었다. 그리고 예배 진행에 있어서 모국어 사용을 뚜렷이 했고 새로운 영가들도 모국어로 부르도록 함으로써 찬송가의 작사, 작곡을 독려하는 공헌을 하기에 이르렀다. 이러한 노력은 그 당시 라틴어로만 모든 예배가 집례되었던 상황과는 다른 또 다른 순서를 보여준다." [38] 고 평가되고 있다. 이러한 루터의 미사개혁으로 오늘날 설교 중심적인 기독교 예배로의 대 전환이 이루어지는 결과가 되었다고 스필만 (Richard M. Spielmann) 은 다음과 같이 지적하고 있다.

루터의 예전 개혁으로 로마교회 예전의 감사기도가 삭제되고 그 대신 주기도를 풀어 설명하는 것과 성찬에 대한 교훈이 삽입됨으로 지금까지와는 전혀 다른 모습의 성찬예전이 등장하게 되었다. 이를 계기로 설교의 강조로 교훈적 성격을 띠게 된 예전이 완전히 교훈적 예전으로 변화된 것이었다. 실제로 설교가 중심이 된 개신교 특유의 말씀예전이 이미 시작되었다해도 무방할 것이다. 왜냐하면 비록 루터가 성만찬을 강조해서 예전의 규범이 성찬예전임을 강조하고 또 매 예전에서 꼭 성찬을 받도록 하였으나 이미 성찬을 받지 않는 것이 관습이 되어버린 상태에서 천년을 내려온 전통을 하루아침에 바꿀 수는 없는 일이었다. 루터는 성찬을 받기 원하는 사람은 사전에 의사를 표시하도록 하였는데 성찬을 받으려는 사람이 아무도 없는 경우에는 주기도 다음에 곧 바로 축도를 하였다. 그리하여 몇몇 큰 교회를 제외한 대부분 루터란 교회의 실제 예배는 성찬이 빠진 설교 중심으로 이루어졌다.[39]

이와 같은 사실은 아주 중요한 사실을 우리에게 알려준다. 오늘날 성찬 없는 말씀 중심의 기독교 (Protestant) 예배의 연원을 쯔윙글리의 과도한 개혁으로 보는 견해와는 달리 자연스런 역사적 변화의 결과로 받아들이게 되는 새로운 발견이라고 할 수 있다.

루터의 미사개혁에서 획기적인 내용들로는 천주교의 미사 개념 (화체설, 희생제사설, 수찬금지 등) 을 전적으로 부인하면서 자국어인 독일어를 사용하고, 성경봉독과 설교를 통해 말씀을 강조했으며 회중들이 들을 수 있는 공동기도 도입과 회중 찬송 도입 등을 들 수 있는데,[40] 이는 기독교 예배 형성에 결정적이고도 커다란 영향을 끼친 것들이다. 루터가 이룩한 예배개혁에 있어서 가장 큰 변화들 중의 하나는 예배로서의 설교의 형태와 기능이었는데, 루터는 설교를 기독교 예배의 필수 부분으로 만드는데 성공했으며 설교의 역사에 새로운 시작으로서의 루터 연구는 중요하다고 평가를 받고 있다.[41] 하지만 반면에 루터는 전통적인 천주교 의식들을 많이 허용하여서 성직자의 복장이나 촛불, 제단, 성상들, 십자가, 종의 사용 등까지도 허용하였다.[42] 루터의 예배 특징은 대강 다음과 같이 정리할 수 있다.

1) 살아 계신 말씀과 함께 그리고 그 안에서 그리스도인들의 사귐이 있었다.

2) 성찬예식이 예배의 중심의식으로 이것은 그리스도교의 세계 전역에서 매일 거행되어야 한다고 보았다.

3) 그는 그리스도께서 성찬의 음식에 실재로 임재하신다고 믿었다. 이 교리를 성체공재론(聖體 共在論)이라고 불려왔다.

4) 미사는 카톨릭교회에서 주장하는 것처럼 그리스도의 죽음의 반복이 아니라, 그리스도인들이 그리스도와 함께 자신들을 바쳐서 그의 희생에 동참하는 것이다.

5) 루터는 자기 나라 언어로 미사를 드리도록 권하였다. 그 첫 미사는 1521년 비텐베르크에서 제복을 입지 않고 거행되었다.

6) 루터교는 라틴어와 대부분의 의식적인 등불과 분향 및 제복을 사용하여서, 로마 카톨릭 교회의 옛 관례로 되돌아갔다.

7) 1523년 루터의 라틴어 미사서는 카톨릭 교회의 미사의 요약판에 불과한 것이었다. 이유인즉 예배의식 개혁에 소극적이었고 성경에 명확하게 금지되지 않은 것은 변경하기를 주저했기 때문이다.

8) 예배의 초점이 말씀을 선포하는 일로 바뀌었다.

9) 찬송가의 사용이 크게 강조되었다.[43]

목원대학의 박은규 교수는 루터가 이룩한 예배의 유산과 정신으로서, "첫째 성서의 권위를 회복하고 예전 속에 있는 성서의 말씀과 설교를 회복한 점, 둘째 예배와 성서를 자국어로 드리고 읽게 한 것은 현실성 있는 예배의 발전을 위해 큰 공헌을 이룩했고, 셋째 예배 안에서 방관자로 있던 평신도의 위치를 쇄신하여 예배의 여러 국면들 (찬양, 기도, 자국어로 드리는 예전) 에 참여케 했고, 넷째 예배의 찬송을 간소화하고 또한 루터 자신이 찬송가를 지어 회중 찬송의 새로운 시대와 복음적 교회음악의 새 국면을 열어준 점" 등을 들고 있다.[44] 한편 장신대학의 이형기 교수는 루터가 예배의식 개혁에 이바지 한 점은 "첫째, 서방교회의 전통적인 예배의식을 대부분 보존하면서 이 틀 안에서 복음주의적 예배를 추진하고, 둘째 복음적 설교의 회복, 셋째 복음적인 찬송의 창안, 넷째 미사의 의의는 그리스도 및 믿는 사람들 상호간의 교제요 결코 반복적 제사행위가 아니라 은혜라는 사실이라"고 하였다.[45]

b. 쯔윙글리의 예배 개혁

쯔윙글리의 개혁 경력은 10년 정도의 짧은 것이었으나 예배에 급진적인 변화를 일으켰다.[46] 쯔윙글리의 미사 개혁은 설교로부터 시작되었다. 주일의 설교 예배는 프론 (Prone) 으로 알려진 중세기 말의 예배, 곧 간혹 미사 전이나 중간이나 후에 짧게 비공식적으로 자국어로 드리는 예배에서 발전한 것으로 보이는데, 쯔윙글리는 1519년부터 1523년까지 미사를 위한 준비로 이 예배를 사용했다.[47]

쯔윙글리는 천주교에서 성서일과 (lectionary) 를 따라서 지정된 복음서로 설교하는 관행을 거부하고,[48] 1519년 1월부터 마태복음으로부터 연속 강해 설교를 시작해서 1526년까지 신약성경 전권을 강해하였다.[49] 그는 언제나 강단에 헬라어 성경을 펴놓고 직접 읽은 후 해석하였는데, 성경을 봉독할 때에 먼저 라틴어 성경을 읽고 히브리어로 된 구약성경이나 헬라어로 된 신약성경을 읽은 후 성경 번역상의 차이점을 지적하였고, 스위스 사람들이 이해할 수 있는 독일어로 설교하였다.[50] 이에 대한 반응은 충격적인 것이어서 당시 회중 속에 있던 젊은 인문주의자 토마스 플랫터 (Thomas Platter) 는 원문으로부터 직접 하나님의 말씀이 전해지는 것을 듣는 순간, 마치 누군가 위에서 자기 머리카락을 잡아당기는 듯한 느낌을 받았다고 기록하였다.[51] 그는 이런 목회활동을 통해 로마 카톨릭의 신앙적 오류와 종교적 남용을 비판하였기 때문에,[52] 그의 개혁은 주로 하나님의 말씀으로 표현된 설교에 의해 시행되었다.[53]

그후 쯔윙글리는 1523년 1월 29일에 개최된 제 1차 공개토론회와 1523년 10월 26-28일에 열렸던 제 2차 토론회에서 희생제사로서의 미사를 비판하였으나 미사는 폐지되지 않았다.[54] 그러나 제1차 토론회에서의 대승리로 인해 쯔윙글리와 그의 설교가 합법화되었고, 제2차 토론회의 결과 많은 개혁이 단행되어서 교회당에 있던 우상 (성상) 이 제거되었고 매일 복음적인 예배를 드릴 수 있게 되었는데 성경봉독, 기도, 설교 중심의 간단한 예배가 드려졌다.[55] 1524년 1월 19-20일에 있었던 제3차 토론에서도 미사가 가장 격렬한 주제였으나 여전히 문제는 해결되지 못했다.[56] 그러나 쯔윙글리의 성상 폐지론을 따르게 되어 성상들이 폐지되고 오르간과 라틴어 합창 대신 회중찬송이 불려졌다.[57] 그런데 이때에 쯔윙글리의 동료들 사이에서 급진적인 개혁을 추진하는 사람들이 미진한 개혁에 불만을 품고 쯔윙글리와 결별하게 되는데, 그들이 곧 재세례파 (Anabaptist) 이며 중심인물은 콘라드 그레벨 (Konard Grebel), 펠릭스 만츠 (Felix Mantz) 등이다.[58]

재세례파로 인한 혼란이 있었지만 1525년 1월에 열린 시의회가 쯔윙글리를 지지하면서 스위스의 종교개혁은 크게 진전되었고,[59] 1525년 부활절

직전 미사의 철폐와 새로운 공중예배의식의 도입을 요청하는 쯔윙글리와 그 동료들의 요청에 시의회는 놀랄 만큼 빨리 동의하여 고난주간의 수요일에 이 결정이 이루어졌고, 그 다음 날인 세족 목요일에 역사상 최초로 복음적인 성찬식이 거행되었다.[60] 이렇게 해서 예배의식 개혁이 절정에 달하였고 끝맺음을 본 것이며, 이 성찬예식의 도입은 예배의식에 큰 변화를 가져왔다.[61]

쯔윙글리 교회의 일반적인 주일 아침 예배는 성경봉독, 기도, 죄의 고백과 설교로 되어 있고, 성만찬이 있을 경우는 설교 후 성만찬에 필요한 성찬대를 준비 한 후에 진행되었다.[62] 1529년의 쯔윙글리의 예배순서는 다음과 같다.

1) 기도(말씀의 올바른 청취를 위한 기도)

2) 기도(정부당국을 위한 기도)

3) 주기도문

4) 마리아 송가

5) 설교

6) 교회의 광고

7) 신앙고백(사도신경)

8) 십계명 낭독

9) 죄 고백의 기도

10) 죄 용서에 대한 기도

11) 교회음악은 성가대와 악기 사용을 금지하고 회중들의 찬송으로 대신함.[63]

여기서 쯔빙글리의 예배 개혁의 특징들을 몇 가지 살펴보고자 한다. 가장 큰 특징은 성만찬을 기독교 예배형식에 반드시 필요한 것으로 생각하지 않았으며, 자주 성만찬을 가질 이유가 없다고 보았다는 점이다.[64] 그는 성만찬을 1년에 성탄절, 부활절, 성령강림절 그리고 가을의 네 차례로 제한하자고 제안하였고, 그의 예배는 설교가 중심이었다.[65] 그렇기 때문에 William D. Maxwell은 성만찬이 주일예배의 정규 순서가 아닌 비주기적 기념의식이 되게 한 것이 쯔빙글리 예전이 가져다준 가장 비극적인 영향이라고 평가하였다.[66]

그러나 그것은 성만찬을 예배의 본질적인 요소로 전제하는 사람들의 견해이고, 쯔빙글리 이전의 천주교 미사에 대한 실상을 도외시한 편견이기도 하다. 중세 천주교에서는 미사 시간에 신부들만 홀로 제사를 드리고 성찬에 참여하였으며, 회중들은 구경만 하고 돌아갔다. 회중들은 1년에 단 한번 부활절에만 성만찬 (영성체) 에 참여했었고, 그것도 떡만 주고 잔은 주지 않았다. 그러므로 엄격히 말하면 진정한 의미에 있어서의 성만찬은 없었던 셈이다. 그렇기 때문에 1525년 4월 16일에 있었던 취리히에서의 떡과 포도주를 분배한 성만찬은 최초의 개혁교회 성찬예식이었다.[67] 그러므로 쯔빙글리의 미사개혁은 성찬의 말살이 아니라 성찬의 회복으로 평가되어야 한다.

그리고 앞서 살핀 바대로, 루터는 비록 주일 예배에서 성만찬이 있는 미사의식을 거행했지만, 성만찬에 참석하기 원하는 사람들만 참석하도록 하였기 때문에 1천년동안 성만찬에 참석하지 않았던 습관을 따라 사람들이 "1부 말씀의 예전"에만 참석하는 바람에 결과적으로 오늘날의 설교중심의 예배가 되고 말았다. 반면에 쯔빙글리의 예배에서는 회중들이 성찬을 회피하는 일은 없었는데, 왜냐하면 회중들은 자리에 앉아있고 떡과 포도주를 회중

석으로 가져가서 각 사람이 떡을 뗀 다음에 포도주 잔을 마셨기 때문이다.[68] 그렇기 때문에 쯔윙글리는 실제적으로 성만찬을 회복시킨 반면, 루터는 신학적 주장과는 달리 실제적으로는 성찬 회복에 실패 내지는 미진하였다고 하겠다.

또 한 가지, "쯔윙글리가 교회음악에 적대적이었다"[69] 는 주장은 잘못이다.[70] 그는 음악 애호가였고 훌륭한 연구가였으며,[71] 작사·작곡가였기 때문이다.[72] 다만 그가 교회음악에 대해 자주 경멸적으로 언급했던 것은 특별히 성직자들의 성가 (chanting) 와 수도원의 합창 (choirs) 을 염두어 둔 것이었는데,[73] 그런 전통적인 교회 음악은 종교개혁적인 새 예배 형식에는 맞지 않기 때문이었다.[74] 그렇기 때문에 쯔윙글리는 과거 미사 의식에서 성가대에 의해서 불리어지던 수준 높은 음악 (?) 대신 회중들의 찬송으로 대체하였던 것이다.[75] 파이프 오르간을 중심으로 하여 라틴어로 부르던 성가대의 합창 대신에 회중의 심령과 목소리를 통해 자국어 회중 찬송으로 바뀌게 되었다.[76] 오히려 이것은 회중 찬송의 도입이라는 측면에서 예배의 회복으로 평가되어야 한다고 생각된다.

또한 1525년에 쯔윙글리는 주일 예배를 완전히 자국어로 드렸고 사람들에게 주기도문의 기도시 동참하라고 요구했는데,[77] 이것은 회중의 능동적 참여라는 면에서 또 하나의 예배회복이기도 하다. 그리고 또 하나 쯔윙글리의 예배 개혁에서의 특기할만한 것은 로마 카톨릭의 미사 의식을 개혁했을 뿐만 아니라, 로마 카톨릭에서 예배를 가리켜 사용하던 "미사"라는 단어를 폐지하기까지 했다는 점이다.[78] 이것은 루터가 미사 개혁에 소극적이어서 미사의 많은 내용들을 받아들이고 "미사"라는 용어를 그대로 사용한 점과 비교되는 사항으로서,[79] 쯔윙글리의 예배 개혁이 보다 더 적극적이었음을 보여준다고 하겠다.

마지막으로, 설교 중심의 예배를 주일 예전의 규범이 되도록 한 쯔윙글리는 예배가 무엇보다도 기독교 신앙을 가르치기 위한 장소가 되어야 한다고 믿었으며, 이런 그의 예배 이해는 제네바의 개혁과 칼빈에게 전달되어 후대의 기독교 예배 발전에 막대한 영향을 행사하였음을 알 수 있다.[80]

c. 칼빈의 예배 개혁

칼빈의 예배 개혁은 3차에 걸쳐서 이루어졌는데, 처음 제네바에서의 개혁과 스트라스부르그에서의 개혁, 그리고 두 번째 제네바에서의 개혁이다. 예배에 있어서 칼빈에게 영향을 끼친 두 사람의 스승이 있었는데 그것은 바로 제네바의 윌리암 파렐 (William Farel)과 스트라스부르그의 마틴 부서(Martin Bucer) 이다.[81] 그렇기 때문에 칼빈이 파렐의 지도하에 종교개혁이 진행 중이었던 제네바에 정착하게 된 것은 바로 그 파렐과의 만남을 의미한다. 칼빈이 1536년 7월말에 제네바에 도착했을 때는 정식으로 종교개혁이 그곳에 소개된지 (5월 21일) 두 달 후였고,[82] 거기서는 쯔윙글리의 형식을 따라 파렐이 만든 의식서를 따라 예배를 드리고 있었다.[83]

파렐의 지도하에서 제네바의 개혁운동은 본격적으로 시작되어서 장기간 계속된 1534년과 1535년의 두 번에 걸친 공개토론을 걸쳐 개혁의 불길이 확산되었고,[84] 1535년 6월에는 중앙성당을 비롯한 여러 교회들을 과감하게 차지하였으며, 성상 파괴론자들 (Iconoclasts) 은 성당의 스테인드글라스 유리창을 부수고 성자들의 조각들을 우물속에 빠뜨렸고,[85] 그해 8월 10일에는 미사가 금지되었다.[86] 1536년 5월 21일에는 제네바 시의 각 가정의 가장들이 대성당에 모여서 만장일치로 복음주의적인 예배를 드릴 것을 결의하였다.[87]

그리하여 미사는 폐지되고 성상들과 성유물들은 교회에서 제거되었고,[88] 1년에 4차례 쯔윙글리식의 간단한 성찬이 거행되었다.[89] 제네바의 미사에 대한 반감은 완강하여서 심지어 칼빈이 추방되어 있는 기간 동안에도 천주교 신자가 정부에 남아 있기를 원하면, 무조건 "미사는 나쁘다"고 말한 후에야 추방을 면할 수 있었다.[90]

파렐과 칼빈은 명실상부한 개혁교회를 설립하기 위해서 교회규정을 제정하여 1537년 1월 16일 시의회에 제출했는데, 그것이 바로「제네바 교회의 조직과 예배에 관한 조례」(Articles on The Organization of the Church and its Worship at Geneva) 이다.[91] 여기서 그들은 매주일 예배 때마다 성찬식을 시행할 것과 엄격한 치리를 주장하였는데, 이 두 가지는 많은 논란을 불러일으킨 끝에 성찬식은 월 1회 시행하는 것으로 타협이 이루어졌다.[92] 그러나 제네바 의회는 그 조례 (Articles) 들을 대폭 수정하여 통과시켰고 성찬은 월 1회가 아니라 1년에 4번 정도 베풀기로 확정되었다.[93] 그 후 권징문제로 갈등을 겪던 중 1538년 시의원 선거에서 패한 두 사람은 결국 제네바에서 추방되었고, 칼빈은 스트라부르그로 가서 정착하였다. 제1차 제네바 체제 중에서 특기할 만한 것은 파렐이 1538년에 「의식과 예식」(Order and Manner) 이라는 새로운 편집본을 출판했는데, 칼빈이 이 예식서를 알고 있었고 제네바에서 사용했기 때문에 아마도 예배 때에 어느 정도 영향을 끼쳤을 것이라는 점이다.[94]

칼빈은 1538년 9월부터 1541년 8월까지 만 3년간 스트라스부르그에서 활동하였는데, 부서 등 개혁자들과의 교제를 통해 많은 것을 배웠고 특히 예배와 교회론의 영역에서 그러하였다.[95] 스트라부르그에서 쓴 부서의 예배서는 칼빈에게 매우 중요했는데, 부서의 예배가 칼빈에게 준 두 가지 큰 영향은 "새로운 예배의 형성"과 "시편송의 사용"이었다.[96] "새로운 예배의 형성"

이란 성찬을 포함할 수도 있고 삭제할 수도 있는 예배형을 말하는데, 이것은 후에 스코틀랜드 교회에 특히 영향을 주었다. 시편송의 사용은 일반적인 찬송의 사용이 아니라 회중이 노래할 수 있는 운율적 시 (metrical Palm) 의 사용이었다. [97)]

거기서 칼빈은 1538년 9월부터 400-500명 정도 모이는 교회 (작은 프랑스 교회) 에서 설교하며 부서의 예배의식을 모방하여 예배의식을 확립하였는데, 이것은 후일 개혁교회의 예배의 모형이 되었다. [98)] 칼빈은 부서가 사용하던 예배서를 프랑스어로 번역하여 사용하였고, [99)] 성찬은 월 1회 거행하였다. [100)] 여기서 칼빈은 영창이나 오르간 음악보다는 시편 찬송을 더 선호하여 시편 중 18개를 작곡하였고 찬송을 편집하여 「찬송가」 (Book of Music) 로 출판하기도 하였는데, 찬송을 기도와 함께 공적 예배의 한 부분으로 간주한 칼빈은 공적인 기도가 말하는 것과 노래하는 것으로 조성된다고 주장하여 예배에서 찬송의 중요성을 강조하였다. [101)] 화란에서 피난해 온 한 불어 사용자는 위 시편영창에서 받은 바 감명을 다음과 같이 말했다.

남녀노소 모두가 노래하는 모습은 참으로 아름다웠다. 각 사람이 찬송가를 손에 쥐고 있었다. 처음 5-6일 동안 이 회중의 노래를 듣다가 나는 그만 눈물을 흘렸다. 슬픔 때문에 운 것이 아니었다. 그들이 마음속에서부터 감사와 기쁨으로 하나님을 찬송했기 때문에 너무나도 기뻐서 울었다. 주님을 찬송하고 주님의 놀라운 일들을 특히 모국어로 노래하는 것이 얼마나 기쁜일인가를 아무도 상상할 수 없을 것이다. [102)]

스트라부르그에서 머무는 동안 칼빈은 중요한 저서들을 출판하였다. 1539년에는 「기독교강요」 완전 개정판을, 또한 1539년에 「로마서 주석」

을, 1540년에는 「교회 기도와 찬송의 형식」(The Form of Ecclesiastical Prayers and Hymns) 과 「우리 주님의 성만찬에 관한 소논문」(Little treatise on the Holy Supper of Lord) 등을 출판하였는데,[103] 뒤의 두 가지 책은 개혁주의 예배에 지속적인 영향을 미치게 된다.[104]

칼빈은 제네바로 귀환한지 두 달 후인 1541년 11월 20일 교회헌법이라고 할 수 있는 「교회규정」(Ecelesiastical Ordinances) 를 작성하여 시의회에 제출하였는데, 이것은 약간의 수정을 거쳐 1542년 1월 2일 채택되었다.[105] 이 「교회규정」에서는 교회의 예배까지 세밀하게 규정하고 있었다. 즉, "세 교구 교회 각각이 매주일 마다 새벽, 오전 9시, 그리고 오후 3시에 설교를 해야 하고, 어린이의 요리문답반은 12시경에 있어야 한다. 월요일, 수요일 그리고 금요일에도 세 교구 각각에서 설교가 행해져야 한다."[106]고 하였다.

성만찬은 한 달에 한번 정도 베풀어져야 한다고 칼빈은 주장했으나, 제네바 시의회는 1년에 4회로 확정해서 부활절, 성령강림절, 9월 첫주일, 크리스마스 때에 성만찬을 베풀었다.[107] 칼빈은 사람들이 주의 만찬에 1년에 한두번만 참석하도록 습관이 들여졌으므로 매주일 성찬을 즉각적으로 도입할 수 없음을 알았다.[108] 매주 성찬식으로의 전환은 너무 급진적인 것이었기 때문에 칼빈의 의도는 성취되지 못하였다.[109] 칼빈은 성경적 가르침을 따라 단순하게 예배를 권장했고, 성경에 따라서 찬송, 기도, 설교, 연보, 주기도, 성례 순으로 예배를 시행토록 했다.[110]

칼빈의 예배의식문은 1542년에 두 차례에 걸쳐 출판되었는데 칼빈은 그의 예배 형식을 쯔윙글리와 파렐의 기초 위에서 작성했으며, 이는 이미 스위스 개혁파 교회에서 사용되고 있었다.[111] 그는 설교를 예배의 중심으로 삼았으며, 라틴어로 미사를 봉독하는 대신에 일상용어로 교훈과 권면을 했다.[112]

칼빈의 일상적인 주일예배는 존 낙스 (John Knox) 의 것과 마찬가지로 하나의 고전적인 성찬예식 전 예배 (聖餐禮式前禮拜, Anti Communion) 였던 것이다.[113] 칼빈의 제네바교회 예배 순서는 다음과 같았다.

예배순서

① 예배 인도자(개회의 선언)

"우리의 도움은 천지를 창조하신 하나님의 이름에 있나이다." 란 말로 예배가 시작됨을 선언하고, 회중은 "아멘" 으로 화답하면서 예배는 시작된다.

② 참회의 기도(죄 고백)

③ 사면의 선포(용서)

④ 회중의 시편찬송(1545년부터 십계명 첫 부분 낭독이 첨가됨)

⑤ 중보의 기도

⑥ 회중의 시편찬송(1545년 십계명 두 번째 부분 낭독됨)

⑦ 주기도문

⑧ 설교 전 설교자의 자유로운 기도

⑨ 설교

⑩ 설교 후 기도(목회의 종합적 기도가 연결됨)

⑪ 주기도문의 석의

⑫ 회중의 시편 찬송

⑬ 아론의 축복의 서원(민 6:24-26)[114]

1549 칼빈은 쯔윙글리의 후계자인 불링거 (Heinlich Bullinger) 와 츄리히 협정 (Zurich Consensus, the Consus Tigrinus) 을 통해 성만찬 교리에 대한 합의를 하였

고, 이 합의는 모든 스위스 개혁파에 의해 받아들여졌다.[115] 이 츄리히 협정에서는 "그리스도의 육체적 임재는 배격되고 성찬 제정의 말씀들은 비유적으로 해석되어야 할 것이라"[116]고 하였다. 이에 대하여 스테헬린 (Staehel- in)은 쯔윙글리파와 칼빈의 종교개혁을 항구적으로 결합시킨 엄숙한 결정이라고 하였고, 니이브 (J. L. Neve)는 이 문서를 통해서 칼빈은 쯔윙글리의 종교개혁을 물려받았다고 하였다.[117] 이 츄리히 협정을 따르는 이들은 루터파 (Lu- ther -an) 라는 칭호에 대조되는 개혁파 (Reformed) 라고 불리게 되었다.[118]

이제 칼빈의 예배 개혁의 몇 가지 특징들을 살펴보고자 한다. 앞에서 말한 대로 칼빈에게 있어서 미사 자체는 사탄에 의하여 만들어진 최상의 증오물이었다.[119] 그렇기 때문에 칼빈은 중세 미사를 흉내 내는 것 (monkeying) 을 싫어하였고,[120] 그의 새로운 예배 형태에서는 로마 교회의 미사제도를 완전히 무시하였다.[121] "칼빈이 형성한 예배 형식에는 로마 교회의 미사의 어떠한 단편적인 중요성도 그대로 인정되지 않았다."[122]고 하일러 (Heiler) 는 단언하였다. 칼빈은 로마 카톨릭의 의식을 그리스도를 거의 묻어 버리고 우리를 유대교적 상징으로 돌아가게 만드는 의식들이라고 지적하였다.[123]

칼빈의 예배는 성경적 가르침을 따라 단순하게 드리는 것이 특징인 바, 그는 스트라스부르그에서 난민교회를 섬길 때와 제네바에서 사역할 때에 단순한 예배를 권장했고, 성경에 따라 찬송, 기도, 설교, 연보, 주기도, 성례순으로 예배를 시행토록 했다.[124] 이제 칼빈의 예배개혁의 몇 가지 특징들을 열거하면 다음과 같다.

첫째, 칼빈은 예배에 있어서 어떤 하나의 권위 있는 형태를 부과하려 하지 않았다. 그는 비록 매주일 성만찬이 시행되기를 원했지만, 스트라부르그와 제네바에서 가끔씩 시행되는 것도 동의하였다. 실제로 그가 하나의 예배

형태를 고집하지 않았다는것은 분명한 사실이고, 예배형태는 교인들의 제반 여건과 기호 (嗜好, taste; liking) 를 수용 (accommodation) 해야 한다고 했다.[125]

둘째, 설교가 예배의 필수적인 부분이 되었고 성구집은 폐기 되었다.[126] 그의 예배는 하나님의 말씀 (the word of God) 을 중심한 예배였다. 칼빈에게는 설교도 일종의 하나님의 말씀의 성례전이라고 보았고 말씀 없이 성례전을 받는 것은 의미 없는 일이었다.[127] 그의 예배에는 설교가 중심이 됨은 더 말할 필요가 없었다.[128] 그는 천주교에서 가장 중요시해 온 미사의 위치에다 설교를 대치시켰다.[129] 칼빈은 주일만이 아니라 월, 수, 금요일 아침에도 설교하였고, 그의 설교는 성경 강해가 중심이었다.[130]

셋째, 자국어의 사용이다. 다른 개혁자들과 마찬가지로 칼빈은 예배의 이해 가능성을 강조하였고, 이해할 수 있는 예배가 되기 위해서는 예배는 반드시 회중의 언어로 이루어져야 한다는 것이고, 따라서 성경을 번역하고 설교와 예배의식을 자기 나라 말로 하였다.[131]

넷째, 시편을 노래하는 것이다. 칼빈은 중세풍의 성가대를 없애고 회중 찬송을 강조했다.[132] 칼빈은 교회음악도 회중들이 분명히 알아들어야 한다는 이유에서 오르간의 사용과 대위법적인 화성의 음악을 반대하고 시편에 곡을 붙여 부르게 했다.[133] 그는 음악이나 음악적 기교보다는 가사와 가사의 내용을 특히 강조했다.[134] 당시의 회중이 회중적인 노래를 부르는 훈련을 받지 못했으므로 어린이들을 뽑아 가르쳐서 회중 가운데서 뚜렷하고 특별한 방법으로 노래 부르도록 제시하였다.[135] 그는 루터와는 달리 민요와 세속 음악을 교회음악으로 도입하는 것을 반대하였다.[136]

다섯째, 성상들이 제거되었다. 예배 장소의 시각적인 면들에 대해서는 거의 관심이 없었고 성상 (우상) 들은 제거되었다.[137] 칼빈은 인간이 세운 조각상과 하나님을 나타내려고 그린 화상 (畵像) 은 모두 하나님을 욕되게 하는 것이라고 하고,[138] 교황주의자들이 만든 성자의 화상 (그림) 이나 조각상 (聖像) 은 가장 음란한 사례라고 하였다.[139]

여섯째, 예배 시간에 있어서의 단순함이다. 예배는 매일 드리지 않게 되었고, 그 대신 가정기도회가 (강요되지는 않지만) 장려되었으며, 주일에 초점을 맞춤에 따라 성일들과 다른 축제 등은 없어졌다.[140]

일곱째, 칼빈은 강단에서 예배의 대부분을 인도하는 것을 좋아했고, 따라서 훌륭한 강단들이 개혁파 교회들의 독특한 특징이 되었다.[141] 종교개혁 후 프로테스탄트 교파들이 발전되고 각기 자신들의 예배당을 세우게 됨에 따라 강대상은 낭독대와 분리하지 아니하고 하나로 되어 회중을 대면하여 강단 (Platform) 의 중앙에 위치하였고,[142] 성만찬 이외에는 전체 예배가 강대상에서 인도되었다.[143]

여덟째, 매주일 성찬 시행에 실패하였다. 그는 매주일 성찬식을 성취하려고 했으나 시의회 반대에 부딪혀 1년에 4회, 성탄절, 부활절, 오순절, 추수절 (Har -vest-tide) 에만 행하도록 하였고,[144] 칼빈은 결국 년 4회 이상은 시행해야 된다는 입장을 문서로 남기고 쯔윙글리의 입장에 동의하는 결과를 초래하게 되었다.[145] 이로써 개혁교회의 예배 전통은 말씀 중심의 예배로 고착되어 모든 기독교 예배의 규범으로 적용하게 되었다.[146]

d. 종교개혁가들의 예배개혁의 공통점과 차이점

앞서 살핀 바와 같이 종교개혁가들은 서로 다른 환경에서 하나님의 인도하심 가운데서 중세의 천주교 미사를 개혁하고 성경적인 예배를 회복하기 위해서 노력하였고, 또한 나름대로 성공하였다. 이제 그들의 활동을 상호 비교하여 공통점과 차이점을 살펴보려고 한다. 그 결과를 보면 오늘날의 우리 기독교 예배에 어떤 영향을 끼쳤는지 추론할 수 있을 것이다.

예배개혁과 관련해서 종교개혁가들의 가장 큰 공통점은 천주교 미사를 거부하였다는 점을 들 수 있다. 그것은 천주교가 미사를 그리스도의 십자가를 반복하는 희생제사로 보았기 때문이다.[147] 루터나 쯔윙글리나 칼빈이나 모두 천주교의 미사와 관련하여서 화체설과 희생제사설 그리고 성체숭배를 반대하였고, 신자들에게 떡만 주고 잔을 주지 않는 것을 비판하였으며 미사를 중지시켰다.[148]

둘째, 종교개혁가들은 공히 성경과 초대교회 예배로의 회복을 그 목표로 하였다. 그들은 약간의 견해차가 있기는 했으나,[149] 예배가 신약성경에 충실해야 한다는 점과 초대교회의 예배를 회복해야 한다는 점에서는 일치하였다.[150]

셋째, 회중의 자발적 참여와 자국어의 사용을 들 수 있다. "중세 교회의 예배는 사실상 성직자들과 수도사들이 전담, 독주하였고 일반 교인들은 구경꾼이었다. 신자들이 모르는 라틴어로 된 예배서와 기도서는 신자들로부터 외면 당하였고, 라틴어에 의한 예배 진행은 일반 평신도들이 예배에 참석하였으면서도 소외감을 맛보게 되기에 충분하였다."[151]고 하는 것이 일반적인 평가이다. 그러기에 종교개혁가들은 무엇보다도 라틴어를 폐지하고 자국어로 예배드리도록 하였던 것이다.

넷째, 종교개혁자들은 모두 천주교의 7가지 성례 (7성사) 를 거부하고 그 중에서 두 가지 세례와 성찬만을 성례로 인정하였다.[152]

다섯째, 개혁자들의 예배는 설교 중심의 예배였다. 루터는 설교를 예배의 필수적인 부분으로 만들고,[153] 예배의 초점이 말씀을 선포하는 일로 바뀌게 하였으며, 쯔윙글리는 설교 중심의 예배를 주일 예배의 규범이 되게 하였다.[154] 칼빈 역시 설교가 예배의 중심이었고 필수적인 부분이었다.[155]

여섯째, 회중 찬송의 회복을 들 수 있다. 중세의 미사가 라틴어로 부르는 성가대의 정교한 음악을 사용함으로서 회중들과 유리되어 있었다면, 종교개혁자들에 의해서 일어난 예배 개혁의 하나는 자국어로 부르는 회중들의 찬송이었다. 물론 여기서 약간의 차이가 있기는 하다. 예를 들면, 루터가 민요나 세속 음악도 도입한 반면 칼빈은 그것을 반대하고 시편송을 선호했고,[156] 루터가 오르간을 허용한 반면 쯔윙글리와 칼빈은 오르간을 사용치 않았다는 점 등이다.[157] 그러나 성가대에 의해 일방적으로 불려지던 찬송 대신 회중 찬송을 회복했다는 점에는 공통적이다.

일곱째, 종교개혁자들은 성찬을 회복시켰다. 중세 일천 년 동안 미사는 회중에게서 성찬을 뺏어갔다. 미사 때마다 사제만이 홀로 성찬에 참여하고 회중들은 구경만 하였으며, 회중들은 겨우 1년에 한번 부활절에만 성찬 (영성체) 에 참여할 수 있었다.[158] 그것도 떡만 주고 잔은 주지 않았다.[159] 그렇기 때문에 엄격하게 말하면, 회중들은 제대로 된 성찬에 참여해본 적이 없었다. 그런데 종교개혁자들은 회중들에게 떡만 주고 잔은 주지 않는 "수찬금지 제도"에 대하여 강하게 비판하고 둘 다 참여하게 하였고, 미사 때마다 사제 홀로 성찬식을 하는 것을 비판하고 회중들의 성찬을 회복시켰다.

종교개혁가들은 예배 개혁에 있어서 많은 부분에서 공통점을 보이고 있었지만 몇 가지 부분에는 다음과 같이 차이점을 보이고 있다.

첫째, 개혁의 원리에 있어서 루터와 쯔윙글리와 칼빈이 각각 차이점을 보이고 있다. 그들이 다 같이 신약성경과 초대교회의 예배를 모범으로 생각했지만, 그들이 생각하는 초대교회의 개념이 달랐다. 칼빈과 루터는 교부들의 시대까지 포함하고 있었던 반면,[160] 쯔윙글리는 교부들보다는 성경에 우선권을 두었고,[161] 오직 성경에서만 신앙과 예배, 생활의 원리를 찾아야 한다고 확신하였다.[162] 뿐만 아니라 루터와 칼빈 사이에도 근본적인 차이가 있었는데, 루터가 성경에서 금하지 않은 것은 받아들일 수 있다고 말한 데 반하여, 칼빈은 성경에서 가르친 바가 없는 것은 예배에 허용될 수 없다고 선언하였다.[163]

둘째, 루터가 미사개혁에 소극적이어서 미사의 많은 내용을 받아들이고 "미사"라는 용어를 그대로 사용한 것과 대조적으로, 쯔윙글리와 칼빈은 "미사"라는 용어를 폐지하고, 적극적으로 미사를 개혁하였다.[164] 다음의 루터교의 아우그스부르크 신앙고백 (Lutheran Augsburg Confession) 의 진술을 보면, 그 차이점이 분명히 보인다.

> 우리 교회는 미사를 폐기했다는 이유로 거짓 비난을 당하고 있다. 그러나 실제로는 우리 교회는 미사를 드리고 있으며, 그것도 최대의 경외심을 가지고 미사를 올리고 있다. 미사뿐 아니라 거의 모든 전통의 의식들 또한 그대로 유지되고 있다.……
> (중략)…… 우리 교회는 미사가 성경과 교부들에게서 그 지지 근거를 찾을 수 있다고 생각한다.[165]

셋째, 쯔윙글리가 예배 문제와 관련하여 루터나 칼빈과 근본적으로 차이를 보인 것은 성만찬과 예배의 중심에 대한 문제였다.[166] 즉 루터와 칼빈은 성만찬이 주일 예배에 규범이 되어야 한다는 것과 또 성만찬이 성례전으로서 하나님의 은총의 전달 수단이 된다는 것을 인정한 반면, 쯔윙글리는 성만찬 자체를 은혜의 방편으로 여기지 않았으며 기독교 예배의 정규순서로 생각하지도 않았다는 점이다.[167] 따라서 루터나 칼빈은 매주일 예배의식에 성찬을 포함하기를 원했으나 쯔윙글리는 1년에 4번이면 충분하다고 믿었다.[168]

넷째, 성찬에 있어서 그리스도의 임재는 그들 사이의 가장 큰 차이점이었다. 주지하는 바와 같이 루터는 화체설을 배격하면서도 육적 임재를 믿어서 떡과 함께 그리스도께서 임재한다는 공재설 (Consubstantiation) 을 주장하였고, 쯔윙글리는 기념설 내지는 상징설을, 칼빈은 영적 임재설을 주장하였다. 그러나 루터가 문자적 해석과 실재론적 입장에 있음에 비하여 쯔윙글리와 칼빈은 비유적 해석과 영적 임재를 주장함에 따라서,[169] 루터파와 개혁파의 차이를 보이고 있다.[170]

3. 종교개혁가들의 영향과 기독교 예배의 형성

이러한 종교개혁가들의 예배개혁은 그들의 후세대에 역사적으로 커다란 영향을 끼치게 되는데, 유럽과 미국을 비롯하여 오늘날의 모든 기독교 예배형성에 커다란 영향을 끼쳤던 것이다. 복음적 예배의 회복은 그들의 공헌이다.

a. 종교개혁자들의 공헌

칼빈은 그의 책 「기독교 강요」에서 천주교 의식들을 비판한 후에 맨 마지막으로 "나는 생각했던 것보다 너무 오래 그들의 진창에 빠져 있었으므로 이제는 빠져나가야겠다. 그러나 나는 이 나귀 (바보) 들의 등에서 사자 가죽을 벗기는 데는 조금은 성공했다고 믿는다."[171]고 말했는데, 과연 종교개혁가들은 자신들의 시대에 주어진 사명만큼 미사를 개혁하여 성경에 충실한 복음적인 예배를 회복하는데 나름대로 성공했다고 생각된다.

중세교회의 특징은 사제주의와 의식주의에 숨막혀서 영적 생명이 고사되고 있었다는 점이고, 그러한 사제주의와 의식주의가 만나서 결집하여 강력한 힘을 발휘하여 사람들을 영육간에 옥죄고 있었던 것이 바로 미사의식이었다. 그렇기 때문에 종교개혁가들의 미사 개혁은 엄청난 영적 축복을 후세대에 가져다주었고, 그 결과는 영적 해방과 구원과 은혜의 축복이 아닐 수 없다.

앞에서 종교개혁가들의 미사 개혁의 특징들과 그들의 공통점들을 간추려 보았는데, 그러한 요소들은 모두 다 성경적이고 복음적인 예배의 특징들이다. 그러므로 오늘 우리는 종교개혁가들에게 한없는 은혜의 빚을 지고 있다고 할 수 있을 것이다. 일리온 T. 존스는 예배에 있어서 종교개혁가들의 업적을 다음과 같이 열거하였다.

그들은 사제를 없애고 "사제"(priest)라는 말 대신 "목사"(minister)로 부르도록 했으며, 사제로서의 성직 임무인 고백, 면제선언, 면죄, 고해성사, 제사의식의 집전 등도 폐지시켰다. 설교가 예배에서 가장 중요한 위치를 차지해야 하는 것으로 생각하였고, 예배도 각국의 언어로 드리던 옛 방식을 채택하게 되었다. 예배순서도 함께 부르는 찬송 등 회중이 함께 예배에 참여하는 부분이 늘어났다. 성체성사의 제의(祭衣, vestments – 연구자 註)는 계속 사용하는 곳도 있었으나 일반적으로는 거의 입지 않았다. 축일도 그 수를 급격히 줄이거나 전면적으로 폐지하였고, 성자들을 위한 기도도 금지되었으며, 교회력도 주요한 축일 일부를 제외하고는 중단되었다. 즉흥 또는 자유기도는 계속 존속되었다. 상징주의나 의식은 실제적으로 모두 없어졌다. 예배는 여러 차례의 답창(答唱), 창화(唱和)의 단구 (單句), 기타 가변적인 것들, 기도의 횟수와 형태, 성구낭독 등을 삭제하여 급격하게 짧아지게 되었다.[172]

비록 루터가 미사 개혁에 미진하고 보수적이었고 반면에 쯔윙글리와 칼빈이 적극적인 편이기는 했지만, 그들 모두의 목적은 성경적인 초대교회 예배로의 회복이었고, 대체로 그 목적을 달성하였다. 루터는 독일에서, 쯔윙글리와 칼빈은 스위스에서 각각 미사의 개혁을 진행하였는데, 그들의 공통점으로는 첫째는 미사의 배격과 중지, 둘째는 성경적이고 초대교회적인 예배회복의 목적, 셋째는 회중들의 자발적인 참여와 자국어의 사용, 넷째는 천주교의 7성사를 거부하고 세례와 성찬만을 성례로 인정, 다섯째는 설교 중심의 예배, 여섯째는 회중찬송의 회복, 일곱째는 회중들이 떡과 포도주에 다 참여하는 성찬의 회복을 들 수 있다.

이러한 종교개혁가들의 미사개혁은 그들의 후세대에 역사적으로 커다란 영향을 끼치게 되는데, 루터의 경우에는 루터파 교회들과 영국교회, 감리교 등에 영향을 끼쳤고, 쯔윙글리와 칼빈의 개혁파는 영국의 청교도와 스코틀랜드의 개혁에 결정적인 영향을 끼쳤으며, 미국교회의 예배형성에 커다란 영향을 끼치게 되었다. 특히 쯔윙글리의 역사적 영향은 결정적이어서 오늘날까지 대부분의 교회가 성찬이 없는 말씀 중심의 예배를 드리고, 1년에 1회 내지 3—4회의 비주기적인 성찬을 갖게 되었다.

이와 같이 살펴본 결과 오늘날 우리가 살아 계신 하나님께 나아가서 찬양과 경배로 진정한 예배를 드림으로 영육간에 은혜와 축복을 받을 수 있는 것은 종교개혁자들이 땀과 피를 흘려서 중세의 "미사"라고 하는 영적 쇠사슬에서 우리를 풀어놓은 예배개혁의 덕택이라고 하지 않을 수가 없다. 말씀을 깨달아 은혜 받고 직접적으로 하나님께 기도하고 찬양하며 예배하는 가운데 성령의 역사하심으로 은혜를 받고 새 힘을 얻을 수 있는 예배의 축복은 후세대가 누리는 복이기에 그들에게 감사하지 않을 수가 없다.

b. 루터의 영향

1546년 루터의 사망 후 그의 영향을 받은 루터교의 예배 전통은 여러 국가들에서 여러 가지 방법으로 계속 발전하였고,[173] 대략 4개의 시기로 나누어서 정통 루터교의 시대인 1550―1700년, 경건주의 시대인 1650―1800년, 계몽주의 시대인 1700―1800년, 그리고 복고주의 시대인 1800―1950년으로 대강 살펴볼 수 있을 것이다.[174] 그러나 그렇게 루터교의 역사를 따라서 예배의 변천을 살펴보는 것은 본 논문의 한계를 넘는 것이기에 여기서는 루터의 예배의식이 그의 이름을 딴 루터파교회 (Lutheran Church) 에 지속적인 영향을 끼쳤다는 사실로 마감하고, 다만 영국교회와 웨슬리에게 끼친 영향만을 간략하게 살펴보고자 한다.

헨리8세에 의해 정치적으로 교황청과 결별한 영국교회 (성공회) 는 로마의 기본 방침과 관례에 따라 미사 (Mass) 를 변함없이 계속하였으므로 그들을 신교도라고도, 로마 카톨릭교도라고도 부를 수가 없는 독특한 입장에 있었다.[175] 종교개혁 후의 영국교회는 교리적으로는 칼빈 쪽으로 기울었으나, 예전에 있어서는 루터교 쪽에 더욱 가까웠다.[176] 영국 국교도들은 성서에서 명백히 거부된 것만이 예배에서 배제되어야 한다는 루터의 입장을 유지하였다.[177]

크랜머 (Thomas Cranmer) [178]에 의해서 1549년에 만들어진 「공동기도서」 (Book of Common Prayer) 는 루터의 영향 하에서 만들어진 것인데,[179] 로마 카톨릭과 루터교의 영향이 잘 나타난다.[180) 1552년 제2판에서는 스트라스부르그의 마틴 부서와 마르티르스 (P. Martyrs) 의 도움으로 새롭게 수정되었고, 그후 1662년 이후의 판에서는 영국 교회 예배는 천주교의 전통적인 미사 중심의 예배에서 벗어나 말씀 중심의 예배로 전환하였고, 성찬은 월 1회씩 거행하도록 하였다.[181) 영국 교회의 예배에는 여러 가지 변화가 이루어졌다고 할 수 있지만, 그 실제 형식에 있어서는 개혁된 교회와 로마교회 예배의 중간적인 것이었다고 할 수 있는데, 일반적으로 그들의 예배는 루터주의와 비슷하며 주의 만찬에 대한 해설은 쯔윙글리파와 보다 가까웠다.[182)

한편 웨슬리는 영국교회의 고교회파 (高敎會派, high – church) 사람이었고[183) 그의 사역의 기반은 항상 그가 사랑했던 성공회 전통이었다.[184) 그리고 그는 아우그스부르그 신앙고백 (루터의) 을 긍정하면서,[185) 성찬식을 예배의 중심이며 규범으로 간주하였다.[186) 이러한 사실은 모두 루터의 영향이라고 볼 수 있다. 그리고 또한 그가 모라비안과 접촉했던 사실을 간과할 수 없다. 루터교 예배 전통에 가장 밀접하게 속했다고 할 수 있는 모라비안에게 있어서 경건주의의 가장 영속적인 유산들은 찬송가와 교회음악이었다.[187) 따라서 웨슬리의 찬송가는 루터교의 관습에 근거하여 정당화할 수 있었다.[188)

이와 같이 볼 때, 영국교회를 통해서는 성만찬과 관련하여서 루터의 영향을 받았고, 모라비안을 통하여서는 찬송과 관련하여서 루터의 영향을 받았다고 생각된다. 그러나 청교도의 복음주의적 운동을 통해서는 개혁파의 영향을 받았고, 성찬에 있어서 루터의 공재설을 거부하고 그리스도의 신성에 의한 실재 임재가 가능하다고 강조한 점은 칼빈의 성령을 통한 임재와 유사하다고 볼 수 있다.[189)

c. 쯔윙글리와 칼빈의 영향

츄리히를 중심한 쯔윙글리의 종교개혁운동과 제네바를 중심한 칼빈의 종교개혁운동은 1549년에 칼빈과 쯔윙글리의 후계자인 불링거 사이에 맺은 츄리히 협정을 통하여 하나의 공통된 개혁주의 입장에 합의하여서 개혁파 (Reformed) 를 이루게 되었다.[190] 그리하여 칼빈이 쯔윙글리의 입장에 동의하는 결과를 초래하게 되었다.[191] 성만찬이 없는 주일예배의 형식은 종교개혁 후에 스코틀랜드와 영국 청교도들에게 이어져 갔고, 칼빈의 예배의식은 후에 대륙지역에서는 프랑스, 스위스, 남부 독일, 네덜란드, 덴마크 등지의 칼빈 계열 교회들의 예배 모범이 되어졌다.[192]

영국에 있어서 에드워드 6세의 「제2기도서」 에서는 칼빈의 영향이 두드러지게 나타나고 있음을 볼 수 있고,[193] 청교도들에 의해 만들어진 1645년의 「웨스트민스터 예배규칙서」 (Westminster Directory)는 제네바 형식의 예배를 도입할 것을 의미했다.[194] 이러한 영국교회의 예배개혁에 대하여 일리온 T. 존스 (Ilion T. Jones) 는 평하기를 "일반적으로 그들의 예배는 루터주의와 비슷하며, 주의 만찬에 대한 해석은 쯔빙글리파와 보다 가까웠었다."[195]고 하였다.

한편 스코틀랜드에서는 존 녹스 (Johm Knox) 의 영향 아래서 예배개혁이 이루어졌는데, 존 녹스는 메리 (Mary Tudor) 여왕의 박해를 피해 대륙으로 갔다가 칼빈의 도움을 받아서 프랑크푸르트와 제네바에서 영국인들을 대상으로 목회하며 개혁파의 예배를 도입하게 된다.[196] 그후 스코틀랜드로 돌아와서도 칼빈의 제네바 예배를 적용하게 되어서 교회력 사용을 거부했고 예배에 있어서 말씀을 더 중요시했으므로 성찬은 1년에 네 번만 시행하도록 하였고,[197] 성찬은 앉은 채로 받았다.[198] 성찬을 이렇게 1년에 4회 또는 그보다 적게 비주기적으로 집례하게 된 가장 강력한 이유는 "종교개혁 초기의 성만찬 관례가 보통 1년 1회나 그보다 적었기 때문이라"[199]고 맥스웰은 지적한다.

루터나 칼빈의 주장과는 달리 실제로는 성찬이 년 1회나 그보다 적게 실시되었다는 점은 앞으로 예배와 성찬에 대한 연구에 있어서 중요한 참고 사항이 될 수 있을 것이다. 그리고 또 하나 여기서 확인하고 나아가야 할 것은, 스코틀랜드와 영국청교도들의 예배가 개혁파나 제네바의 영향을 받았다고 할 때에, 그것이 쯔윙글리나 칼빈 중 누구를 의미하는 것이냐는 것이다. 일반적으로 그들이 칼빈의 영향을 받았다고 서술하고 있다. 그러나 제임스 F. 화이트(James F. White)는 "성공회 전통의 근거가 되고 있는 성례전 신학은 칼빈의 비교적 보수주의적인 입장이 아닌, 쯔윙글리의 보다 급진적인 입장을 반영하였다"[200]고 하였고, 정승훈은 "죤 녹스와 청교도들의 예배가 칼빈보다는 쯔윙글리의 영향을 받은 것이라"[201]고 지적하면서 다음과 같이 말하였다.

어쨌든 말씀 중심의 쯔윙글리적 예배신학은 웨스트민스터 신앙고백을 통해 칼빈주의라는 이름으로 향후 장로교 신학뿐만 아니라 개신교 예배를 운명적으로 못박아 버린다.[202]

반예전적(anti-liturgical)이라는 청교도들의 예배 특징과 비주기적인 성찬의 시행을 볼 때,[203] 그의 주장은 합당한 평가로 생각한다. 청교도들의 예배는 장로교회(Presbyterian)나 독립교회(Independents)나 다같이 제네바의 개혁교회 의식에 기초한 것이다.[204] 그런데 미국으로 건너온 청교도들은 더 많은 예배의 자유와 개혁이 가능했고, 이것은 다른 교회들에게도 영향을 미쳤다.[205]

"미국교회들의 예배는 대체로 비예전적이고 청교도적이며 복음주의적이었다. 예배당에는 강단 한가운데 강대상이 있고 성찬대는 그 아래 일반 회중들이 서는 바닥과 같은 높이의 위치에 놓고 있었다. 대부분의 교회가 1년에 4번 성찬식을 가졌으며, 십자가를 제외한 예술품이나 상징물, 촛불 등의 사용을 반대하였다. 유럽에서 사용하는 교회력도 지키지 않고, 겨우 성탄절과 부활절을 지키는가 하면, 이것마저도 지키기를 마다하는 교회가 있었다."고 한다.[206] 이 시기의 미국교회 예배의 특징은 다음과 같다.

① 예배의 일정한 형식이 없었다.

② 의식을 거행할 안수 받은 사람들이 부족하였기 때문에 의식의 거행은 자주 있지 않았다.

③ 개척의 회중 편에서는 교육받은 교역(목회)을 의심스러워하였다. 이것은 그들에게 조직화되는 교회를 가리켰다.

④ 설교는 예배의식에서 가장 중요하였다.

⑤ 기도는 자발적이었고 교역자와 마찬가지로 평신도들도 드렸다.

⑥ 예배자들 편에서는 파격적인 열광이 있었는데 흔히 감정적인 황홀로 나타났다.

⑦ 예배순서의 특징은 수많은 찬송에 있었다. 찬송은 경쾌하고 낙관적인 동시에 주관적이고 개인주의적이었다.

⑧ 개척 예배의 특징은 즉각적으로 드리는 식이었고, 과거의 전통에 거의 주의를 기울이지 아니하였다.

⑨ 예배장소는 평평하고 거칠었다. 교회 건물을 의식에 알맞도록 만들 생각은 없었다.

교단적인 일정한 예식에 예배의 형태를 묶어두지 않고 개척교회(local church)의

특성과 함께 예배의 모습을 갖추어 갔던 것이다.[207]

이와 같은 미국교회의 예배는 쯔윙글리의 영향을 받은 것이라고 정승훈
은 다음과 같이 말하였다.

> 17세기 네덜란드의 개혁주의와 웨스트민스터 신앙고백을 기초로 생겨난 미국 장
> 로교의 역사 속에서 우리는 칼빈 자신의 신학적 관심과 영향을 보는 것보다는 쯔윙글
> 리의 영향을 여실히 보게 된다. 더욱이 영국 청교도들을 통한 미국 개신교의 발전에
> 서 초대교회의 말씀과 성만찬의 예배로 복원하려고 했던 칼빈의 예배신학의 정신은
> 외면되고, 여타의 모든 예전과 예식을 파괴한 쯔빙글리적 "설교중심" 의 예배로 환원
> 된 기형(?)의 모습을 보게 된다.[208]

미국의 감리교회에 있어서도 1784년에 웨슬리가 보낸 "북미 감리교회 예
배"는 1662년의 공동기도서를 거의 복사한 것으로서 미국인들에게 적합하지
못하였기 때문에 1789년에 코크 (Coke) 감독과 애즈베리 (Asbury) 감독이 공중
예배 지침을 수립하였다.[209] 1792년의 교리와 장정에 의한 예배의 형식은 다
음과 같다. (그 내용을 보면 성찬식이 없는 매우 비예전적인 것이다. – 연구자 註)

아침예배 : 회중찬송, 기도, 구약성서의 한 장을 낭독하는 일, 신약성서 한장의
낭독, 설교

오후예배 : 회중찬송, 기도, 성서의 다른 장을 낭독하는 일, 설교

저녁예배 : 회중찬송, 기도, 설교 [210]

위에서 살펴본 바와 같이 예배에 대하여 종교개혁자들이 끼친 영향은 다양하게 전개되었는데, 그 근본적인 차이점은 로마 카톨릭의 유산을 어떻게 받아들이느냐 하는 점에서 발생하였다. 루터파가 가장 카톨릭의 예전 형태에 가까우므로 우익 (right wing) 끝에 놓고 배열하여 다음과 같은 도식으로 나타낼 수 있다. (김외식, 감신대 교수)[211)

시대 \ 분류	좌익		중간		우익	
16C		자유교회		개혁교회	성공회	루터교회
17C	퀘이커		청교도			
18C				감리교회		
19C		오순절				

예배의 의미

1.예배의 용어

한글 개역성경에는 "예배"라는 말이 신약에만 있고 구약에는 없다. 그러나 구약에도 예배에 해당하는 단어로 "경배하다"와 "섬기다"로 번역된 용어들은 있다. 먼저 예배와 관련하여 구약의 용어들을 살펴본다면, 대표적으로 "샤하아" (shachah, שׁחה) 와 아바드 (עבד) 를 들 수 있다.[212) "샤하아"는 "절하다" (to bow oneself down) 또는 "숙이다" (to sink down) 는 말로써,[213) 한글 개역성경에서는 주로 "경배하다" (창 24:26, 출 4:31) , "절하다" (창 24:52) 등으로 번역되었다. "아바드"는 "일하다" (to work), "섬기다" (to serve) 는 말로써,[214) 한글 개역성경에서는 주로 "섬기다" (출 3:12, 10:8) 라고 번역되었다. "샤하아"가 하나님 앞에 엎드려 절하고 머리 숙여 경배하는 존경과 순복의 표시요 몸과 마음의 존경을 표시하는 종교적 행위라면, "아바드"는 종이 주인을 섬기듯이 예배자가 하나님을 주인으로 섬기는 것을 의미한다.[215)

예배를 나타내는 신약성경의 용어는 "프로스퀴네오" (προσκυνέω) 와 "라트류오" (λατρεύω) 를 들 수 있다.[216] "프로스퀴네오"는 "예배하다" (worship) , "절하다" (do obeisance to) , "부복하다" (prostrate oneself before) 등을 의미하는 말로서, 발이나 옷 가에 입을 맞춤으로 어떤 사람에게 —페르시아 사람들은 왕에게, 그리이스 사람들은 신이나 신성한 것에게— 부복하던 습관을 나타내는 단어인데 하나님께 대한 경배 (worship) 에 사용되었다.[217] "프로스퀴네오"는 한글 개역성경에서 주로 "예배하다" (요 4:23, 24 ; 행 8:27), "경배하다" (마 4:10, 고전 14:25) 로 번역되었다. "라트류오" (λατρεύω) 는 "섬기다" (serve) 는 뜻인데, 그 명사형인 "라트레이아" (λατρεία) 는 종교적인 용도로는 하나님을 섬기거나 경배하는데 사용되었다.[218] "라트류오"는 한글 개역성경에서 주로 "섬기다" (마 4:10; 행 24:14; 히 9:14) 로 번역되었다. "프로스퀴네오"가 주로 하나님께 경배드리는 예배를 가리켜 사용되었다면,[219] "라트류오"는 종으로서 자신의 상전만을 섬겨야할 신분을 확인시켜주는 말이다.[220]

예배를 영어로 "worship" 또는 "service"라고 하는데, 일반적으로 "worship"은 "예배"를 뜻하고,[221] "service"는 "봉사"를 뜻한다.[222] 우리말의 "예배"라는 말은 사실상 영어의 "워십" (worship) 에서 번역된 것인데,[223] "워십"이란 말은 앵글로색슨어의 "워쓰사이프" (weothscipe) 에서 유래하여 "워쓰십" (worth-ship) 으로 되었다가 다시 "워십" (worship) 이란 말이 된 것이다.[224] worth-ship은 "가치" (worth) 를 의미하는 말과 "신분"을 의미하는 접미어 "십" (ship) 의 합성어로서, "존경과 존귀를 받을 가치가 있는 존재"라는 뜻을 가지고 있다.[225] worship은 worthship을 줄인 것으로,[226] "가치를 어떤 대상에게 돌리다.", 즉 "어떤 분이 존경받을 가치가 있다."는 뜻이다.[227] 예배를 의미하는 또 하나의 영어 단어는 service인데, 이것은 "노예"를 의미하는 라틴어 "servus"에서 유래된 것이다.[228] 웹스터 사전에 의하면 "섬기다"는 말인 영어의 "serve"는 라틴어 "servire"에서 온 것인데, 그 뜻은 "섬기다"(to serve), "하인 또는 노예가 되다"(to be a servant or slave)라는 뜻이다. [229] 그런 의미에서 "예배"(service)는 하나님의 종으로서 하나님을 섬기는 것을 의미하는 것이다.

이제 앞서 열거한 예배에 대한 용어들을 정리해 본다면, "경배하다"는 말인 worship은 헬라어 프로스퀴네오(προσκυνέω)와 히브리어 샤하아(שחה)에 해당하고, "섬기다"는 말인 service는 헬라어 라트류오(λατρεύω)와 히브리어 아바드(עבד)에 해당한다는 것이다. [230] 그리고 이 예배에 관한 용어들의 의미를 분석해 볼 때, 이 용어들 속에는 "경배"와 "섬김"이라고 하는 두 가지 개념이 들어 있음을 알 수 있다. 특별히 신약에서 "왕을 경배한다"는 말로 사용되던 "프로스퀴네오"를 차용하여 만왕의 왕이신 하나님을 예배한다는 말로 사용하고, 노예가 주인을 섬긴다는 말로 사용되던 "라트류오"를 차용하여 하나님을 섬긴다는 말로 사용하고 있다는 것을 주목할 필요가 있다.

2. 예배의 개념

앞에서 밝힌 바와 같이 예배에 관한 용어들 속에는 "경배"와 "섬김"이라고 하는 두 가지 개념이 들어 있음을 알 수 있는데, 그 중에서 먼저 "경배"에 대해서 살펴보고자 한다. "경배한다"는 말은 "엎드려 절한다, 꿇어 경배한다."는 것을 의미하며, 왕과 같은 지존자에 대한 존경과 감사의 표시이다. 그런 의미에서 하나님께서는 그 "존귀하신 존재"와 "행하신 일"로 인하여 경배 받으시기에 합당하신 분이시다. [231] 여기서 경배 받으시기에 합당하신 하나님의 존재를 말할 것 같으면, 하나님은 영원하시고 전능하신 절대자 창조주이시며, [232] 지극히 영화로우시며 존귀하신 만왕의 왕이시라는 사실이다. [233] 그러기에 하나님은 경배 받으시기에 합당하시며 우리는 영광과 존귀와 찬송을 그분에게 돌려야한다. 그리고 하나님의 행하신 일로 말할 것 같으면, 그 아들을 십자가의 제물로 내어주심으로 우리를 구속하셨고 온갖 은혜를 베풀어주시고 계신다.[234] 따라서 우리는 그 은혜에 감사하여 엎드려 절하지 않을 수가 없다. 이와 같이 우리는 하나님의 그 위엄과 영광스러움 앞에, 그리고 그 베푸신 은혜를 인하여 꿇어 경배하며 기도와 찬송과 감사를 올리지 않을 수가 없는 것이다. 오직 하나님만이 이러한 예배를 받으시기에 합당하신 분이시다.[235]

"섬긴다"는 말은 "종노릇한다, 봉사한다"는 것을 의미하는데, 하나님의 절대가치를 인정하며 감사가 넘치게 되면, 그것은 하나님을 위한 섬김 (봉사) 과 헌신 (봉헌) 으로 나타나게 된다.[236] 예배는 하나님을 섬기는 것이다. 그분은 위대하신 왕이시며 또한 우리는 그분의 백성인 동시에 그분의 종이다. 그러므로 우리는 하나님을 위해 봉사하며 하나님을 섬기는 것이다. 뿐만 아니라, 예배는 하나님께서 베푸신 은혜에 대하여 감사히 보답하는 행위이기도 하다.[237] 그러므로 예배를 통하여 우리는 우리의 시간과 물질과 마음을 드리는 것이며, 더 나아가서 우리 자신을 드리는 것이다.[238] 그렇기 때문에 참으로 하나님을 예배하는 자는 하나님께 순종하며 섬기는 삶으로 나타나게 되는 것이다.[239]

여기서 간과하지 말아야 할 중요한 사실이 하나 있다. 그것은 바로 이들 예배의 용어 속에는 공예배와 개인적인 헌신의 유기적인 통합이 나타나 있다는 사실이다. "경배"가 공예배와 관련된 개념이라고 할 수 있다면, "섬김"은 개인적인 헌신과 관련된 개념이라고 할 수 있다. 예배라고 하는 것은 본질적으로 공동체적 행위이다.[240] 이러한 공동체적 행위로서의 공예배는 하나님에 대한 공식적이고 공개적인 회중적 경배행사이다. 이 예배는 회중들이 감사한 마음으로 영광과 존귀와 찬송과 예물을 하나님께 드리는 것이다.[241] 우리는 예수께서 "두 세 사람이 내 이름으로 모인 곳에는 나도 그들 중에 있느니라" (마 18:20) 라고 하신 말씀에서 공예배에는 그리스도의 임재의 약속이 있음을 알 수 있다. 그렇기 때문에 우리는 공예배의 의미를 과소평가하지 말아야 한다.[242] 반면에 "섬김"은 개인적인 헌신과 관련되어 있다. 하나님의 구속의 은혜를 체험한 사람은 하나님을 위하여 살지 않을 수가 없다. 어찌 공예배 참석만으로 섬김을 다하겠는가? 하나님을 섬기는 삶 속에서 우리의 예배는 계속되게 된다.[243] 예배와 믿음의 삶이란 개념은 근본적으로 유리시킬 수 없는 상호의존의 연관성을 지니고 있다.[244] 그러므로 참된 예배는 공예배와 삶을 이원화하지 않고 오히려 유기적으로 그리고 역동적으로 통합시키는 것이다.[245] 이 점에 대하여 예배학자 제임스 화이트 (James F. White) 는 말하기를, "개인적 헌신은 공중예배나 교회적 예배와는 좀 다르지만 공중예배와 아무런 상관이 없는 것은 결코 아니다. 그러므로 개인의 헌신과 공중예배는 그리스도의 몸 된 우주적 공동체의 예배를 통하여 공유되는 것이므로 이 두 가지 예배는 상호보완적인 것이다."라고 하였다.[246]

3. 예배의 정의

예배에 대한 다양한 정의들이 있는데, 먼저는 "하나님께 대한 인간의 응답"으로 보는 견해들이 있다. 이들은 예배를 "하나님과의 만남", "계시와 응답"으로 정의한다. 다음은 이들에 의한 예배에 대한 정의이다.

> 휘튼대학의 로버트 웨버(Robert Webber) : 예배는 하나님과 그의 백성의 만남이다. 이 만남에서 하나님은 그의 백성들에게 자신을 나타내시고, 그의 백성들은 찬양

과 감사로 이에 응답한다. 예배는 우리들이 하나님의 인격과 그의 사역을 찬양하고 찬송하면서 하나님께 영광 돌리는 하나님과의 만남이다.[247]

영국의 예배학자인 R. 압바(Raymond Abba) : 예배는 본질적으로 응답인바 곧 하나님의 은혜의 말씀과 그가 우리 인간들과 우리의 구원을 위하여 행하신 일에 대한 인간들의 응답이다.[248]

성공회 신학자인 에버린 언더힐(Evelyn Underhill) : 모든 등급과 종류의 예배는 피조물의 영원자에 대한 응답이다.[249]

감리교 신학자인 폴 훈(Paul W. Hoon) : 기독교 예배란 예수 그리스도 안에서 자신을 보여주신 하나님의 계시와 그에 대한 인간의 응답이다. 또는 예수 그리스도 안에 있는 인간의 영을 향한 하나님의 역사와 예수 그리스도를 통하여 하나님께 응답하는 인간의 행위이다.[250]

서남침례신학교 목회학 교수인 프랭클린 지글러(Franklin Segler) : 기독교의 예배는 예수 그리스도 안에 나타난 하나님 자신의 인격적인 계시에 대한 인간들의 인격적인 신앙 안에서의 정성어린 응답이다.[251]

루터교 신학자인 피터 부르너(Peter Brunner) : 예배란 우리 주 하나님께서 성령을 통하여 우리에게 말씀하는 것으로서 인간인 우리가 기도와 찬송으로 그분에게 응답하는 것이며 그 외에 다른 것은 행해지지 않아야 한다.[252]

두 번째는 예배를 하나님께 영광을 드리는 것으로 보는 견해가 있다. 커버넌트 신학교 교수인 로버트 레이번 (Robert G. Rayburn) 은 "예배는 신자의 새 생명의 활동인데, 예수 그리스도의 인격에 나타난 신격 (Godhead) 의 충만과 그의 강력한 구속의 행위를 깨닫고, 성령의 능력으로 그에게 합당한 영광, 존귀, 순종을 살아계신 하나님에게 드리기를 노력하는 것이다."라고 하

였다.[253)]

세 번째는 예배를 교제와 대화로 보는 견해들이 있다. 죤 헉스터블 (John Huxtable) 은 "예배는 하나님과 그의 백성간의 대화이다."라고 하였고,[254)] 프랭클린 지글러 (Franklin Segler) 는 "예배는 그리스도 안에서 가지는 하나님과 사람과의 교제라"고 하였으며,[255)] 장로교의 김수학 목사는 "예배란 주 예수 그리스도를 중보로 하여 하나님과 사람, 곧 예배자와의 교제 혹은 만남의 징표가 되는 것이다."라고 하였다.[256)]

네 번째는 하나님을 경축 (celebration) 하는 것으로 보는 견해들이 있다. 폰 옥덴 포트 (Von Ogden Vogt) 는 "예배는 하나님의 선하심을 찬양하고 경축하기 위하여 일을 중지하는 것이다."라고 하였고,[257)] 풀러신학교 예배학 교수인 랄프 마틴 (Ralph Martin) 는 "예배는 영적이고 극적인 축제이다."라고 하였다.[258)]

이러한 모든 예배에 대한 정의들을 종합하여 정리해 본다면, "예배란 하나님과 그의 백성과의 만남이요 교제로서, 만왕의 왕이신 하나님 앞에 구속받은 그의 백성들이 나아와서 하나님의 그 위대하심과 그 베푸신 구속의 은혜를 인하여 감사와 찬양을 드림으로써 최고의 존귀와 영광을 하나님께 돌려드리는 일종의 경축 (celebration) 행위이다."라고 할 수 있다.

10

chapter

예배의 본질과 성격

1. 예배의 본질

본질적으로 예배는 그리스도 안에서 가지는 하나님과 사람과의 교제이다.[259] 그렇기 때문에 예배의 본질은 하나님과 사람의 영적인 만남과 교제라고 할 수 있다. 하나님과의 만남이 없이는 하나님과의 교제도 있을 수 없고 하나님의 계시와 인간의 응답이라는 영적인 대화도 발생할 수 없다. 그런 의미에서 하나님과의 만남의 감격을 이루는 것은 기독교 예배의 특색이라 아니할 수 없다.[260]

아담의 범죄를 인하여 인간은 하나님과 단절되고 하나님을 만날 수도 없고 가까이 할 수도 없었다. 그러나 그리스도의 구속의 은혜로 인하여 인간은 다시 하나님 앞에 나아가서 하나님을 찬양하며 경배할 수 있게 되었다.[261] 그렇기 때문에 예배의 중심에는 예수 그리스도 안에서 이루어진 하나님과의 화목의 복음이 선포됨을 통하여 하나님께서는 인간에게 말씀하시고 예배에 참여한 회중은 하나님의 은혜에 대하여 모든 감사와 찬양과 영광을 하나님께 드리는 거룩한 영적 교제가 이루어지게 되는 것이다.[262] 이것이 바로 예배의 본질이다. 이러한 예배의 본질을 이해하기 위해서는 다음과 같은 요소들을 살펴볼 필요가 있다.

첫째는 "예배의 기원이며, 이유"이다. 우리는 왜 예배하는가? 하나님께서 예배를 원하시기 때문이다. 예배는 하나님의 뜻이다. 이것이 바로 "예배의 기원이며, 이유"이다. 하나님께서는 하나님의 영광을 위해서 우리를 창조하셨고 (사 43:7), 우리로 하여금 하나님의 찬송을 부르게 하시려고 우리를 지으셨다 (사 43:21).[263] 뿐만 이니라, 그리스도를 통해서 우리를 구원하신 것도 우리로 그의 영광의 찬송이 되게 하려 하심이라고 성경은 말하고 있다 (엡 1:7, 12).[264] 예배는 인간으로부터 기원된 것이 아니라 하나님의 뜻과 명령에 의한 것이다.[265]

둘째는 "예배의 기초와 근거"이다. 우리는 어떻게 하나님 앞에 나가서 예배할 수 있게 되었는가? 그것은 예수 그리스도의 십자가의 구속 때문이다.[266] 이것이 바로 "예배의 기초와 근거"가 되는 것이다.[267] 죄사함을 받지 못한 자는 왕이신 하나님 앞에 나아가서 경배할 수 없다. 왜냐하면 죄의 삯은 사망이요, 죄로 인해 우리는 하나님과 원수가 되었기 때문에 (골 1:21)[268] 하나님께 가까이 할 수 없고 하나님을 만날 수도 없기 때문이다. 성경은 말하기를 "죄의 삯은 사망이라 (롬 6:23)"고 하였고, "그리스도 예수 안에서 그리스도의 피로 가까워졌느니라" (엡 1:13) 고 하였다. 오직 그리스도의 십자가 구속의 은혜로 인하여 인간은 다시 하나님 앞에 나아가서 하나님을 찬양하며 경배할 수 있게 된 것이다.[269] 그렇기 때문에 예수 그리스도의 십자가의 구속은 예배의 기초와 근거가 되는 것이다.

셋째는 예배의 대상이다. 우리는 누구에게 예배하는가? 하나님께만 예배를 드린다. 그렇기 때문에 하나님만이 예배의 대상이 되신다. 따라서 하나님 외에 어떤 인간이나 다른 존재에게 초점이 맞춰지는 예배는 진정한 예배가 아니다. 어느 날 A. W. 토저 (Aiden Wilson Tozer) 는 멕시코에 있는 고풍스런 성당에서 한 여인의 진지한 예배의 모습을 보았다. 그러나 그녀의 예배는 하나님께서 받으실 수 없는 예배였다. 왜냐하면 그녀의 예배는 인간이 손으로 만든 마리아 조각상에 쏟아 붓고 있는 것이었기 때문이다.[270] 마리아나 성인들에게 드려지는 예배는 진정한 예배가 될 수 없고, 사람에게 기쁨을 주고 사람에게 영광을 돌리며 사람을 위해서 드리는 예배도 결코 진정한 예배가 될 수 없다. 오직 하나님만이 예배의 대상이 되시기 때문이다.

넷째는 예배자이다. 누가 하나님께 예배드릴 수 있는가? 하나님께로부터 죄사함을 받은 자, 하나님의 자녀가 되고 하나님의 백성이 된 자들만이 하나님께 예배를 드릴 수 있다.[271] 새들백 교회의 릭 워런 (Rick Warren) 은 그의 책 「새들백 교회 이야기」에서 "믿는 자만이 진정으로 하나님께 예배드릴 수 있다. 예배의 방향도 믿는 자로부터 하나님께로 이다…불신자들은 이렇게 할 수가 없다"고 하였다[272] 아무나 하나님께 나아와서 하나님께 경배할 수 있는 것이 아니다. 오직 예수 그리스도의 피로 구속받은 하나님의 백성들만이 하나님께 나아와서 경배할 수가 있는 것이다.

다섯째는 예배의 목적이다. 우리는 무슨 목적으로 예배하는가? 우리 자신의 기분전환이나 스트레스 해소를 위해서인가? 아니면 종교적 덕성의 함양이나 지식을 위해서인가? 그도 아니면 우리 자신의 현실적인 문제를 해결받기 위해서인가? 우리가 예배하는 진정한 목적은 하나님께 영광을 돌리기 위해서이다. 우리가 만일 하나님을 영화롭게 하고 존귀하게 해드리는 것 이외에 다른 어떤 목적을 가지고 예배하고자 한다면 진정한 예배에서 멀어진 것이다.[273] 물론 예배를 참되이 잘 드림으로 우리가 은혜를 받고 기도가 응답되고, 문제가 해결되고 하나님의 축복을 받는 것은 사실이다. 그러나 그것은 예배를 받으신 하나님께서 베풀어 주시는 것들이지, 우리가 하나님을 예배하는 목적은 아니다. 예배의 진정한 목적은 하나님의 영광이다.

여섯째는 예배의 전제조건이다. 예배의 본질이 하나님과의 만남과 영적인 교제에 있다면, 진정한 예배에 꼭 필요한 전제 조건은 하나님의 임재하심이다. 사람들이 아무리 많이 모였다 하더라도 그곳에 하나님께서 임재하시지 않는다면, 하나님과의 만남과 교제라고 하는 신령한 사건은 발생하지 않는다. 그렇다면 비록 훌륭한 설교가 있고, 감사와 찬양과 기도와 예물이 있다 하더라도 예배라고 하는 진정한 사건은 발생할 수 없는 것이 된다. 따라서 참된 예배에는 반드시 "하나님의 임재"라고 하는 전제조건이 먼저 충족되어야만 하는 것이다.

일곱째는 예배의 결과이다. 참된 예배에는 적어도 두 가지 결과가 따라오게 된다. 하나는 하나님께서 영광을 받으시고 기뻐하신다는 것이고, 다른 하나는 예배를 드리는 자들은 하나님께로부터 은혜와 축복을 받는다는 것이다. 하나님께서는 신령과 진정으로 예배를 드리는 참된 예배자들을 찾고 계시고 (요 4:23),[274] 그 예배를 기뻐 받으시며 영광을 받으신다. 그리하여 자신에게 참되게 예배하는 자들에게 때를 따라 돕는 은혜를 베풀어 주시는 것이다 (히 4:16).[275]

2. 예배의 성격

예배의 용어와 개념 및 본질 등을 분석해보면 몇 가지 분명한 예배의 성격들이 들어나게 된다. 주요한 예배의 성격들을 몇 가지로 제시하면 다음과 같다.

첫째, 예배는 일종의 신앙고백 행위이다. 우리가 하나님께 예배를 드린다는 것은 그분이 예배 받으시기에 합당하신 분이라는 것을 믿고 있음을 전제하는 것이다. 즉 하나님께서는 지극히 존귀하신 절대자시요, 창조주시며, 만왕의 왕이심을 믿기 때문에 예배하는 것이요,[276] 하나님께서 그 아들 예수를 십자가를 통하여 우리를 구속하셨을 뿐만 아니라, 지금도 은혜와 사랑으로 돌보고 계심을 믿기 때문에 예배하는 것이다. 하나님의 하나님 되심과 하나님의 베푸신 은혜가 믿어지지 않는다면 진정으로 하나님께 예배드릴 수가 없을 것이다.[277] 우리가 하나님을 예배한다는 것은 바로 하나님에 대하여 이 두 가지 사실을 믿고 인정한다는 것이다. 그런 의미에서 예배는 하나님께 대한 신앙고백인 것이다.[278]

둘째, 예배는 특권이다. 아무나 왕 앞에 나아가서 알현하고 경배할 수 있는 것은 아니다. 왕의 친족들(Royal family)이나 대신들에게나 그러한 권한이 주어지는 것이다. 또한 왕을 대적하거나 대역죄를 범한 자들은 왕에게 나아가 경배하기는커녕 징벌의 대상이다. 그렇기 때문에 왕에게 사면을 받은 자들만이 왕을 경배할 수 있다. 이와 같이 만왕의 왕이신 하나님 앞에 나아가서 경배할 수 있는 것은 그리스도의 피로 죄사함을 받은 자들의 특권이요 하나님의 자녀로, 하나님 나라의 백성이 된 자들의 특권인 것이다. 성경은 말하기를 우리 그리스도인들은 "택하신 족속이요 왕 같은 제사장들이요 거룩한 나라요 그의 소유된 백성이라"(벧전 2:9)고 하였다. 이것은 그리스도인들이 하나님께 예배드릴 수 있는 특권을 가진 자들임을 알게 해주는 말씀이다. 그런 면에서 볼 때에 예배는 신자들에게 지워진 무거운 의무와 짐이 아니라 오히려 특권인 것이다. 불신자들, 구원받지 못한 자들, 죄사함 받지 못한 자들 하나님의 자녀 되지 못하고, 하나님의 백성이 되지 못한 자들은 결코 하나님 앞에 나아가서 예배드릴 수가 없다.[279] 오직 참된 그리스도인들만이 하나님의 보좌 앞에 담대히 나아갈 수 있는 것이다 (히 4:16).[280]

셋째, 예배는 신령하게 드리는 것이다. 복음적 예배의 특징은 더 이상 의문의 묵은 것으로 드리는 것이 아니라 영의 새로운 것으로 섬긴다는 것이다(롬 7:6).[281] 구약의 제사와 같이 의식문에 따라서가 아니라[282] 신령과 진정으로 드리는 (요 4:24) 영적 예배를 드려야 하는 것이다 (롬 12:1).[283] 예배는 본질적으로 의식적인 예전 (ritual liturgy) 이 아니라, 성령 안에서 하나님과의 영적인 만남과 교제이기에 그 자체가 신령한 (spiritual) 것이라는 말이다. 그러기에 기독교의 예배는 "새 언약 시대의 영적 예배"이므로,[284] 구약의 제사나 천주교의 미사와 같은 의식주의적인 예전과는 달리 자발적이고 자유로운 예배이다.[285]

넷째, 예배는 드리는 것이다. 이 말은 예배가 하나님으로부터 무엇을 받는 것이 아니라, 오히려 우리가 하나님께 받은바 은혜를 감사함여 드리는 것이라는 것이다. 서남침례신학교 목회학 교수인 프랭클린 지글러 (Franklin Segler) 는 말하기를 "예배의 목적은 첫째로 하나님으로부터 복을 받는데 있지 않고 하나님께 바치는데 있다"[286]고 하였다. 때로 사람들은 하나님 앞에 예배드리러 올 때, 하나님으로부터 무엇인가를 받으러 오는 경향이 있다. 위로와 격려를 받고 은혜와 축복을 받으러 온다. 이렇게 하나님으로부터 무엇인가를 받으러 오는 사람은 하나님께 드리지도 못하고, 또한 받지도 못하게 된다. 그러나 하나님께 드리러 오는 사람들은 하나님께 드리는 기쁨을 맛볼 뿐만 아니라, 예배를 기쁘게 받으신 하나님으로부터 은혜와 축복을 받는 기쁨도 누리게 된다. 예배는 본질적으로 하나님의 그 위대하심과 우리에게 베푸신 은혜를 인하여 하나님께 감사와 존귀와 영광과 찬송과 기도와 예물을 드리는 것이다. 그러므로 예배자의 태도는 무엇을 얻고자 함이 아니라 무엇을 드릴 수 있을까 이어야 한다.[287]

다섯째, 예배는 회중적이고, 공동체적이다. 예배는 본질적으로 공동체적 행위이기 때문에 고립된 개개인의 행위가 아니라 교회 전체의 행위이다.[288] 혼자 드리는 것을 예배라고 하지 않는다. 혼자 하나님을 찬양하고 기도하고 말씀 보는 것을 우리는 개인적인 경건의 시간, 즉 Q. T.(Quiet Time) 라고 한다. 예배는 일차적으로 공예배를 의미한다. 그것은 교회와 하나님 나라가 회중적이고, 예배는 교회 공동체를 통한 회중적 행위이기 때문이다. 주님께서는 회중 가운데 임재하신다는 약속을 하셨고 (마18 :20), 초대교회는 날마다 성전에 모이기를 힘썼으며 (행 2:46), 말세가 될수록 모이기를 폐하지 말라 (히 10:25)고 하셨다.[289] 예배 공동체로서의 교회는 하나님께 드리는 예배가 "나"라는 개인보다 "우리"라는 전체성을 내포하여야 한다.[290]

여섯째, 예배는 경축적 (慶祝的) 이다. 예배는 슬픈 장례식이 아니다. 교장 선생님의 훈시를 듣는 조회도 아니다. 예배는 본질적으로 역사 안에서 행하신 하나님의 활동의 경축이다.[291] 예배는 구속과 해방의 역사를 체험한 기쁨으로 감사, 영광, 찬송을 하나님께 드리며 예물을 드림으로 경축 (축하) 하는 행위이다.[292] 이 예배라고 하는 회중적 축하공연에서는 예배에 참석한 회중이 관객이 아니고, 오직 그 공연을 즐겁게 보시고 기뻐하실 하나님이 관객이시다. 목회자가 홀로 공연하고 회중은 관객이 되어서 구경하고 가는 예배는 진정한 예배가 아니다. 참석하지 않으면 벌받을까봐서 억지로 심각하게 참석하는 것도 진정한 예배가 아니다. 진정한 예배는 기쁘고 감사하고, 즐겁고, 소망이 넘치는 예배로 하나님께 드려지는 축하공연이 되어야 한다. 실제로

예배는 그리스도 안에서 하나님의 선하심과 위대하심을 찬양하고 경축하는 복음의 축제인 것이다.[293)]

일곱째, 예배는 삶과 분리될 수 없다. 하나님을 기쁘시게 하는 섬기는 삶이 없이는 공예배가 의미가 없다 (롬 12:1)[294)] 진정한 예배는 우리의 삶 전체를 통해 드려지는 예배여야 한다. 예배의 생활화가 이루어지지 못할 때 예배자들은 이중적이고 형식적이며 위선자적인 사람이 된다.[295)] 예배를 통해 하나님과의 만남과 은혜를 체험한 사람은 하나님 말씀에 대한 바른 반응으로서의 삶이 뒤따르기 마련이다. 그래서 주일 오후부터 다음 주일 오전까지 일상생활 속에서 신령과 진정으로 몸으로 산 제사를 드려야 한다는 말이다.[296)] 하나님은 진실로 예배하는 자에게 당신의 마음을 보여주시고 또한 열정도 부어주셔서 이 땅에 하나님 나라의 건설을 위하여 온전한 헌신을 할 수 있도록 그 삶 가운데 역사하신다.[297)] 그리고 그러한 삶은 다음의 예배를 뒷받침하게 되는 것이다.

예배의 중요성

구약의 이스라엘도 신약의 교회도 예배 공동체이다.[298] 그만큼 하나님을 섬기는 신앙공동체에 있어서는 예배가 가장 중요한 자리를 차지하고 있는 것이다.[299] 하나님을 섬기는데 있어서 예배는 왜 그리 중요하고 필요한가?

첫째, 예배는 곧 신앙을 보존하는 외적 보호벽이 되기 때문이다. 다시 말해서 이 예배가 없다면 우리의 믿음은 존재 할 수도 없다는 것이다. 물론 중요한 것은 내용물이지 껍데기인 형식이 아니다. 하지만 외적 형식이 없으면 내용물이 죽는다. 컵이 없으면 우유는 쏟아질 것이며, 포장 박스가 없으면 그 안에 들어 있는 것들은 흐트러질 것이다. 예를 들어서 우리에게 정작 필요한 것은 콩 알맹이 이지만, 만약에 콩깍지가 없다면 콩 알갱이는 어떻게 될 것인가? 콩깍지를 통해서 수분과 영양을 공급받지도 못하고 뜨거운 햇볕에 견딜 수도 없어 결국은 메마르게 되어 죽고 말 것이다. 이와 같이 믿음이라고 하는 내용물은 예배라는 보호벽이 없이는 메마르게 된다. 예배를 참석하지 않는 자는 점점 신앙이 고갈되고 결국에는 믿음을 떠나서 세상으로 돌아가게 되는 것을 종종 보게 된다. 이와 같이 예배는 우리의 믿음을 지켜주는 신앙의 보호벽이 되기 때문에 꼭 필요하며 매우 중요한 것이다.

둘째, 예배는 하나님께 영광 돌리는 최고의 방법이기 때문에 중요하다. 인생의 목적은 하나님께 영광 돌리는 것이다. [300] 그런데 하나님께 영광 돌리는 방법에는 간접적인 방법이 있고 직접적인 방법이 있다. 하나님께 영광 돌리는 간접적인 방법들은 여러 가지가 있다. 우선 우리가 열매를 많이 맺으면 하나님께서 영광을 받으신다 (요15:8). [301] 영혼들을 많이 전도하여 구원시키는 구령의 열매를 많이 맺으면 영광을 받으실 것이고, 하늘에서 별과 같이 영원토록 비취게 될 것이다 (단 12:3). [302] 그리고 우리가 착한 행실을 하게 되면 우리는 세상의 빛이 되고 사람들은 하나님께 영광을 돌리게 된다 (마 5:16). [303] 그러나 그것이 무슨 방법이든지 이러한 모든 것들은 그 일로 인하여 결과적으로는 하나님께 기쁨이 되고 영광이 된다고 하는 것이지, 직접적으로 하나님을 높여드리고 칭송하는 방법은 아니다. 오직 직접적으로 하나님께 영광을 돌리는 유일한 방법은 예배밖에 없다. 예배는 하나님을 직접 만나서 하나님을 찬송하며, 감사하며, 예물을 드리며, 하나님을 기쁘시게 영광 돌리는 유일하고도 직접적인 방법이다. 그렇기 때문에 예배보다 더 하나님을 영화롭게 하는 방법은 없다. 예배는 하나님께 영광 돌리는 최고의 방법인 것이다. 그러므로 진실하게 하나님께 예배드리는 것을 대신할 수 있는 것은 이 땅위에 아무것도 없다. [304]

셋째, 예배는 신앙의 성숙과 하나님의 축복을 가져오기 때문에 중요하다. 예배는 하나님과의 만남이고 교제이다. 사람은 자기가 만나고 교제하는 사람의 영향을 받으며 그 사람을 닮게 된다. 그러므로 신자는 예배를 통하여 하나님의 은혜를 받고 하나님과 친밀해지며 하나님의 영향을 받아서 하나님을 닮아가는 신앙의 성숙을 이루게 되는 것이다.[305] 성경은 우리에게 예수를 본받아서 예수님의 장성한 분량에 이르도록 자라라고 하였다.[306] 참으로 신자는 예배를 통해서 주님을 닮아가는 신앙적 성숙을 이루게 된다. 더구나 믿음은 말씀을 들음에서 생긴다 (롬 10:17).[307] 예배에 참석하여 말씀을 들을 때마다 믿음이 생겨나고, 믿음이 자라게 되는 것이다. 뿐만 아니라, 신자는 예배를 통해서 은혜를 받고 축복을 받는다. 사람은 자주 만날수록 친밀해진다. 마찬가지로 신자가 예배를 통해서 하나님을 자주 만날수록 하나님과 친밀해진다.[308] 그리고 하나님과 이렇게 친밀하게 되면 복이 임한다고 성경은 말하고 있다 (욥 22:21).[309] 예배는 하나님을 기쁘시게 하며, 하나님은 자기를 기쁘시게 하는 자들에게 은혜와 축복을 내려주신다. 하나님의 은혜의 보좌 앞에 나아가는 자들은 때를 따라 돕는 은혜를 받는 것이다 (히 4:16).[310]

예배의 원리

지금까지 우리는 예배의 의미와 본질, 그 성격 등에 대하여 살펴보았다. 이제는 어떻게 예배를 드리는 것이 참되게 예배를 드리는 것인지, 예배의 원리에 대하여 살펴보고자 한다.

첫째, 예배는 하나님 중심이어야 한다. 예배는 본질상 하나님과의 만남이요 교제이며, 하나님께 감사와 찬송과 영광을 돌리는 것이다.[311] 그렇기 때문에 우리가 예배를 드려야 할 대상은 오직 하나님이며, 예배의 목적은 하나님께 영광을 돌리고 하나님을 영화롭게 하는 것이다. 따라서 예배는 철저하게 하나님 중심이어야 한다. 하나님 외에 그 어떠한 사람이나 존재도 예배의 중심이 될 수는 없다. 그럼에도 불구하고 우리 시대의 문제는 "우리 예배의 초점이 하나님과 하나님의 영광 대신에 사람과 사람의 필요에 있는 실정이다."[312]

둘째, 예배는 그리스도 안에서 드려야 한다.[313] 그 이유는 여러 가지이다. 먼저는 예배가 그리스도의 십자가 구속의 역사적 토대 위에서만 가능하기 때문이다.[314] 그 이유는 죄로 말미암아 하나님과 원수 되었던 우리가 그리스도의 십자가 구속에 의해서 죄사함 받고 하나님과 화해되었기 때문이다 (골 1:20-22).[315] 예배는 그의 구속사역 때문에 그리스도 안에서, 그리고 그리스도를 통하여 이루어지는 것이다.[316] 또한 그리스도는 오늘도 하나님 우편에서 우리를 위하여 기도하고 계시며 (롬 8:34), 예배 가운데 임재하시며 (마 18:20),[317] 우리의 대언자가 되신다 (요일 2:1). 그러므로 진정한 예배는 그리스도 안에서만 가능하다. 뿐만 아니라 하나님께서는 그리스도를 통하여 온갖 좋은 선물을 주신다 (롬 8:32, 빌 4:19).[318] 참으로 하나님께서는 그리스도를 통해서 구원과 온갖 축복을 예배자들에게 주신다.[319] 그러므로 예배는 그리스도 안에서 드려야 한다.

셋째, 예배는 성령의 인도하심으로 드려야한다. 예배는 하나님의 위대하심과 베푸신 은혜에 대한 응답이다. 그러한 하나님의 위대하심과 은혜를 깨닫도록 감동하시고 바르게 응답하도록 역사하시는 이는 성령이시니 그러므로 성령 안에서만 질서 있고 의식에 빠지지 않는 자유로운 참된 예배가 가능하다. 예수께서는 "하나님은 영이시니 예배하는 자가 신령과 진정으로 예배할찌니라" (요 4:24) 고 말씀하셨다. 신령과 진정으로 드리는 예배는 성령의 인도하심으로 드리는 예배이다.[320] 성령은 예배 속에서 우리로 하여금 예배를 드릴 수 있도록 능력을 주시는데 본질적 역할을 하신다.[321] 그렇기 때문에 예배는 성령의 역사하심과 인도하심으로 드려야한다.

넷째, 예배는 계시와 응답의 원리가 적용되어야 한다. 예배는 존귀하신 하나님의 인격과 그의 베푸신 은혜에 대한 인간의 반응이기 때문이다.[322] 예배의 대상인 하나님의 은총을 깨달은 하나님의 백성만이 참된 감사와 찬양과 헌신과 고백의 응답을 드릴 수 있는 것이다.[323] 그렇다면 먼저 그 하나님의 위대하심과 우리에게 베푸신 구속의 은혜가 선포되어야만 그에 대한 반응이 있을 수 있다.[324] 그러므로 먼저 말씀의 선포로서 응답을 불러 일으켜야만하고, 또한 하나님에 대한 바른 응답으로서의 감사의 고백과 찬송, 예물 등의 드림이 있어야 한다. 이러한 주고받는 영적 선물의 교환, 혹은 대화, 혹은 교제가 예배의 본질이며 원리이다. 이 하나님의 계시와 인간의 응답 속에서 만남이 이루어지고 이 만남을 통해서 인간은 하나님께 경배와 영광을 돌리고 인간은 새로워지고 변화되며 새 비전과 새 사명을 부여받게 된다.[325] 다시 한 번 강조한다면, 예배가 그리스도인들의 진정한 응답이 되기 위해서는 말씀은 예배자들의 응답을 불러일으키기 전에 선포되어야 하며, 예배자의 눈앞에 하나님의 계시의 위대한 역사적 사실을 구체적으로 제시하여 줌으로써 예배하는 교회가 참회와 감사와 헌신과 겸손과 봉사와 찬양으로 응답할 수 있도록 하여야 한다.[326]

다섯째, 예배는 회중적이고 공동체적이어야 한다. 기독교 신앙은 원래가 공동체적이고,[327] 예배는 그 성격상 개인적이 아니라 회중적이다.[328] 함께 모여서 하나님을 예배하는 것이 신구약과 역사의 증거이며 모범이다. 영국의 예배학자 R. 압바 (Raymond Abba) 는 말하기를 "교회의 그 주요한 기능 중의 하나와 그 존재 이유의 하나는 하나님께 대하여 교회의 공동적인 예배를 드리는 것이라"고 하였다.[329] 그러므로 예배드리러 모이기에 힘써야 한다. 초대교회가 그러했고 (행 2:46), 주님의 종말론적 부탁이 그러하다 (히 10:25).[330]

여섯째, 예배는 회중을 준비시키는 것이어야 한다. 예배를 통해서 회중은 하나님을 만나고, 교제하고 체험하며 말씀을 듣는다. 그래서 하나님의 뜻을 깨닫고 감동받고 결단한다. 그 결과 자신을 성결케 하며, 삶을 고치며, 복음을 선포하며, 선을 행하고, 천국을 유업으로 소유할 준비를 한다. 그렇게 하여 변화되어야 한다. 그러므로 예배는 회중을 준비시키는 것이다. 세상 속에서 빛과 소금이 되도록, 그리스도의 증인이 되도록, 복음을 전하도록, 제자답게 살도록, 천국 백성 되기에 합당하게 준비하도록 준비시키는 것이다. 단순한 의식으로 끝나거나, 감정적 만족으로 끝나서는 안 된다. 예배는 신자들에게 도전하고 훈련시키고, 교육하며, 결단하도록 해야 한다.

이와 같이 볼 때, 기독교 예배는 신약성경과 초대교회에서 기원하며 종교 개혁자들의 맥을 잇는 복음적인 예배인 것을 알 수 있다. 종교개혁자들은 천주교 미사를 비판하고 개혁하여 초대교회적인 복음적 예배를 추구하였고 그 후세대에 커다란 영향을 끼쳐서 오늘날의 기독교 예배의 형성에 큰 공헌을 하였다. 기독교 예배의 기본 개념은 경배와 섬김인데, 하나님의 계시와 인간의 응답으로서의 예배의 본질은 하나님과 사람의 영적인 만남과 교제라고 할 수 있다. 예배는 어디까지나 하나님 중심으로 그리스도 안에서 성령의 인도하심으로 드려져야 하고, 계시와 응답의 원리가 적용되어야 하며, 회중적이어야 하면서 또한 회중을 준비시키는 것이어야 한다.

1) 「기독교대백과사전」, 제13권(서울: 기독교문사, 1984), p. 1312.

2) 토마스 M. 린제이, 「종교개혁사(1)」, 이형기 · 차종순 역(서울: 대한예수교장로회총회출판국, 1990), p. 446.

3) 토마스 M. 린제이, 「종교개혁사(1)」, p. 446.

4) 차종순, 「교리사」 (서울: 한국장로교출판사, 1993), p. 244.

5) 차종순, 「교리사」, p. 244.

6) 차종순, 「교리사」, p. 244.

7) 차종순, 「교리사」, p. 245.

8) 차종순, 「교리사」, p. 246.

9) 차종순, 「교리사」, p. 248.

10) 토마스 M. 린제이, op. cit., p. 452.

11) 박도식, 「가톨릭 교리사전」 (서울: 가톨릭출판사, 1985), p. 93.

12) R. 로올러 · D. 우얼 · T. 로울러 편, 「그리스도의 가르침」, 오경환 역, 중판(서울: 성바오로출판사, 1983), p. 274. - 이번에 새로 교황의 직에 오른 베네딕트 16세는 여러 차례 '비카톨릭교회'는 자체적으로 심각한 결함을 가지고 있다고 비판했으며 카톨릭만이 '구원의 충분한 수단'을 가지고 있다고 강조했는데(국민일보, 2005. 4. 22., p. 26.), 그가 말하고 있는 것도 역시 성품성사(사제직)를 가리키는 것으로 추정된다.

13) 존 오브라이언, 「억만인의 신앙」, 정진석 역(서울: 가톨릭출판사, 1960), p. 322.

14) 이상규, 「교회 개혁사」 (서울: 성광문화사, 1997), pp. 38-39.

15) 일리온 T. 존스, 「복음적 예배의 이해」, 정장복 역(서울: 대한예수교장로회총회출판국, 1988), p. 152.

16) 일리온 T. 존스, 「복음적 예배의 이해」, pp. 152-153.

17) 로버트 웨버, 「예배학」, 김지찬 역(서울: 생명의말씀사, 1988), pp. 88-89.

18) 시드니 휴튼, 「기독교 교회사」, 정중은 역(서울: 종합선교—나침반사, 1988), p. 128.

19) 정승훈, 「말씀과 예전」 (서울: 대한기독교서회, 1998), p. 30.

20) 김득룡, 「현대교회 예배학 신강」 (서울: 총신대학출판부, 1985), p. 85.

21) 김득룡, 「현대교회 예배학 신강」, p. 85.

22) 프랭클린 M. 지글러, 「예배학 원론」, 정진황 역(서울: 요단출판사, 1979), p. 56.

23) 정장복, 「예배학 개론」 (서울: 종로서적출판주식회사, 1985), p. 93.

24) William D. Maxwell, 「예배의 발전과 그 형태 · 기독교 예배의 역사 개관」, 정장복 역(서울: 쿰란출판사, 1996), p. 102.

25) 이상규, 「교회개혁사」, p. 20.

26) 이상규, 「교회개혁사」, p. 20.

27) 이상규,「교회개혁사」, p. 88.

28) 마가렛 딘슬리,「중세교회 역사」, 박희석 역(서울: 기독교문서선교회, 1993), pp. 319-320.

29) 차종순,「교리사」, p. 244.

30) 토마스, M. 린제이,「종교개혁사(1)」, p. 446.

31) 차종순,「교리사」, p. 244.

32) 김영재,「교회와 예배」(경기: 합동신학대학원출판부, 1995), p. 89.

33) 정일웅,「기독교 예배학 개론」, 개정증보판(서울: 도서출판 솔로몬, 1996), p. 92.

34) 정장복,「예배학 개론」(서울: 종로서적출판주식회사, 1985), p. 45.

35) 일리온 T. 존스,「복음적 예배의 이해」, 정장복 역(서울: 대한예수교장로회총회출판국, 1988), p. 25.

36) 박은규,「예배의 재발견」(서울: 대한기독교출판사, 1988), pp. 121-122.

37) 이형기,「종교개혁 신학사상」(서울: 장로회신학대학출판부, 1984), pp. 183-184.

38) 오덕교,「종교개혁사」, p. 86.

39) 이호형, "예배의 발전과 변천 : 로마교회 예전의 발전과 개혁자의 예전 개혁,"「한국 여성신학」, 41호 (한국여성신학회, 2000년 봄), pp. 89-90.

40) 박근원,「현대신학 실천론」(서울: 대한기독교서회, 1998), p. 211.

41) 제임스 F. 화이트,「개신교 예배」, 김석한 역(서울: 기독교문서선교회, 1997), p. 69.

42) 정장복,「예배학 개론」(서울: 종로서적출판 주식회사, 1985), p. 103.

43) 프랭클린 M. 지글러,「예배학 원론」, 정진황 역(서울: 요단출판사, 1979), p. 57. - 1) 에서 6) 까지는 Maxwell이 정리한 것을 프랭클린 M. 지글러가 소개한 것이다.

44) 박은규,「예배의 재발견」(서울: 대한기독교출판사, 1988), pp. 124-126.

45) 이형기,「종교개혁 신학사상」, pp. 188-189.

46) 제임스 F. 화이트,「개신교 예배」, 김석한 역(서울: 기독교문서선교회, 1997), p. 95.

47) 제임스 F. 화이트,「개신교 예배」, p. 96.

48) 제임스 F. 화이트,「개신교 예배」, p. 97.

49) 이상규,「교회 개혁사」(서울: 성광문화사, 1997), p. 102.

50) 오덕교,「종교개혁사」, p. 118.

51) 루이스 W. 스피츠,「종교개혁사」, 서영일 역(서울: 기독교문서선교회), p. 146.

52) 이상규,「교회개혁사」, p. 102.

53) 제임스 F. 화이트,「개신교 예배」, p. 96.

54) 오덕교,「종교개혁사」, pp. 123-126.

55) 오덕교,「종교개혁사」, p. 126.

56) 이상규,「교회개혁사」, pp. 107-108.

57) 오덕교,「종교개혁사」, p. 127.

58) 오덕교,「종교개혁사」, p. 127. - 재세례파에 대한 자세한 내용은 본 논문의 주요 논제가 아니므로 생략한다.

59) 오덕교,「종교개혁사」, p. 128.

60) 오덕교,「종교개혁사」, p. 128.

61) 로버트 하인리히 와닝거,「쯔빙글리의 종교개혁 이야기」, 정미현 역(서울: 한국장로교출판사, 2002), pp. 31-33.

62) 일리온 T. 존스,「복음적 예배의 이해」정장복 역(서울: 대한예수교장로회총회출판국, 1988), p. 160.

63) 정일웅,「기독교 예배학개론」, 개정증보판(서울: 도서출판 솔로몬, 1996), p. 97. Ave Maria는 마리아를 위한 기도가 아니라, 누가복음에 나타난 마리아의 찬송을 중심으로 하나님을 찬양하는 순서로 사용되다가 1563년에 삭제된 것으로 전해진다. - Bard Thompson, Liturgies of the Western Church(N. Y.: World Publishing Co., Inc., 1961), pp. 147-148.를 참조할 것.

64) 일리온 T. 존스,「복음적 예배의 이해」, p. 160.

65) 울리히 개블러,「쯔빙글리」, 박종숙 역(서울: 아가페출판사, 1993), p. 120.

66) William D. Maxwell,「예배의 발전과 그 형태 · 기독교 예배의 역사 개관」, 정장복 역(서울: 쿰란출판사, 1996), p. 122.

67) 이상규,「교회개혁사」, p. 108.

68) 제임스 F. 화이트,「개신교 예배」, p. 99.

69) 정승훈,「말씀과 예전」, p. 35. - 제임스 F. 화이트,「개신교 예배」, p. 98 참조.

70) 유스토 L. 곤잘레스,「종교개혁사」, 서영일 역(서울: 은성, 1988), p. 85.

71) 이상규,「교회개혁사」, p. 109.

72) 로버트 하인리히 와닝거,「쯔빙글리의 종교개혁 이야기」, p. 12.

73) 울리히 개블러,「쯔빙글리」, p. 121.

74) 로버트 하인리히 와닝거,「쯔빙글리의 종교개혁 이야기」, p. 12.

75) William D. Maxwell,「예배의 발전과 그 형태 - 기독교 예배의 역사 개관」, p. 121.

76) 오덕교,「종교개혁사」, p. 127.

77) 제임스 F. 화이트,「개신교 예배」, p. 100.

78) 1525년 취리히에서 미사가 폐지되었다.- 오연수,「종교개혁사」(서울: 도서출판 한글, 2000), p. 102.

79) 루터는 1526년「독일 미사」를 발행했다.-이형기,「종교개혁 신학사상」, p. 186.

80) 이호형, "예배의 발전과 변천 : 로마교회 예전의 발전과 개혁자의 예전개혁",「한국여성신학」, 제 41호(한국여성신학회, 2000 봄), p. 91.

81) 제임스 F. 화이트,「개신교예배」, 김석한 역(서울: 기독교문서선교회, 1997), p. 100.

82) Philip Schaff, History of the Christian Church, Vol. VIII(Mich: WM. B. Eerdmans Publishing Co., 1910), p. 347.

83) 김영재,「교회와 예배」(경기: 합동신학대학원출판부, 1995), p. 98.

84) 이상규,「교회개혁사」, p. 150.

85) 루이스 W. 스피츠,「종교개혁사」, 서영일 역(서울: 기독교문서선교회, 1983), p. 217.

86) 이상규,「교회개혁사」, p. 150.

87) 오덕교,「종교개혁사」, p. 187.

88) Philip Schaff, History of the Christian Church, Vol. Ⅷ, p. 246.

89) Philip Schaff, History of the Christian Church, Vol. Ⅷ, p. 247.

90) 롤란드 베인턴,「종교개혁사」, 홍치모 · 이훈영 역(경기: 크리스찬다이제스트, 1997), p. 114.

91) 이상규,「교회개혁사」, pp. 154-155. - 오연수,「종교개혁사」(서울: 도서출판 한글, 2000), p. 133. 참조.

92) 이상규,「교회개혁사」, p. 156.

93) 이형기,「종교개혁 신학사상」(서울: 정로회신학대학출판부, 1984), p. 271.

94) 제임스 F. 화이트,「개신교예배」, p. 101.

95) 이상규,「교회개혁사」, p. 159.

96) 박은규,「예배의 재발견」(서울: 대한기독교출판사, 1988), p. 128.

97) 박은규,「예배의 재발견」, p. 128.

98) 이상규,「교회개혁사」, p. 161.

99) 제임스 F. 화이트,「개신교예배」, p. 102.

100) 이상규,「교회개혁사」, p. 162.

101) 오덕교,「종교개혁사」, p. 194.

102) H. Y. Reyburn, John Calvin, his Life, Lettetrs and Work(London : 1914), p. 69. 이형기,「종교개혁 신
학사상」, pp. 272-273에서 재인용.

103) 티모디 조지,「개혁자들의 신학」, 이은선 · 피영민 역(서울: 요단출판사, 1994), p. 219. - 이상규,「종교
개혁사」, pp. 164-165. 참조.

104) 티모디 조지,「개혁자들의 신학」, p. 219.

105) 이상규,「종교개혁사」, p. 171.

106) 이형기,「종교개혁 신학사상」, p. 278.

107) 이형기,「종교개혁 신학사상」, p. 279.

108) 토마스 M. 린제이,「종교개혁사(Ⅱ)」, 이형기 · 차종순 역(서울: 대한예수교장로회총회출판국, 1991),
p. 132.

109) 제임스 F. 화이트,「개신교예배」, p. 105.

110) 오덕교,「종교개혁사」, p. 217.

111) Philip Schaff, History of the Christian Church, Vol. Ⅷ, p. 371.

112) Philip Schaff, History of the Christian Church, Vol. Ⅷ, p. 371.

113) N. Micklem, ed., "Calvin", Christian Worship, p. 171. - 김득룡「현대교회 예배학신강」(서울: 총신대
학교출판부, 1985), p. 92에서 재인용.

114) 정일웅,「기독교 예배학개론」, 개정 증보판(서울: 도서출판 솔로몬, 1996), pp. 100-101.

115) 제임스 F. 화이트,「개신교예배」, p. 110.

116) R. 제베르그,「기독교 교리사」, 김영배 역(서울: 도서출판 엠마오, 1985). p. 573.

117) J. L. 니이브,「기독교 교리사」, 서남동 역(서울: 대한기독교서회, 1965), p. 439.

118) 이상규,「교회개혁사」, p. 184.

119) R. 압바,「기독교 예배의 원리와 실제」, 허경삼 역(서울: 대한기독교서회, 1974), p. 39.

120) William D. Maxwell,「예배의 발전과 그 형태」, 정장복 역(서울: 쿰란출판사, 1996), p. 154.

121) 김수학,「개혁과 예배학」(대구: 보문출판사, 1982), p. 52.

122) F. Heiler, The Spirit of Worship, p. 99. - R. 압바,「기독교 예배의 원리와 실제」, p. 39에서 재인용.

123) John Calvin, Institutes of the Christian Religion, Vol. II, ed. by John T. McNeill (Philadelphia : The Westminster Press, 1973), IV. 10. 12. (이하 Inst.로 약칭함). - 번역서로는 "죤 칼빈,「기독교 강요(下, Vol. IV)」, 김종흡 외 3인 공역 (서울: 생명의 말씀사, 1986)"을 참조했음.

124) 오덕교,「종교개혁사」, p. 217.

125) 김석한,「개혁주의 예배의 이론과 실제」, p. 49.

126) 제임스. F. 화이트,「개신교예배」, p. 109.

127) 박은규,「예배의 재발견」(서울: 대한기독교출판사, 1988), p. 130.

128) 김석한,「개혁주의 예배의 이론과 실제」, p. 49.

129) 박은규,「예배의 재발견」, p. 132.

130) 오덕교,「종교개혁사」, p. 217.

131) 김영재,「교회와 예배」, p. 101.

132) 김석한,「개혁주의 예배의 이론과 실제」, p. 50.

133) 김영재,「교회와 예배」, pp. 101-102.

134) 이상규,「교회개혁사」, p. 162.

135) 프랭클린 M. 지글러,「예배학 원론」, p. 59.

136) 김영재,「교회와 예배」, p. 102.

137) 제임스 F. 화이트,「개신교예배」, p. 106.

138) John. Calvin, Institutes of the Christian Religion, Vol. I, ed. John T. McNeill (Philadelphia : The Westminster Press, 1967), I . 11. 2. - 이후 Inst.로 약칭함. 번역서로는 "죤 칼빈,「기독교강요(上, Vol I ,II), 김종흡 외 3인 공역(서울: 생명의말씀사, 1986)"을 참조했음.

139) Inst., I . 11. 7.

140) 제임스 F. 화이트,「개신교예배」, p. 107.

141) 제임스 F. 화이트,「개신교예배」, p. 107.

142) The New Encyclopaedia Britannica, vol. 9 (Chicago : Encyclopaedia Britan- nica Inc., 1989), p. 795.

143) J. G. Davies, ed., The New Westminster Dictionary of Liturgy and Worship (Philadelphia : The West- minster Press, 1986), p. 452.

144) William D. Maxwell, op. cit., p. 160.

145) 정일웅,「기독교 예배학원론」, p. 100.

146) 이호형, "예배의 발전과 변천 : 로마교회 예전의 발전과 개혁자의 예전개혁,"「한국여성신학」, 41호(한
국여성신학회, 2000 봄), p. 93.

147) 로버트 웨버,「예배학」, 김지찬 역(서울: 생명의말씀사, 1988), p. 92.

148) 루이스 W. 스피츠,「종교개혁사」, 서영일 역(서울: 기독교문서선교회, 1983), pp. 152-153.

149) 그 차이점에 대해서는 다음의 "차이점"의 항목에서 다룰 것이다.

150) 김득룡,「현대교회 예배학 신강」(서울: 총신대학교출판부, 1985), p. 86. ; 정승훈,「말씀과 예전」(서
울: 대한기독교서회, 1998), pp. 30-31.

151) 김득룡,「현대교회 예배학 신강」, p. 85.

152) 정일웅,「기독교 예배학개론」, 개정증보판(서울: 도서출판 솔로몬, 1996), p. 96.

153) 제임스 F. 화이트,「개신교 예배」, 김석한 역(서울: 기독교문서선교회, 1997), p. 69.

154) 이호형, "예배의 발전과 변천: 로마교회 예전의 발전과 개혁자의 예전 개혁,"「한국여성신학」, 41호, p. 91.

155) 김석한,「개혁주의 예배의 이론과 실체」(서울: 도서출판 영문, 2002), p. 49.

156) 김영재,「교회와 예배」(경기: 합동신학대학원출판부, 1992), p. 102.

157) 김영재,「교회와 예배」, p. 101.

158) Inst. IV. 17 . 44. 각주 140번 참조 - 제4차 라테란 회의(1215)의 Canon xxi이 요구했다.

159) 「기독교 대백과사전」, 제9권(서울: 기독교문사, 1983), p. 312.

160) 제임스 F. 화이트,「개신교 예배」,p. 108.

161) 정승훈,「말씀과 예전」(서울: 대한기독교서회, 1998), p. 34.

162) 오덕교,「종교개혁사」(경기: 합동신학대학원출판부, 1998), p. 115.

163) 김수학,「개혁파예배학」(대구: 보문출판사, 1982), p. 53.

164) 1525년 취리히에서 미사가 폐지되었다.- 오연수,「종교개혁사」(서울: 도서출판 한글, 2000), p. 102.

165) Augsburg Confession, 24.- 로버트 웨버, op. cit., p. 95에서 재인용.

166) 이호형, op. cit., p. 90.

167) William D. Maxwell,「예배의 발전과 그 형태」, 정장복 역(서울: 쿰란출판사, 1996), p. 114.

168) 김수학,「개혁과 예배학」, p. 51.

169) 쯔윙글리는 육적 임재는 부인하였으나, 영적 임재는 인정하였다.- Philip Schaff, History of the Christian
Church, Vol. VII(Mich : WM. B Eerdmans Publishing Co., 1910), p. 676.

170) 이상규,「종교개혁사」(서울: 성광문화사, 1997), p. 184.

171) Inst., IV. 19. 37.

172) 일리온 T. 존스,「복음적 예배의 이해」, pp. 182-183.

173) 제임스 F. 화이트,「개신교 예배」, p. 74.

174) 제임스 F. 화이트,「개신교 예배」, p. 75.

175) 일리온 T. 존스,「복음적 예배의 이해」, 정장복 역(서울: 대한예수교장로회총회출판국), p. 171.

176) William D. Maxwell,「예배의 발전과 그 형태」, p. 189.

177) R. 압바,「기독교예배의 원리와 실제」, 허경삼 역 (서울: 대한기독교서회, 1974), p. 49.

178) 교회의 중심 인물로서 캔터베리 대주교에 임명된 크랜머는 독일의 루터 종교개혁운동과 유럽의 신
    학사상에 접근했으며, 그에 의해 1553년에 발표된 성공회의 제42개 신조는 루터교의 아우크스부르
    크 신앙고백서(Confession of Augsburg)에 준한 것이었다.- 최철희,「세계 성공회사」(서울: 대한기독
    교서회, 1996), pp. 103, 116. ; 크랜머의 신학은 처음에는 루터에 근사한 것이었다가(예를 들어, 성찬
    론) 점차 스위스 쪽에 접근하였다.- 루이스 W. 스피츠,「종교개혁사」, 서영일 역(서울: 기독교문서선
    교회, 1983), p. 282.

179) 정일웅,「기독교 예배학개론」, p. 101. ; 크랜머는 쯔윙글리와 루터에게 배운 적인 있으므로 종교개
    혁자들의 영향이 그 예배의 내용 속에 포함되었다. 그 영향 받은 내용을 약술한다면, ①화체설의 거부,
    ②영어 성경의 사용, ③성구집에 실린 설화적 자료들의 삭제, ④성경을 하나님 말씀의 위치로 높인 것,
    ⑤더 간단한 의식의 추구, ⑥평신도는 성찬식 때 반드시 성찬을 받아야 한다는 주장 등이었다.- 박은
    규,「예배의 재발견」, p. 112.

180) 정승훈,「말씀과 예전」, p. 80.

181) 정일웅,「기독교 예배학개론」, pp. 101-102.

182) 일리온 T. 존스,「복음적 예배의 이해」, p. 181.

183) R. 압바,「기독교예배의 원리와 실제」, p. 53.

184) 제임스 F. 화이트,「개신교 예배」, p. 257.

185) 정승훈,「말씀과 예전」, p. 94.

186) R. 압바,「기독교예배의 원리와 실제」, p. 54.

187) 제임스 F. 화이트,「개신교 예배」, p. 80.

188) 제임스 F. 화이트,「개신교 예배」, p. 258.

189) 정승훈,「말씀과 예전」, pp. 94-95.

190) 김석한,「개혁주의 예배의 이론과 실제」, p. 52.

191) 정일웅,「기독교 예배학개론」, p. 100.

192) William D. Maxwell,「예배의 발전과 그 형태」, pp. 161-162.

193) William D. Maxwell,「예배의 발전과 그 형태」, p. 163.

194) 정승훈,「말씀과 예전」, p. 89.

195) 일리온 T. 존스,「복음적 예배의 이해」, p. 181.

196) 박은규,「예배의 재발견」(서울: 대한기독교출판사, 1988), pp. 135-136.

197) 박은규,「예배의 재발견」, p. 136. - 일리온 T. 존스, op. cit., p. 167. 참조.

198) William D. Maxwell,「예배의 발전과 그 형태」, 169.

199) William D. Maxwell,「예배의 발전과 그 형태」, 169.

200) 제임스 F. 화이트,「예배의 역사」, 정장복 역(서울: 쿰란출판사, 1997), p. 149.

201) 정승훈,「말씀과 예전」, pp. 81, 87, 91.

202) 정승훈,「말씀과 예전」, p. 97.

203) 정승훈,「말씀과 예전」, p. 87.

204) R. 압바,「기독교예배의 원리와 실제」, p. 50.

205) 김영재,「교회와 예배」, pp. 105-106.

206) 김영재,「교회와 예배」, pp. 106-107.

207) 황원찬,「개혁주의 예배학 총론」(서울: 도서출판 잠언, 1996), pp. 87-88.

208) 정승훈,「말씀과 예전」, p. 91.

209) 박은규,「예배의 재발견」, p. 148.

210) 박은규,「예배의 재발견」, p. 148.

211) 김외식, "예배의 구성요소 비교연구,"「기독교사상사」, 35, No. 11(1991). p. 26.

212) 정장복,「예배학 개론」, 서울: 종로서적, 1985), p. 7.

213) Gesenius' Hebrew and Chaldee Lexicon to the Old Testament Scriptures, tr. by Samuel P. Tregelles(Mich: WM. B. Eerdmans Publishing Co., 1949), p. 813.

214) Gesenius' Hebrew and Chaldee Lexicon to the Old Testament Scriptures, p. 598.

215) 한국복음주의실천신학회 편,「복음주의 예배학」(서울: 요단출판사, 2001), pp. 14-15.

216) 정장복,「예배학 개론」, p. 8.

217) W. F. Arndt and F. W. Gingrich, A Greek - English Lexicon of The New Testament and Other Early Christian Literature(Ill : The University of Chicago Press, 1957), pp. 723-724.

218) W. F. Arndt and F. W. Gingrich, A Greek - English Lexicon of The New Testament and Other Early Christian Literature, p. 468.

219) 정일웅,「기독교 예배학개론)」, 개정증보판(서울: 도서출판 솔로몬, 1996), p. 23.

220) 정장복,「예배학 개론」, p. 8.

221)「동아 프라임 영한사전」, 신개정2판(서울: 동아출판사, 1989), p. 2536. - 안상님 편,「신학 영어사전」, 개정증보판(서울: 대한기독교서회, 1992), p. 280.에서는 wor- ship을 예배 또는 숭배로 번역하였다.

222)「동아 프라임 영한사전」, p. 1989. - 안상님 편,「신학 영어사전」, p. 231.에서는 service를 봉사, 예배, 예식으로 번역하였다.

223) 정장복,「예배학 개론」, p. 9.

224) R. 압바,「기독교 예배의 원리와 실제」, 허경삼 역(서울: 대한기독교서회, 1974), p. 9.

225) 한국복음주의실천신학회 편,「복음주의 예배학」, p. 17.

226) 로버트 G. 레이번,「예배학」, 김달생.강귀봉 공역(서울: 성광문화사, 1982), p. 30.

227) 한국복음주의실천신학회 편,「복음주의 예배학」, p. 18.

228) 제임스 F. 화이트,「기독교 예배학 입문」, 정장복 역(서울: 도서출판 엠마오, 1992), p. 24.

229) Websters' Collegiate Dictionary, 5th ed.(Mass: G. & C. Merriam Co., Publish- ers, 1942), p. 909.

230) 로버트 G. 레이번, 「예배학」, pp. 30-31.

231) R. 압바, 「기독교 예배의 원리와 실제」, p. 16.

232) 프랭클린 M. 지글러, 「예배학 원론」, 정진황 역(서울: 요단출판사, 1979), p. 75.

233) 로버트 웨버, 「예배학」, 김지찬 역(서울: 생명의말씀사, 1988), pp. 13-14.

234) 로버트 웨버, 「예배학」, p. 14.

235) 프랭클린 M. 지글러, op. cit., p. 76.

236) R. 압바, 「기독교 예배의 원리와 실제」, p. 10.

237) R. 압바, 「기독교 예배의 원리와 실제」, p. 14.

238) R. 압바, 「기독교 예배의 원리와 실제」, p. 13.

239) 로버트 G. 레이번, 「예배학」, p. 32.

240) R. 압바, 「기독교 예배의 원리와 실제」, p. 19.

241) R. 압바, 「기독교 예배의 원리와 실제」, p. 13.

242) 로버트 G. 레이번, op. cit., p. 42.

243) 방지형, 「기초예배학」(서울: 성광문화사, 1992), p. 24.

244) 방지형, 「기초예배학」, p. 180.

245) 김득용, 「현대교회 예배신강」(서울: 총신대학교출판부, 1985), pp. 16, 18.

246) 제임스 F. 화이트, 「기독교 예배학 입문」, p. 29.

247) 로버트 웨버, 「예배학」, p. 8.

248) R. 압바, 「기독교 예배의 원리와 실제」, p. 14.

249) Evely Underhill, Worship(Scranton: Harper & Row, 1936), p. 3. - 로버트 G. 레이번, 「예배학」, p. 26에서 재인용.

250) 제임스 F. 화이트, 「기독교 예배학 입문」, p. 16.

251) 프랭클린 M. 지글러, 「예배학 원론」, p. 26.

252) 제임스 F. 화이트, 「기독교 예배학 입문」, p. 17.

253) 로버트 G. 레이번, 「예배학」, p. 27.

254) 정장복, 「예배학 개론」, p. 11.

255) 프랭클린 M. 지글러, 「예배학 원론」, p. 26.

256) 김수학, 「개혁과 예배학」(대구: 보문출판사, 1987), p. 12.

257) 프랭클린 M. 지글러, 「예배학 원론」, p. 21.

258) 한국복음주의실천신학회 편, 「복음주의 예배학」, p. 23.

259) 프랭클린 M. 지글러, op. cit., p. 26.

260) 정장복, 「예배학 개론」, p. 12.

261) 김석한, 「개혁주의 예배의 이론과 실제」(서울: 도서출판 영문, 2002), pp. 59-60.

262) 정일웅, 「기독교 예배학 개론」, p. 122.

263) 〈사 43:7〉무릇 내 이름으로 일컫는 자 곧 내가 내 영광을 위하여 창조한 자를 오게 하라 그들을 내가
지었고 만들었느니라. 〈사 43:21〉이 백성은 내가 나를 위하여 지었나니 나의 찬송을 부르게 하려 함
이니라

264) 〈엡 1:7〉우리가 그리스도 안에서 그의 은혜의 풍성함을 따라 그의 피로 말미암아 구속 곧 죄 사함을 받았으
니. 〈엡 1:12〉이는 그리스도 안에서 전부터 바라던 우리로 그의 영광의 찬송이 되게 하려 하심이라

265) 김석한, 「개혁주의 예배의 이론과 실제」, p. 35.

266) 황원찬, 「예배학 총론」, pp. 34-35.

267) 존 맥아더, 「참된 예배」, 한화룡 역(서울: 도서출판 두란노, 1992), p. 45.

268) 〈골 1:21〉전에 악한 행실로 멀리 떠나 마음으로 원수가 되었던 너희를

269) 로버트 G. 레이번, 「예배학」, p. 122.

270) A. W. 토저, 「이러한 예배라야...」, 엄성옥 역(서울: 도서출판 은성, 1993), pp. 43-45.

271) 방지형, 「기초예배학」, pp. 63-64.

272) 릭워렌, 「새들백교회 이야기」, 김현희.박경범 역(서울: 도서출판 디모데, 1966), p. 270.

273) 한국복음주의실천신학회 편, 「복음주의 예배학」, p. 34.

274) 〈요 4:23〉아버지께 참으로 예배하는 자들은 신령과 진정으로 예배할 때가 오나니 곧 이 때라 아버지께
서는 이렇게 자기에게 예배하는 자들을 찾으시느니라

275) 〈히 4:16〉그러므로 우리가 긍휼하심을 받고 때를 따라 돕는 은혜를 얻기 위하여 은혜의 보좌 앞에 담
대히 나아갈 것이니라

276) 프랭클린 M. 지글러, 「예배학 원론」, p. 75.

277) R. 압바, 「기독교 예배의 원리와 실제」, p. 16. - 예배는 "하나님의 본질과 행위에 대한 인간의 반응"이다.

278) 백동섭, 「새예배학」 (부천: 중앙문화사, 1985), P. 28.

279) 릭워렌, 「새들백교회 이야기」, 김현희.박경범 역(서울: 도서출판 디모데, 1966), p. 270.

280) 〈히 4:16〉그러므로 우리가 긍휼하심을 받고 때를 따라 돕는 은혜를 얻기 위하여 은혜의 보좌 앞에 담
대히 나아갈 것이니라

281) 〈롬 7:6〉이제는 우리가 얽매였던 것에 대하여 죽었으므로 율법에서 벗어났으니 이러므로 우리가 영의
새로운 것으로 섬길 것이요 의문의 묵은 것으로 아니할찌니라

282) 박윤선, 「성경주석 로마서」 (서울: 영음사, 1984), p. 216.

283) 〈요 4:24〉하나님은 영이시니 예배하는 자가 신령과 진정으로 예배할찌니라/ 〈롬 12:1〉그러므로 형제
들아 내가 하나님의 모든 자비하심으로 너희를 권하노니 너희 몸을 하나님이 기뻐하시는 거룩한 산 제
사로 드리라 이는 너희의 드릴 영적 예배니라

284) 김영재, 「교회와 예배」 (수원: 합동신학대학원출판부, 1997), P. 19.

285) 김석한, 「개혁주의 예배의 이론과 실제」, PP. 38-39.

286) 프랭클린 M. 지글러, 「예배학 원론」, p. 23.

287) 황원찬, 「예배학 총론」, pp. 37-38.

288) R. 압바, 「기독교 예배의 원리와 실제」, p. 19.

289) 〈마 18:20〉 두 세 사람이 내 이름으로 모인 곳에는 나도 그들 중에 있느니라 / 〈행2:46〉 날마다 마음을 같이 하여 성전에 모이기를 힘쓰고.... / 〈히 10:25〉 모이기를 폐하는 어떤 사람들의 습관과 같이 하지 말고 오직 권하여 그 날이 가까움을 볼수록 더욱 그리하자

290) 이강호, 「예배학」(안양: 성결대학교출판부, 1997), p.41.

291) 프랭클린 M. 지글러, 「예배학 원론」, p. 21.

292) 박희민, 「평신도를 위한 예배학」(서울: 보이스사, 1998), p. 18.

293) 이강호, 「예배학」, p. 36.

294) 〈롬 12:1〉 그러므로 형제들아 내가 하나님의 모든 자비하심으로 너희를 권하노니 너희 몸을 하나님이 기뻐하시는 거룩한 산 제사로 드리라 이는 너희의 드릴 영적 예배니라

295) 박희민, 「평신도를 위한 예배학」, p. 17.

296) 박희민, 「평신도를 위한 예배학」, p. 17.

297) 김진호, 「숨겨진 보물 예배」(서울 ; 도서출판 예수전도단, 1989), p. 100.

298) 이강호, 「예배학」, , p. 41.

299) 한국복음주의실천신학회 편, 「복음주의 예배학」, pp. 36-37.

300) A. W. 토저, 「이러한 예배라야...」, 엄성옥 역(서울: 도서출판 은성, 1993), p. 58.

301) 〈요 15:8〉 너희가 과실을 많이 맺으면 내 아버지께서 영광을 받으실 것이요 너희가 내 제자가 되리라

302) 〈단 12:3〉...많은 사람을 옳은 데로 돌아오게 한 자는 별과 같이 영원토록 비취리라

303) 〈마 5:16〉 이같이 너희 빛을 사람 앞에 비춰게 하여 저희로 너희 착한 행실을 보고 하늘에 계신 너희 아버지께 영광을 돌리게 하라

304) 샘 힌, 「예배로의 부르심」, p. 100.

305) 샘 힌, 「예배로의 부르심」, pp. 95-96.

306) 〈고전 11:1〉 내가 그리스도를 본받는 자 된 것같이 너희는 나를 본받는 자 되라
   〈엡 4:13, 15〉 우리가 다 하나님의 아들을 믿는 것과 아는 일에 하나가 되어 온전한 사람을 이루어 그리스도의 장성한 분량이 충만한 데까지 이르리니 / 오직 사랑 안에서 참된 것을 하여 범사에 그에게까지 자랄찌라 그는 머리니 곧 그리스도라

307) 〈롬 10:17〉 그러므로 믿음은 들음에서 나며 들음은 그리스도의 말씀으로 말미암았느니라

308) 샘 힌, 「예배로의 부르심」, p. 95.

309) 〈욥 22:21〉 너는 하나님과 화목하고 평안하라 그리하면 복이 네게 임하리라

310) 〈히 4:16〉 그러므로 우리가 긍휼하심을 받고 때를 따라 돕는 은혜를 얻기 위하여 은혜의 보좌 앞에 담대히 나아갈 것이니라

311) 로버트 웨버, 「예배학」, p. 13.

312) 폴 E. 앵글, 「당신의 예배생활은 전통적인가 성경적인가」, 정광욱 역(서울: 종합선교·나침반사, 1991), p. 14.

313) 프랭클린 M. 지글러, 「예배학 원론」, p. 26.

314) 황원찬, 「예배학 총론」, pp. 34-35.

315) 〈골 1:20-22〉 그의 십자가의 피로 화평을 이루사 만물 곧 땅에 있는 것들이나 하늘에 있는 것들을 그로 말미암아 자기와 화목케 되기를 기뻐하심이라 전에 악한 행실로 멀리 떠나 마음으로 원수가 되었던 너희를 이제는 그의 육체의 죽음으로 말미암아 화목케 하사 너희를 거룩하고 흠 없고 책망할 것이 없는 자로 그 앞에 세우고자 하셨으니

316) 로버트 웨버, 「예배학」, p. 14.

317) 〈마 18:20〉 두 세 사람이 내 이름으로 모인 곳에는 나도 그들 중에 있느니라

318) 〈롬 8:32〉 자기 아들을 아끼지 아니하시고 우리 모든 사람을 위하여 내어 주신 이가 어찌 그 아들과 함께 모든 것을 우리에게 은사로 주지 아니하시겠느뇨 / 〈빌 4:19〉 나의 하나님이 그리스도 예수 안에서 영광 가운데 그 풍성한 대로 너희 모든 쓸 것을 채우시리라

319) 로버트 웨버, 「예배학」, p. 15.

320) R. 압바, 「기독교 예배의 원리와 실제」, p. 19.

321) 황원찬, 「예배학 총론」, p. 35.

322) R. 압바, 「기독교 예배의 원리와 실제」, p. 14.

323) 정장복, 「예배학 개론」, pp. 10-11.

324) R. 압바, 「기독교 예배의 원리와 실제」, p. 15.

325) 박희민, 「평신도를 위한 예배학」, p. 14.

326) R. 압바, 「기독교 예배의 원리와 실제」, p. 15.

327) 박희민, 「평신도를 위한 예배학」, p. 16.

328) R. 압바, 「기독교 예배의 원리와 실제」, p. 19.

329) R. 압바, 「기독교 예배의 원리와 실제」, p. 21.

330) 〈히 10:25〉 모이기를 폐하는 어떤 사람들의 습관과 같이 하지 말고 오직 권하여 그 날이 가까움을 볼수록 더욱 그리하자

미사와
예배는 천지 차이

EVANGELICAL CHRISTIAN WORSHIP AND REVIVAL OF THE CHURCH

4
PART

13

chapter

천주교와 기독교의 핵심적인 차이점

1984년 성결교신학대학원 주최 세미나에서 고신대학의 박병식 교수는 "천주교와 기독교는 260 가지나 다르다."고 말한 바 있다. 연구자는 그 260 가지를 다 찾아보지는 않았지만, 기독교의 근본교리 중 성경관, 신론, 기독론, 인간론, 구원론, 교회론, 종말론 중에서 천주교와 일치되는 것이 없다는 것은 확인한 바 있다.[1] 천주교와 기독교의 핵심적인 차이점이 무엇인지에 대해서는 그것을 보는 사람의 각도에 따라서 다를 수도 있겠지만, 전체적인 종교체계상으로 볼 때에 천주교의 "사제주의"와 기독교의 "만인제사장 사상"이라고 볼 수 있겠다. 특별히 이러한 차이는 미사와 예배의 차이와도 깊이 관련되어 있다.

1. 천주교의 사제주의

이 문제에 접근함에 있어서는 우선 먼저 천주교 측에서 볼 때에 자신들이 기독교와 다른 점 중에서 무엇을 가장 핵심적인 차이점이라고 보고 있는

가를 먼저 살필 필요가 있다. 요한 바오로 2세 사후에 새로 교황직에 오른 베네딕트 16세 현 교황은 여러 차례 "비카톨릭 교회"는 자체적으로 심각한 결함을 가지고 있다고 비판하였으며, 천주교만이 "구원의 충분한 수단"을 가지고 있다고 강조했다.[2] 여기서 그가 말하는 "비카톨릭 교회"란 천주교를 제외한 동방정교회, 성공회와 기독교의 많은 교파들을 의미함이 자명하고, 천주교만이 "구원의 충분한 수단"을 가지고 있다는 말은 천주교에만 구원이 있다는 말에 지나지 않는다. 그런데 그가 말한 "구원의 충분한 수단"이란 구체적으로 무엇을 말하는가가 문제인데, 그것은 단적으로 "사제직"을 의미하는 것으로 판단된다.

그들은 기독교는 특히 계시 진리의 해석에서 매우 중대한 차이가 있다고 믿고 있을 뿐만 아니라 (일치운동에 관한 교령 19), 기독교에는 신품성사 (즉 사제직)가 없어서 성체의 진정하고 온전한 본체를 본존하지 못했다고 믿고 있다 (일치운동에 관한 교령 22).[3] 한 마디로 천주교는 제단 (altar) 과 사제직을 가지고 있다는 점에서 프로테스탄트 교파들과 자신들을 구별한다는 것이다.[4] 그리하여 그들은 주장하기를 "성사가 없는 교회는 구원이 있을 수 없다"[5]고 하는데, 사제가 없이는 성사도 있을 수 없으므로,[6] 결국 사제가 없는 곳에는 구원도 없다는 주장이다. 이와 같이 천주교에서는 기독교와의 핵심적인 차이점으로 사제직을 들고 있는 것이다.

이러한 천주교의 종교체계에서는 사제의 중재 (mediation of priest) 라는 개념에 부가해서 마리아와 성인들의 중재라는 개념이 있는 것을 간과할 수가 없다. 왜냐하면, 천주교의 신앙과 구원에 있어서는 사제들의 중재뿐만 아니라, 마리아와 성인들의 중재도 필요하기 때문이다. 천주교에서는 마리아가 "은총의 중재자"요, "기도의 중재자"이며, "구원의 어머니"라고 믿는다. 여기서 "은총의 중재자"가 의미하는 것은 하나님께서 모든 은총을 마리아를 통해서 분배하고 계시므로,[7] 마리아에게 순종하므로 은혜를 받는다는 것이고,[8] "기도의 중재자"가 의미하는 것은 우리의 기도가 마리아를 통해서 주님께 전달된다는 것이다.[9] 뿐만 아니라, 마리아는 영원한 구원의 은혜를 우리에게 얻어주고,[10] 영생을 낳아주었기 때문에 구원의 어머니라는 것이다.[11] 한편 천주교에서는 성인들도 숭배하는데, 성인들은 천국에 있으면서도 교회에 영향을 끼치고 살아있을 때 하던 일을 지금 이 시각에도 계속하고 있으며, 우리를 위하여 기도하고 있을 뿐 아니라, 우리가 기도하면 우리를 위해서 도움을 준다는 것이다.[12]

이와 같이 천주교의 종교체계는 사제와 마리아와 성인들의 중재라고 하는 개념이 핵심인데, 그들을 통하지 않고는 은혜도 구원도 없게 된다. 그 중에서도 실제적인 면에서는 마리아나 성인들 보다는 사제의 중재를 통해서만 구원이 가능하다. 왜냐하면 마리아와 성인들은 죽은 사람들이며, 실제로 성사는 사제에 의해서만 이루어지기 때문이다. 천주교의 종교체계에서는 구원에 있어서 필수적이라고 보편적으로 받아들여지는 것이 바로 "사제의 중재" (mediation of priest) 라는 개념이다.[13] 이러한 사제주의의 해악에 대하여 유명한 칼빈주의 신학자인 워필드 (Benjamin B. Warfield) 는 다음과 같이 비판하였다.

사제주의가 필히 행하는 종교적 관심에 따른 해악을 정확히 평가하기 원한다면 우리가 분명히 기억해야 할 사제주의 체계의 세 가지 작용면을 살펴야 된다. 이 세 작용면은 이미 간접적으로 암시되었으나 거기에 다시 공식적으로 함께 특별한 주의를 기울여 봄이 필요할 줄 안다.

첫째로 사제주의 체제는 모든 은혜스런 활동의 원천으로서의 하나님 성령을 직접 접촉하는 일과 직접 의지하는 일로부터 인간 영혼을 분리시킨다. 영혼과 모든 은혜의 원천 사이에 기관들의 구성을 개입시켜 이에 영혼을 의존토록 하여 영혼을 기계론적 구원관에 유인시킨다. 교회 혹은 은혜의 방편들은 성령되신 하나님을 대신한다. 그리하여 하나님과의 의식적이고도 직접적인 교제에서 오는 모든 기쁨과 능력을 상실한다.……

둘째로 사제주의는, 하나님 성령, 모든 은혜의 원천과 교제하되 그의 인격을 전적 무시하는 가운데 있어 마치 그가 하나의 자연적 힘인 양, 곧 그가 기뻐하시는 때 언제 어디서나 어떻게도 작용하시는 것이 아니라, 그의 활동들이 획일적으로 규칙적으로 방출되는 것같이 다룬다. 사제주의에서는 교회를 "구원의 기관" 혹은 심지어 "구원의 창고"라고 말하는데, 구원을 어떤 물건인양 축적도 할 수 있고 필요할 때 사용을 위해 저장도 할 수 있는 것처럼 말하니, 이것은 분명히 지각없는 자의 소리이다. 이런 생각은 소위 라이든 병 속에, 다음에 사용할 수 있도록 전기를 저장하는 것과 근본적으로 다르지 않다. 이단이라고 할 때 성령 하나님의 작용들을 비인격적 자연 세력의 작용 양식들로 생각하는 이런 이단 이상 더 심한 것이 없다고 하는 것은 과장이 아닐 것이다. 그런데 이런 사상이 사제주의 체계 밑바탕에 도사리고 있다는 것은 아주 분명하다. 교회 은혜의 방편들, 그것들 안에는 구원 작용의 능력인 성령을 포함하고 있어 그것이(it) -〈우리는 그이(He)라고 말할 수 없다.〉- 적용될 때마다 적용되는 곳마다 작용한다.

셋째로 사제주의는 은혜스런 공작을 하시는 성령을 분명코 인간 통제에 복속시킴을 뜻한다. 은혜의 방편들인 교회와 성례들이 성경에 제시되는 바와 같이 성령께서 구원사역에 사용하시는 도구로서 인식되지 않고, 오히려 성령이 은혜의 방편인 교회로 말미암아 구원사역에 사용되는 도구가 되는 것이다. 주도권이 은혜의 방편인 교회에 주어지고 성령은 그것들의 처분에 좌우된다. 그것들이 그를 인도하는 곳에 그가 임하고 그것들이 일하도록 그를 허락할 때에만 그가 일하신다. 말하자면 그의 공작은 그것들의 허락을 기다리는 셈이며, 그것들의 지향과 통제를 떠나서는 그의 아무런 구원도 행사할 수 없다. 이러한 견해는 성령의 활동 양태에 대한 타락된 관점임은 말할 필요조차 없다. 인격적 하나님과의 인격적 관계를 뜻하는 진정한 의미의 종교는 근처도 못가고 오직 마술이다.[14]

2. 기독교의 만인제사장 사상

천주교의 "사제주의"에 대항하는 기독교의 사상은 "만인제사장 사상"이다. 중세인들은 사제의 영적인 노예였으며 성례전이라는 사슬에 묶여 있었기 때문에, 여기로부터의 해방은 사제와 평신도라는 이중적 구조를 무너뜨리고서 다같이 성직자로 동일시하는 것이었다.[15] 이것이 종교개혁자들이 부르짖었던 "만인제사장"의 사상이며, 이렇게 함으로서 중세인들은 해방을 누렸고 영적인 자유를 맛볼 수 있었던 것이다.[16] 토마스 M. 린제이 (Thomas M. Lindsay) 는 "모든 신자들의 사제적 원리야말로 사람들을 성직자에 대한 막연한 두려움으로부터 구해 냈으며, 그렇게도 절실하게 요구되던 교회의 개혁을 촉진하도록 박차를 가하는 결과를 가져왔다. 이것은 또한 종교개혁운동 전반에 놓인 가장 위대한 신앙원리였다."고 지적하였다.[17]

이러한 "만인제사장 사상"은 성경에 의해서 뒷받침 되고 있는 바, 성경은 말하기를 "오직 너희는 택하신 족속이요 왕 같은 제사장들이요 거룩한 나라요 그의 소유된 백성이니 이는 너희를 어두운 데서 불러내어 그의 기이한 빛에 들어가게 하신 자의 아름다운 덕을 선전하게 하려 하심이라" (베전 2:9) 고 한다. 그런데 사제주의가 미사라는 제사와 관련되어 있듯이 만인제사장 사상은 자유롭고 영적인 기독교 예배와 관련되어 있다.

미사와 예배의 신학적 비교 분석

1. 개념과 본질의 비교

a. 개념의 비교

천주교 미사 (mass) 의 핵심 개념은 희생제사 (sacrifice) 이며,[18] 예수 그리스도를 제물로 바치는 제사를 의미한다.[19] 미사는 구약 제사의 계승이며,[20] 그리스도의 십자가 제사의 재현이라는 것이다.[21] 뿐만 아니라, 이 미사라고 하는 제사는 그리스도의 십자가의 제사와 본질적으로 같은 것이며,[22] 그 목적과 가치와 효과도 그리스도의 십자가의 제사와 동일하다는 것이다.[23]

반면에 기독교의 예배는 하나님과의 만남과 교제로써,[24] 하나님의 그 "존귀하신 존재"와 그 "행하신 일"로 인하여 하나님을 경배하는 것을 의미한다.[25] 예배의 기본 개념은 왕이신 하나님 앞에 나아가서 하나님의 위대하심과 베푸신 십자가 구속과 온갖 은혜를 인하여,[26] 꿇어 경배하며 기도와 찬송과 감사를 올리는 것이다.[27] 이 예배에서는 동물의 희생제사가 필요 없다. 왜냐하면, 그것은 그리스도의 십자가에 의하여 폐지되고 완성되었

기 때문이다.[28]

이렇게 볼 때에 천주교의 미사는 하나님께 드리는 희생제사인 반면에, 기독교의 예배는 하나님을 만나서 하나님께 경배하며 감사와 찬송과 영광을 돌리는 영적 교제인 것이다.[29] 이것이 바로 미사와 예배의 개념의 차이이다.

b. 신학적 본질의 비교

희생제사 (sacrifice) 라고 하는 것은 본질적으로 죄를 용서받기 위해서 드리는 것이다. 구약의 제사도 그러하고 그리스도의 십자가의 제사도 그러하다. 그렇기 때문에 미사가 구약 제사의 계승이고, 그리스도의 십자가 제사의 재현이라면, 미사 역시 죄를 용서받기 위해서 속죄의 제사를 드리는 것이다.[30] 그렇다면 미사는 아직 죄사함을 받지 못했고 구원을 받지 못했음을 전제하는 것이다. 만약에 죄를 용서받았고 구원을 받았다면, 더 이상 제사를 드릴 필요가 없기 때문이다. 이것은 성경이 분명하게 말하는 바이고 (히 10:17-18),[31] 논리적으로도 그러하다. 아직 죄를 용서받지 못한 자는 죄로 말미암아 하나님과 원수가 되었기 때문에 하나님께 나아갈 수도 없고 하나님을 경배할 수도 없다. 죄의 삯은 사망이고 (롬 6:23),[32] 그는 아직 진노의 대상이기 때문에 (엡 2:3)[33] 그를 기다리고 있는 것은 하나님의 진노와 심판뿐이다. 따라서 그는 먼저 죄부터 용서받아야 한다. 그렇기 때문에 그는 속죄의 제사를 드려야 하는 것이다. 결국 속죄의 제사를 드린다는 것은 아직 죄사함을 받지 못했고 구원받지 못했음을 의미하는 것이다.

그런데 기독교의 예배는 죄를 용서받기 위하여 드리는 제사가 아니다. 기독교의 예배는 이미 죄사함을 받고 구원받았기 때문에 기쁘고 감사하여 하나님 앞에 나아가서 경배하며 찬양하며 예물을 드리고 하나님께 영광을 돌리는 것이다. 다시 말해서 예배는 죄사함 받고 구원받은 하나님의 백성들에게 주어지는 특권이라는 말이다.[34] 기독교인들이 하나님께 예배를 드린다는 것은, 그들이 그리스도의 십자가의 보혈로 죄사함을 받아 하나님과 화목되었고 (롬 5:10),[35] 구원받아서 하나님의 백성이 되었음을 전제하는 것이다. 이것이 기독교 예배와 천주교 미사의 근본적인 차이이다.

결론삼아 이것을 도식적으로 표현한다면, 천주교는 그리스도의 십자가 이전에 서 있고, 기독교는 그리스도의 십자가 이후에 서 있다. 천주교는 아직 죄사함 받지 못한 사람들이 죄를 용서받기 위해서 제사를 드리는 사람들이고, 기독교는 벌써 죄사함 받고 구원받았기에 감사함으로 하나님께 경배하며, 찬양하는 사람들이다. 참으로 놀라운 본질적 차이가 아닐 수 없다.

2. 성찬에 대한 신학적 비교

a. 신학적 본질의 비교

천주교 미사의 본질이 제사이며, 그리스도의 십자가 제사의 재현이라고 주장한다는 사실은 이미 살핀 바와 같다. 그런데 천주교의 미사는 다름 아닌 성찬을 의미하는 것이므로, 그들은 성찬이 곧 희생제사라고 주장하는 것이다. 다음은 이에 대한「가톨릭교회 교리서」의 내용이다.

> 1366. 성찬례는 십자가의 희생 제사를 재현(현재화)하고, 이를 기념하며, 그 결과를 실제로 적용시키기 때문에 희생 제사이다.[36]

이와 같이 천주교에서는 성찬을 희생제사라고 주장하되, 특별히 성찬을 통해서 그리스도의 십자가의 희생을 재현한다고 주장하는 것이다. 떡과 포도주를 하나님께 바치는 거양성체 (擧揚聖體) 는 미사 중에 가장 거룩한 순간이며 미사의 절정이 되는 부분이고, 신자들이 떡 (성체) 을 받아먹는 영성체 (領聖體) 는 바로 음복 (飮福 – 일반제사에서 제사 후에 제물을 먹는 부분) 의 부분이라는 것이다.[37] 반면에 기독교의 성찬은 제사가 아니라, 그리스도의 구속의 은혜를 기념하는 만찬이다. 다음과 같이 성경은 성찬이 주의 만찬이라고 분명하게 말하고 있다.

〈요한복음 21:20〉 베드로가 돌이켜 예수의 사랑하시는 그 제자가 따르는 것을 보니 그는 만찬석에서 예수의 품에 의지하여 주여 주를 파는 자가 누구오니이까 묻던 자러라

〈고린도전서 11:20〉 그런즉 너희가 함께 모여서 주의 만찬을 먹을 수 없으니

〈고린도전서 11:21〉 이는 먹을 때에 각각 자기의 만찬을 먼저 갖다 먹으므로 어떤 이는 시장하고 어떤 이는 취함이라

성경은 분명히 최후의 만찬이 유월절 식사였음을 밝히고 있고 (마 26:17-29; 막 14:12-25; 눅 22:7-20; 고전 11:23-26), 우리는 성경의 영감성을 믿으므로, 성만찬의 기원이 유월절 식사라는 사실을 의심할 하등의 이유가 없다. 그러므로 우리는 최후의 만찬이 유월절 (πάσχα) 축제의 만찬이었고, 예수께서는 그 유월절 만찬에 새로운 뜻을 부여하셨고, 유월절 만찬을 갱신하신 것이라고 결론 내릴 수 있다.[38] 이러한 주의 만찬과 유월절과의 관계는 교회가 창안한 것이 아니라, 예수님 자신에 의하여 된 것이다.[39] 유월절이 출애굽의 구원을 기념하는 잔치였던 것처럼, 성찬은 그리스도의 십자가 구속을 기념하는 잔치이다. 이에 대하여 칼빈은「기독교강요」에서 말하기를 "그러므로 제

물을 바치는 제단 대신에 잔치상을 우리에게 주셨으며, 제물을 드리는 제사장들 대신에 성직자들을 성별하셔서 거룩한 잔치를 분배하게 하셨다." [40]고 하였다. 성찬은 하나님을 위한 제물이 아니고 신자들을 위한 영적 양식이며,[41] 우리가 주님께 드리는 것이 아니라, 주님이 우리를 위하여 마련해 주신 선물인 것이다.[42]

이와 같이 천주교의 성체성사와 기독교의 성찬은 본질적으로 의미가 다르다. 천주교에서는 성찬을 우리의 죄를 용서받기 위해서 우리가 하나님께 드리는 제사로 보는 반면에, 우리 기독교에서는 성찬을 그리스도의 십자가의 구속을 기념하는 잔치요 만찬으로 보는 것이다. 천주교의 견해가 잘못되었음을 베네딕도 수도회의 백 쁠라치도(Placidus Berger, O.S.B.) 신부는 그의 책 「미사는 빠스카 잔치이다」라는 책에서 다음과 같이 말하였다.

> 예수께서 베푸신 최후의 만찬은 앞에서 살펴본 구약의 종교예식들 가운데서 빠스카 식사의 형식을 따른 것이었다. 그러나 최후의 만찬이 가톨릭 교회의 미사로 성립되어 발전해 오는 동안 미사는 제사의 성격을 너무 강하게 받아들였다. 지금도 많은 사람들은 미사의 제사성에 관심을 기울이고 있기 때문에 예수께서 정해주신 최후의 만찬 예식을 제대로 이해하지 못하고 있다.[43]

b. 성경 본문 해석에 대한 비교

천주교는 성만찬의 떡과 포도즙이 사제인 신부의 축성 기도를 통해서 예수님의 참된 몸과 피로 변한다는 교리를 주장하는 바,[44] 이것을 "화체설" 즉 "본질에서의 변화"라고 부른다.[45] 천주교는 화체설의 근거로서, 〈요 6:51〉의 "나는 하늘로서 내려온 산 떡이니 사람이 이 떡을 먹으면 영생하리라 나의 줄 떡은 곧 세상의 생명을 위한 내 살이로라"는 예수의 약속과 공관복음의 성찬 제정의 말씀 (마 26:26이하, 막 14:22이하, 눅 22:19이하) [46]과 사도 바울의 제정 (고전 11:23이하) [47]을 제시하고 있다. [48]

이러한 말씀을 근거로 하여 천주교는 그리스도께서 하신 말씀을 문자적으로 해석한다. 그리하여 주장하기를 "이것은 내 몸이요—이것은 내 피이다'는 성찬제정의 말씀들은 그 문자적 의미가 초기부터 중단 없이 지지되어 왔다." [49]고 하면서, 그리스도께서 '이것은 내 몸의 상징이다'라고 말씀하시지 않고, 절대적으로 '이것은 내 몸이다'라고 하셨는데, 이는 명백하게 화체설을 의미한다." [50]고 주장하는 것이다.

그러나 우리 기독교는 천주교의 그러한 문자적인 해석을 받아들이지 않고 상징적인 혹은 비유적인 해석을 받아들인다. 우선 먼저 그들이 제시한 성구 중에서 요한복음 6장은 성만찬과 관련된 구절이 아님을 지적할 수 있다. 천주교는 요한복음 6:26—71의 말씀을 성찬에 대한 예수 그리스도의 약속으로 보고 있는데, [51] 칼빈은 그의 요한복음 주석에서 이것을 반박하여 말하기를 "이 설교는 성만찬에 관한 것이 아니라, 우리가 주의 만찬을 받는 것과 관계없이 계속적으로 갖게 되는 교통을 말씀하고 있다" [52]고 하였으며, 요한복음 6:54의 '내 살을 먹고 내 피를 마시는 자는 영생을 가졌고 마지막 날에 내가 그를 다시 살리리니'라는 말씀이 그 증거임을 다음과 같이 지적하였다.

이 말씀에서 볼 때, 이 구절은 주의 만찬에 적용해서 풀이하는 것이 잘못임은 아주 분명하다. 주의 거룩한 만찬상에 나오는 사람은 모두가 주의 살과 피에 참여하게 된다면 모든 사람이 한결같이 생명을 획득할 것이기 때문이다. 그러나 우리는 그들 중 많은 사람이 멸망한다는 것을 알고 있다. 그리고 주님께서 계속적인 믿음의 행위를

다루고 계심이 분명하다.[53]

뿐만 아니라, 공관복음 (마 26:26,28; 막 14:22,24; 눅 22:19) 의 '이것은 내 몸이니라, 이것은 ……피니라' 는 구절을 로마 카톨릭교가 문자적으로 해석하는데 대해서 칼빈은 '이다 (est) '를 '다른 것으로 변한다'는 뜻이라고 하는 것은 어떤 민족이나 어떤 언어에서도 들은 일이 없다고 반박하면서,[54] 그 표현은 일종의 전유 (metonymy, 또는 환유) 법으로서 "상징과 상징이 의미하는 본체와의 유사성으로 인하여 본체의 이름이 비유적으로 상징에 주어진 것이라"[55] 고 하였다. 칼빈은 고대의 신인동형동성론자들 (Anthrophomorphites) 이 「하나님이 보신다 (신 11:12; 왕상 8:29; 욥 7:8)」, 「하나님의 귀에 들렸다(사 5:25,23:11; 렘 1:9,6:12)」, 「땅은 그의 발등상이라 (사 66:1; 마 5:35,7:49)」 고 라고 하는 어구들을 근거로 하여 '하나님에게 몸이 있다' 고 주장하는 오류를 범했음을 지적함으로서, 순수한 문자적 해석은 불가능하다고 강조하면서,[56] '이다' 라는 표현을 고집하는 고집불통의 사람들에 대해서 "참으로 그들은 그리스도의 말씀이 그들의 완고한 태도를 옹호하는 구실을 주기만 하면 그 말씀의 참뜻에 대해서는 그다지 관심이 없다는 것을 그들의 안이한 확신이 보여 준다"[57]고 비난하였다.

결론적으로, 천주교의 화체설과 루터의 공재설은 문자적인 해석을 취하였고, 쯔윙글리와 칼빈의 상징설은 비유적 해석을 취하였다. 이러한 비유적인 해석은 복음적인 기독교에서 받아들이는 해석이다. 아트킨슨 (Atkinson) 은 "현대의 성경 해석가들이 문자적 해석보다 상징적 해석을 인정하고 있다"[58] 고 하였고, 로제 (Bernhard Lohse) 도 "화체설은 신약성서의 내용과는 거리가 먼 교리화 작업이라는 점을 잊지 말아야 할 것이다"고 지적하고 있다.[59]

c. 기독론적 비교

천주교와 기독교의 성찬론에는 기독론적 차이가 있음도 간과할 수 없다. 천주교 성찬론에 나타난 기독론이 알렉산드리아학파를 따르고 있다면, 기독교의 성찬론에 나타난 기독론은 안디옥학파를 따르고 있다고 할 것이다. 알렉산드리아 학파의 기독론은 시릴 (Cyril of Alexandria) 에 의하여 완성되었는데,[60] "성육신 이전에는 이론상으로 두 성질이 있었으나 성육신 이후에는 하나의 성질 즉 신적인 동시에 인간적인 한 성질이 있을 뿐이다. 즉 두 성질이 단일체로 결합되었다는 것이다." [61] 반면에 네스토리우스 (Nestorius) 로 대표되는 안디옥 학파의 기독론은 신인양성 (神人兩性) 을 주장하였고,[62] 이러한 안디옥 학파의 "신인양성 (神人兩性) "의 기독론은 칼케돈회의에서 "일인격양성 (一人格兩性) 의 교리가 정통교리로 채택됨에 따라서 정당화 되었다.[63]

이 점에 대해서는 천주교와 루터가 같이 가고, 쯔윙글리와 칼빈이 같이 간다. 천주교의 화체설과 루터의 공재설 (共在設) 은 성찬 제정의 말씀을 문자적으로 해석한 결과 알렉산드리아 학파의 기독론을 따라서 육적 임재를 주장하게 된다. 반면에 쯔윙글리와 칼빈의 상징설과 영적 임재설은 성찬 제정의 말씀을 비유적으로 해석한 결과 안디옥 학파의 기독론을 따르게 된다.[64] 이러한 성찬에 있어서의 그리스도의 임재의 문제에 대한 견해 차이는 이미 종교개혁 당시에 주요한 논쟁거리였다.

루터는 기독론에 있어서 '신성과 인성의 연합은 절대 분리할 수 없다'고 강하게 주장하였는데, 이 견해는 '인성의 편재'와 '성찬에서의 실재적 임재'라는 견해를 필연적으로 가져오게 하였다.[65] 반면에 칼빈은 칼케돈의 기독론을 따라,[66] "그리스도의 신성은 그의 인성과 결합·통일되어 두 본성은 각각 그 특이성에 손상을 받지 않은 채 결합하여 한 그리스도를 이루었다" [67]고 주장한다. 루터에 있어서는 성찬에서 그리스도의 신성과 인성이 동시에 임재한다는 것이요. 칼빈에게 있어서 영적 임재란 그리스도의 신성의 임재가 아니라 (그에게 있어서는 임재의 양식이 중요한 것이 아니다), 성령의 권능으로 우리가 그리스도와 연합된다는 것이요, 성찬이 영적 양식이 된다 (즉, 성령의 능력으로 그런 효과가 있게 된다) 는 것이다.[68]

칼빈은 로마 카톨릭교의 화체설은 교리적으로 그리고 논리적으로 모순됨을 지적한다. 우선 먼저 칼빈은 그리스도께서 승천하시어 재림 때까지 하늘에 머무신다는 것을 강조한다 (행1:3,9;3:21; 막16:16,19) . 즉 그리스도께서는 제자들이 보는 앞에서 승천하셨다는 점과,[69] 그리스도의 몸은 지금 하늘에 계신다는 것을 지적한다.[70] 따라서 그는 그리스도의 공간적 임재와 화체설은 있을 수 없다고 주장한다. 칼빈은 "그리스도의 몸은 하늘에 계시다"[71]고 논증함으로써 알렉산드리아학파적 기독론을 정면으로 거부하는 것이다.[72]

루터가 로마 카톨릭과 함께 나란히 육체적 실재론에 서 있다면, 쯔윙글리와 칼빈은 상징론 내지는 영적 임재론에 나란히 서 있는 것이고,[73] 천주교와 루터가 알렉산드리아 학파의 기독론을 따른다면, 쯔윙글리와 칼빈은 안디옥 학파의 기독론을 따르고 있는 것이다. 따라서 우리는 천주교와 기독교의 성찬론에는 기독론적 차이가 있음을 알 수 있다.

d. 성찬의 요소에 대한 비교

이 문제에 대해서는 두 가지가 비교된다. 하나는 천주교가 영성체시에 신자들에게 떡만 주고 잔은 주지 않는 문제요, 다른 하나는 천주교가 떡을 숭배한다는 점이다.

천주교에서는 사제만이 떡과 잔 모두를 들고 평신도들에게는 떡만 주는

데, 이러한 제도를 "수찬금지 제도"라고 말한다. 이 수찬금지 제도에 대하여 루터를 비롯한 모든 개혁가들은 비판하였다. 왜냐하면 그것이 성경과 어긋나기 때문이다. 루터는 평신도들에게 잔을 주지 않음에 대하여 성만찬 예식의 근거가 되는 성경을 인용하여 아주 신랄하게 반박하였는데, 복음서와 바울 서신에 의하면 빵과 포도주는 어느 것 하나도 빠지지 않은 완전한 성찬이 이루어지고 있었다는 것이다.[74] 따라서 평신도들에게 잔을 주는 것이 예수 그리스도께서 제정하시고 명령하신 성만찬을 바르게 지켜 행하는 것이라고 했다.[75] 칼빈은 '수찬금지'에 대하여 그의 「기독교 강요」 제4권 17장 47—50항에서 비판하고 있는 바, "성찬의 절반을 하나님의 백성에게서 도둑질 또는 강탈하는 규정"[76]이라고 비난하였다. 쯔윙글리 역시 미사의 다른 여러 가지와 함께 일반 신자에게는 빵만 주고 잔은 주지 않는 것 (수찬금지) 을 반대하였다.[77] 그리하여 종교개혁 이래 우리 기독교는 성찬시에 신자들에게 떡과 잔을 모두 준다. 이렇게 볼 때 천주교는 불완전한 절반의 성찬을, 기독교는 온전한 성찬을 하는 셈이다.

덧붙여서 천주교에서는 화체설에 의하여 떡을 그리스도의 몸이라고 믿고 숭배하나, 우리 기독교는 떡과 그리스도를 동일시하지 않으므로 떡을 숭배하지 않는다. 빌헬름 니젤 (Wilhelm Niesel) 이 지적한 바와 같이, 이것은 "화체설"의 교리로부터 필연적으로 나오게 된다.[78] 왜냐하면, 그 떡과 포도주는 더 이상 평범한 떡과 포도주가 아니라, 예수 그리스도의 몸과 피가 되었기 때문이다. 그러나 우리 기독교에서는 성찬에서의 떡이 곧 그리스도의 몸이라고 믿거나 동일시하지는 않는다. 칼빈은 떡 앞에 엎드려 거기서 그리스도를 경배하는 것은 미신이며 우상이라고 지적하면서, 성찬의 떡에 대한 예배를 고안해 낸 사람들은 "성경이 반대하는 것을 무시하면서 살아계신 하나님을 버리고 자기들이 원하는 대로 신을 만들어 냈다." [79]고 비판하였다. 쯔윙글리 역시 성체숭배는 물질적 대상을 우상화하는 것이라 하여 반대하였다. [80]

이와 같이 천주교의 성찬인 미사의 영성체 (領聖體)에서는 신자들에게 떡만 주고 잔은 주지 않기 때문에 불완전한 절반의 성찬만 존재하는 반면, 기독교의 성찬에서는 신자들에게 떡과 잔을 모두 주므로 온전한 성찬을 하고 있다. 또한 천주교에서는 떡을 그리스도의 몸이라고 믿고 그 떡에게 절하고 기도하고 복을 비는 등 종교적으로 숭배하고 있으나, 기독교에서는 성찬의 떡은 단지 그리스도를 기념하는 것이요 영의 양식으로 생각 할 뿐이요, 종교적인 숭배의 대상으로 여기지는 않는다는 점이 다르다.

3. 십자가 구속의 완전성 비교

앞에서 살펴본 바와 같이, 천주교에서는 미사가 구약 제사의 계승이며,[81] 그리스도의 십자가 제사의 재현이라고 한다.[82] 뿐만 아니라, 이 미사라고 하는 제사는 그리스도의 십자가의 제사와 본질적으로 같은 것이며,[83] 그 목적과 가치와 효과도 그리스도의 십자가의 제사와 동일하다는 것이다.[84]

이러한 천주교의 주장은 구약의 제사가 아직 폐지되지 않았으며 미사를 통해서 계속된다는 것이고, 또한 그리스도의 십자가의 구속으로 우리의 죄가 단번에 해결되지 않았다는 것을 전제한다. 반면에 우리 기독교에서는 구약의 제사는 그리스도의 십자가 제사를 예표한 것이었고 그리스도의 십자가의 속죄로 말미암아 온전히 성취되었다고 믿는다.[85]

예수께서 십자가에서 임종시에 "다 이루었다"하시고 돌아가셨다 (요한 19:30). 이 말씀 속에는 무한히 많은 뜻이 함축되어 있었다. 그리스도의 십자가의 희생은 "하나님의 구원의 계획", "구약 제사제도의 예표", "인류의 모든 죄의 문제" 등에 대한 일회적 완성이었던 것이다. 구약의 제사는 사람들을 죄에서 온전케 하지 못하였고, 다만 그리스도의 십자가 희생에 대한 하나의 그림자요 예표이었으나, 예수 그리스도의 십자가의 제사는 완전하여 그 피가 우리를 모든 죄에서 영원히 깨끗케 하셨기 때문이다. 이점에 대하여는 히브리서가 잘 묘사하고 있으므로 이에 관련되는 중요한 몇 구절만 인용해본다.

〈히 10:1〉 율법은 장차 오는 좋은 일의 그림자요 참 형상이 아니므로 해마다 늘 드리는 바와 같은 제사로는 나아오는 자들을 언제든지 온전케 할 수 없느니라

〈히 10:11-14〉 제사장마다 매일 서서 섬기며 자주 같은 제사를 드리되 이 제사는 언제든지 죄를 없게 하지 못하거니와 오직 그리스도는 죄를 위하여 한 영원한 제사를 드리시고 하나님 우편에 앉으사 그 후에 자기 원수들로 자기 발등상이 되게 하실 때까지 기다리시나니 저가 한 제물로 거룩하게 된 자들을 영원히 온전케 하셨느니라

〈히 10:17-18〉 저희 죄와 저희 불법을 내가 다시 기억치 아니하리라 하셨으니 이것을 사하셨은즉 다시 죄를 위하여 제사드릴 것이 없느니라

칼빈은 로마 교회가 미사를 계속해서 반복한다는 것은 십자가에서 단번에 우리를 영원히 성결케 하신 희생을 불완전하고 무력하다고 고발하는 것이며, 십자가를 타도하는 것이고, 그리스도의 십자가 수난을 은폐하며 매장하는 것이라고 지적한다.[86] 왜냐하면, 그리스도께서 우리를 영원히 성결하게 하시고 우리를 위해서 희생 제물로 바치셨다면 (히 9:12) 이 희생의 힘과 효력이 무한히 계속된다는 것은 의심할 여지가 없고, 다시 반복할 필요가 없기 때문이다.[87] 그는 미사를 희생이라 말하는 것은 사단의 역사라고 말하고, 그리스도의 죽음을 다시 요구하는 불경을 범하는 일로 생각하였다. 즉 그것은

그리스도에게 견딜 수 없는 모욕을 돌리는 일이다.[88]

결론적으로 말해서 "이런 화체설과 희생제사설은 십자가상의 그리스도의 희생의 완전성을 부정하는 것이 되는데, 왜냐하면 신부가 미사를 행할 때마다 이것을 계속 되풀이해야 하기 때문이다. 그러나 그리스도는 영단번(ἄπαξ)에 드린바 되셨다고 하였다 (히 6:28). 아론의 대제사장은 거듭 제사를 되풀이해야 하지만 (히 8:3, 9:25, 10:11), 그리스도는 단 한번의 희생으로 죄의 빚을 온전히 지불하셨다(히 10:12,14)."[89] 그러므로 천주교의 미사는 결과적으로 볼 때에 그리스도의 십자가의 효능을 부인하는 엄청난 비성경적인 오류이다.

4.그리스도의 제사장직에 대한 비교

미사에서 사제들은 그리스도의 자리를 대신 차지하고 있다. 신부들은 미사에서 그리스도를 대신하여 그리스도의 몸과 피를 하나님께 제물로 바치는 제사장직을 수행하기 때문에 사제라고 불리며, 거기에서 그리스도로서 행동한다.[90] 그들은 외람되게도 신부들이 제사장이 되어서 그리스도를 제물로 바친다고 주장한다. 이는 분명 그리스도의 제사장직을 탈취하는 행위이다. 알렉산더 스튜아트 (Alexander Stewart) 는 말하기를 "로마교 교리체계 가운데 가장 큰 죄악은 예수 그리스도의 제사장직에 대해 모욕을 가한데 있다. 로마교회의 신부들은 하나님의 아들의 자리를 빼앗는다. 그들의 주장이 용납되는 한 독일하신 구속주의 직분의 영광이 가리어지나니 이는 그것이 제사장직의 최종성과 유효성을 손상시키기 때문이다."[91] 라고 하였고, 제임스 배너만 박사 (Dr. James Bannerman) 도 말하기를 "로마교회의 가장 큰 죄는 여기 있다. 곧 하늘에서나 땅위에서나 하나님의 아들 외에는 아무도 합당하지 않은 제사장의 칭호를 그들이 스스로 가로채고 외람되게도 창조자와 피조물 사이에 서서 제사장 직분을 사람들 위에 행사하는 이것이다."라고 하였다. (그리스도의 교회 제2권 p. 109-170) [92]

천주교의 사제들은 단순히 미사에 있어서만 그리스도의 제사장직을 차지하고 있는 것이 아니라, 그리스도의 중보자직을 차지하고 있다. 미사에 있어서 찾아볼 수 있는 가장 큰 특징은 하나님과 사람 사이의 유일하신 중보자이신 그리스도 (딤전 2:5) 대신 신부들이 중보자직을 차지하고 있고, 신부들을 "또 다른 그리스도" (Another Christ) 라 부르면서 대제사장이신 (히 4: 14) 그리스도의 제사장 (사제) 직을 대신하고 있다는 것이다. [93]

반면에 우리 기독교는 그리스도 외에 다른 제사장이나 다른 중보자를 인정하지 않는다. 오직 그리스도만이 유일하신 대제사장이시다. 그리고 그리스도만이 하나님과 우리 사이의 유일하신 중보자가 되신다. 성경은 이러한 사실을 명명백백하게 말하고 있다.

〈히브리서 3:1〉 그러므로 함께 하늘의 부르심을 입은 거룩한 형제들아 우리의 믿는 도리의 사도시며 대제사장이신 예수를 깊이 생각하라

〈히브리서 4:14〉 그러므로 우리에게 큰 대제사장이 있으니 승천하신 자 곧 하나님 아들 예수시라 우리가 믿는 도리를 굳게 잡을찌어다

〈히브리서 6:20〉 그리로 앞서 가신 예수께서 멜기세덱의 반차를 좇아 영원히 대제사장이 되어 우리를 위하여 들어가셨느니라

〈디모데전서 2:5〉 하나님은 한 분이시요 또 하나님과 사람 사이에 중보도 한 분이시니 곧 사람이신 그리스도 예수라

대제사장이신 그리스도께서는 오늘도 하나님 보좌 우편에서 우리를 위하여 기도하고 계시며 (롬 8:34, 히 7:24-25),[94] 우리가 만일 죄를 범하면 그리스도께서 하나님 아버지 앞에서 우리를 위하여 변호하신다 (요일 2:1).[95] 그렇기 때문에 그리스도의 대제사장직과 중보자직을 차지하고 있으면서 "또 다른 그리스도 (Another Christ)"를 자처하는 천주교의 사제직은 다름 아닌 성경이 말하는 "거짓 그리스도" (마 24:23-24) 요 "적그리스도" (요일 2:18) 라고 할 수 있다.[96]

5. 복음(福音)과 공덕축적설(功德蓄積說)

천주교의 미사에 깃들어 있는 것은 인간의 행위를 의존하는 공로사상 (功勞思想) 이다. 반면에 기독교의 예배에 내포되어 있는 것은 하나님의 은혜 (恩惠) 에 의존하는 믿음이다. 그렇기 때문에 천주교의 미사와 기독교의 예배는 "공덕축절설 (功德蓄積說, Treasury of Merits)"과 "이신득구 (以信得救, Solafide- ism) 의 복음 (福音)"으로 대비 (對比) 할 수 있다.

천주교는 주장하기를, 미사는 십자가의 제사와 동일한 희생제사로서 참으로 속죄의 제사라고 한다.[97] 미사는 살아있는 사람과 죽은 사람들의 죄에 대한 보상으로 바치는 것이라는 것이다.[98] 그리하여 이 미사의 효과는 우리가 날마다 저지르는 죄의 용서에 적용될 것이며,[99] 연옥에 있는 자들의 고통의 기간이 단축되고,[100] "영원한 안식을 가져다 준다"[101] 는 것이다. 또한 미사는 우리를 미래의 죽을 죄에서 보호하며,[102] 영적이거나 현세적인 은혜를 얻기 위해서도 바친다고 한다.[103]

이러한 천주교의 미사는 그 기본적인 사상적 바탕이 공로사상 (功勞思想) 이다. 우리가 무엇을 행함으로 죄를 보상하고, 형벌을 경감 받으며, 영육간의 은혜를 받는다는 것은 확실히 행위구원 (行爲救援) 을 의미하는 것이다. 그러기에 천주교의 미사에 깃들어 있는 사상은 구약의 율법적인 제사개념과 공로 사상이라고 할 수 있다. 그러나 우리가 확실히 아는 바는 사람이 행위로는 하나님 앞에서 의롭다하심을 얻을 수도 없고 (롬 3:20, 갈 2:16), [104] 구원을 얻을 수도 없다는 것이다 (엡 2:9). [105]

반면에 기독교의 예배는 십자가의 구속의 은혜에 대한 감사에 기초한다. [106] 즉 우리가 아직 죄인 되었을 때에 그리스도께서 우리를 위하여 죽으심으로 (롬 5:8) [107] 하나님의 은혜로 값없이 의롭다하심을 얻었고 (롬 3:24), [108] 믿음으로 말미암아 구원을 하나님의 선물로 받았기에 (엡 2:8) [109] 기쁘고 감사하여 하나님께 감사와 찬송과 영광을 드림으로 예배하는 것이다. 그러므로 기독교 예배의 밑바탕에는 하나님의 은혜로 말미암아 믿음으로 구원받은 감사가 깔려있는 것이다. 따라서 기독교의 예배는 율법 대신에 복음이, 행위 대신에 믿음이, 공로사상 대신에 하나님의 은혜가 자리 잡고 있는 것이다.

이것이 바로 천주교의 미사와 기독교의 예배가 갖고 있는 근본적인 차이점 중 하나이다. 천주교는 행위에 의존하나 기독교는 믿음에 의존하고, 천주교는 인간의 공로에 의존하나 기독교는 하나님의 은혜에 의존한다. 천주교의 미사가 구약적 제사에 해당한다면, 기독교의 예배는 신약적인 신령한 예배이다 (요 4:24). 성경은 말하기를, 그리스도께서 십자가에서 단번에 죄를 해결하셨으므로 이제는 죄를 위하여 제사지낼 것이 없고 (히 10:17-18) [110] 의문 (儀文) 의 묵은 것으로 하지 말고 영의 새로운 것으로 섬길 것이요 (롬 7:6) [111], 신령과 진정으로 예배하라 (요 4:23-24) [112]고 하였다.

6. 성당과 예배당

기독교에서는 예배 (worship) 를 드리고 천주교에서는 미사 (mass) 를 드린다. 그래서 일반적으로 기독교에서 예배를 드리는 곳을 "예배당"이라 하고,[113] 천주교에서는 미사 드리는 곳을 "성당"이라고 하는데, 성당을 존칭으로 "성전"이라고도 한다.[114] 천주교의 교회당은 미사를 집전하고 그 성체(Host)를 모셔두고 있기 때문에 그곳을 예배당이 아니고 성당이라고 한다.[115] 이것을 박도식 신부의 『가톨릭교리사전』에서는 다음과 같이 설명하고 있다.

성당이라고 하면 쉽게 말해서 성체를 모셔둔 교회당을 의미한다. 그러니까 공소는 아무리 규모가 커도 성체를 모시지 않기 때문에 성당이라고 할 수 없다.[116] "모든 성당에는 제대(祭臺, altar)가 있고 제대 근방 가장 중요한 자리에 성체를 모셔두는데 성체를 모셔두는 곳을 '감실'이라고 한다. 감실은 라틴어로 'Tabernaculum' 이라고 하는데 이것은 구약시대의 사람이 초막을 치고 야훼 앞에 제사를 바친 그 초막이라는 뜻이다…(중략)…감실에는 성체가 계시다는 뜻으로 성체등을 항상 켜놓아야 한다."[117]

반면에 기독교의 예배당은 제사장이 하나님께 제사 드리는 곳이 아니라, 신자들이 모여서 하나님께 예배를 드리는 곳이다. 그렇기 때문에 성전, 제단, 제사 등의 용어는 기독교에서 사용하기에는 적절하지 않다. 이러한 사실을 박윤선 주석에서 다음과 같이 인용해 본다.

구약의 성전은 신약에서 예수 그리스도의 몸으로 성취되고(요2: 19) 개인 신자로 성취되고(고전 3:16-17) (6:19-20) 또한 단체인 교회로도 성취되었다(벧전 2:4-5). 그러므로 신약시대에는 사실상 어떤 외부적인 시설로서 성전이란 있을 수 없다. 신자는 자기 자신을 성전으로 알아서 자기 자신에게 하나님을 모셔야 되고(요일 3:24,

엡4:30) 그 자신이 산 제물이 되어야 한다(롬12:1). 한국교회 신자들이 교회를 가리켜 "성전"이라고 하거나, 교회 혹은 예배행위를 가리켜 구약적 의미로 "제단"이라고 함은 옳지 않은 표현이다. 구약시대에 제단 위에 제사가 예표한 것이 신약시대에 그리스도의 속죄로 말미암아 완전히 성취되었다.[118]

그렇기 때문에 누가 만약 교회당을 성전으로, 강단을 제단으로, 헌금을 제물로 표현한다면 그 사람은 그 말로써 그리스도의 십자가의 일회적 완전하고 영원한 제사를 부인하는 엄청난 오류를 범하고 있는 셈이다.[119] 이와 같이 천주교의 "성당"과 기독교의 "예배당"은 기독교와 천주교의 신앙 행위가 질적으로 다른 것임을 보여주는 표현이다. 한마디로 말해서 천주교의 성당은 제사를 드리는 곳이고 기독교의 예배당은 예배를 드리는 곳이다.

7. 사제와 목사

천주교 미사와 기독교 예배를 비교할 때에 빼놓을 수 없는 것이 바로 그것을 집전하는 사람들이다. 천주교에서는 미사를 집전하는 신부들을 사제 (司祭, priest)라고 하고, 교회에서는 목사가 예배를 인도하고 말씀을 전한다.

천주교의 미사는 제사이기 때문에 제사장이 필요하다. 사제는 그리스도를 대신하여 그리스도의 몸인 성체(聖體)를 제물로 하나님께 바치는 제사장들이다. 그들은 외람되게도 신부들이 제사장이 되어서 그리스도를 제물로 바친다고 주장한다.[120] 이는 분명 그리스도의 제사장직을 탈취하는 행위이다. 그러기에 알렉산더 스튜아트 (Alexan- der Stewart)는 말하기를 "로마교 교리체계 가운데 가장 큰 죄악은 예수 그리스도의 제사장직에 대해 모욕을 가한데 있다. 로마교회의 신부들은 하나님의 아들의 자리를 빼앗는다. 그들의 주장이 용납되는 한 독일하신 구속주의 직분의 영광이 가리어지나니 이는 그것이 제사장직의 최종성과 유효성을 손상시키기 때문이다."[121] 라고 하였 던 것이다.

그러나 기독교의 목사는 제사장이 아니다. 기독교에는 제단도 없고 제사 도 없기 때문에 제사장은 필요가 없다. 다만 예배를 주관하며 말씀을 전하고 가르치며 성례를 집행하고 신자들을 돌보고 여러 가지 행정과 사무를 통괄 할 사람이 필요할 뿐이다. 예수교대한성결교회 헌장을 보면 목사의 직무와 권한에 대하여 다음과 같이 말하고 있다.

> 3. 직무와 권한 : 목사는 설교하며, 「성경」을 가르치며, 예배를 주장하며, 성례전 을 집행하며, 신자를 심방하며, 미신자에게 전도하며, 어려운 환경에 있는 신자를 돌 보며, 교회를 치리하며, 「당회」, 「직원회」 및 「사무년회」의 회장이 된다.(헌장 제 52조 3항) [122]

이와 같이 천주교의 성직자인 사제와 기독교의 영적 지도자인 목사는 근 본적으로 그 직무가 다르다는 것을 알 수 있다. 천주교에서는 그리스도를 대 신하는 제사장이요 중보자라고 자처하는 비성경적인 사제가 있으나,[123] 우 리 기독교는 그리스도 외에 다른 제사장이나 다른 중보자를 인정하지 않는 다. 다만 예배를 인도하며 말씀을 증거하며 신자들을 돌보고 지도하는 목사 가 있다. 사제와 목사는 근본적으로 다른 존재인 것이다.

종합적 평가

지금까지 천주교 미사와 기독교 예배의 역사적 형성과정과 그 의미들을
살펴보았고, 그 둘에 대하여 신학적으로 비교하여 보았다. 이로 미루어 보건
데 그 두 사이에는 결코 건널 수 없는 커다란 신학적 간격이 있고, 서로가 용
납할 수 없는 신앙적 본질이 있음을 알게 되었다. 이 점에 대해서 천주교의
「가톨릭 교회 교리서」는 너무나 명백하게 천명하기를 "종교개혁으로 가톨
릭교회에서 갈라져 나간 교단들은 "특히 신품성사의 결여로 성찬 신비 본연
의 완전한 실체를 보존하지 못하였다. 이러한 이유로 가톨릭교회는 이들 교
단들과 성찬례 공동거행을 할 수 없다." [124] 고 한다. 이제 지금까지 살핀 것
들을 가지고 미사와 예배의 차이에 대하여 신학적으로 종합적인 평가를 하
고자 한다.

1. 기원과 역사성의 차이

천주교 미사와 기독교 예배는 그 기원과 역사성이 서로 다르다고 평가할

수 있다. 오늘날과 같은 천주교의 미사가 형성된 것은 신약시대가 훨씬 지난 1215년 라테란 회의에서 이노센트 3세에 의해 공식화 되었고,[125] 1545년 트렌트회의에서 재천명된 것이다.[126] 그렇기 때문에 미사는 예수 그리스도에 의해서 시작된 것이 아니다. 앞의 본 논문〈Ⅱ. 천주교 미사에 대한 이해 A. 천주교 미사의 역사적 형성과정 5. 미사의 이교적 기원〉에서 살핀 바와 같이, "미사"라고 하는 "피흘림이 없는 희생제사"는 천주교의 독창적인 의식이라기보다는 이교도에게서 유래한 것이라는 주장들이 있다. 그 당시에 유행하던 동방의 신비종교를 흡수한 결과에 기인하는 것이며 또한 그리스와 로마의 이교주의를 거쳐서 "반복되는 희생제사를 규정한 유대교의 교리"를 부활시킨 것이라는 것이다.[127] 성체의 둥근 모양은 바벨론의 신비종교와 이집트의 태양신 숭배에서 유래한 것이라는 것이다.[128] 천주교에서는 주장하기를 마치 미사가 그리스도에게서 시작하는 것 같이 주장하지만, 그들은 성경에서 미사에 대한 분명한 근거를 찾지 못하고 있다. 다음은 미사의 기원에 대한 천주교 오브라이언 (John A. Obrien) 신부의 주장이다.

그리스도는 제사를 드릴 제사직을 마련함이 없이 교회를 세웠던가? 그는 당신이 시작한 사업을 만대에 계속할 사제직을 설정하지 않았던가? 그리스도는 교회를 세울 때는 일정한 사제직을 정하여 영속을 꾀하였다는 것이 그리스도가 세운 교회의 불변의 신앙이다. 교회는 그리스도가 다만 사제직을 설정했을 뿐 아니라 여기에 명백한 권능과 권위를 부여했음을 가르친다. 천주이신 예수 그리스도가 만대의 인류의 영신적 필요에 응해서 교회를 세울 때 그와 동시에 사제직을 세워 이에게 교회가 천주께로부터 맡은 사명을 완수하기에 필요한 권능과 권위를 주지 않았다는 것은 도저히 생각될 수 없는 일이다. 이성으로나 상식으로나 그렇게 하셨을 수밖에 없다.

멜기세덱의 차서대로 신약의 최고의 사제인 예수 그리스도는 만찬 때 당신의 살을 먹게 주고 당신의 피를 마시게 주겠다는 약속을 실천했다. 그는 당신이 방금 제헌한 성체의 제사를 영구적이며 공식적인 흠숭행위로 설정했다. 당신이 방금 행한 바를 사도들이 행하기를 명하면서 그는 여기에 포함된 권능 곧 축성권도 주었다. 그리스도는 당신이 설정한 바 당신 자신의 제사를 봉헌할 권능을 사도들에게 주면서 사도들과 후계자들을 당신의 영원한 사제직의 분담자로 삼았다.[129]

위의 글에서 그는 주장하기를 "그리스도께서 제사를 드릴 사제직을 세웠다는 것은 이성으로나 상식적으로나 그렇게 하셨을 수밖에 없다."고 주장하는 것을 보게 된다. 천주교의 사제직에 대한 성경의 증거를 대지 못하고 있는 것이다. 그리고 성찬제정의 말씀을 미사로 해석하는 것을 보게 된다. 하지만 성찬이 제사가 아니라는 것은 재삼 재론할 필요가 없을 것이다. 천주교의 주장과는 달리 "신약성경은 그 주제에 대해 한 군데도 언급하지 않고 있다. 그리스도는 미사를 행하기 위해서 사도들을 보낸 것이 아니라, 제자를 삼고 그들을 가르치고 세례를 주도록 사도들을 보내셨다.(마 28:19-20)"[130]

천주교의 미사가 신약성경에 근거가 없고 오히려 이교도들에게서 기원한 것과는 달리, 기독교의 예배는 예수 그리스도에 의하여 기원하였고 신약성경에 풍부한 증거를 가지고 있다. 예수께서는 "아버지께 참으로 예배하는 자들은 신령과 진정으로 예배할 때가 오나니 곧 이 때라 아버지께서는 이렇게 자기에게 예배하는 자들을 찾으시느니라 하나님은 영이시니 예배하는 자가 신령과 진정으로 예배할찌니라 (요 4:23-24)"고 말씀하심으로써, 이제는 예수 그리스도로 말미암아 구약적 제사의 모형적 예배가 아니라 성령을 심중에 모신 마음성전에서의 참 예배를 드리는 예배의 혁신을 기할 때가 온 것을 말씀하셨던 것이다.[131] 그 후 예수 그리스도의 십자가의 구속으로 구약제사는 폐지되고 신령한 예배를 드리게 되었고, 신약성경은 그리스도인들이 구약적 제사가 아니라, 감사와 찬송과 신령한 노래로 하나님을 영화롭게 하는 예배를 드린 사실을 다음의 성경에서 얼마든지 찾아볼 수 있다.

〈행 2:42〉 저희가 사도의 가르침을 받아 서로 교제하며 떡을 떼며 기도하기를 전혀 힘쓰니라

〈고전 14:26〉 그런즉 형제들아 어찌할꼬 너희가 모일 때에 각각 찬송시도 있으며 가르치는 말씀도 있으며 계시도 있으며 방언도 있으며 통역함도 있나니 모든 것을 덕을 세우기 위하여 하라

〈엡 5:19〉 시와 찬미와 신령한 노래들로 서로 화답하며 너희의 마음으로 주께 노래하며 찬송하며

〈골 3:16〉 그리스도의 말씀이 너희 속에 풍성히 거하여 모든 지혜로 피차 가르치며 권면하고 시와 찬미와 신령한 노래를 부르며 마음에 감사함으로 하나님을 찬양하고

〈딤전 4:13〉 내가 이를 때까지 읽는 것과 권하는 것과 가르치는 것에 착념하라

더 나아가서 기독교의 예배는 종교개혁가들에게 빚을 지고 있는 바, 그들은 신약성경과 초대교회의 예배를 회복하려는 열망으로 미사의 개혁을 이루고 성경적인 예배를 구현했음을 다시 한 번 강조하고자 한다. 그들은 약간의 견해차가 있기는 했으나, 예배가 신약성경에 충실해야 한다는 점과 초대교회의 예배를 회복해야 한다는 점에서는 일치하였던 것이다.[132] 이와 같이 천주교의 미사가 성경에 그 근거가 없고 오히려 이교적인 기원을 가졌음에 비하여 기독교의 예배는 예수 그리스도로부터 기원하며, 종교개혁가들

의 노력의 결과로 인하여 신약성경과 초대교회를 따르는 역사성이 있음을 알 수 있다.

2. 본질적 차이

미사와 예배는 본질적으로 다르다. 천주교 미사 (mass) 의 핵심 개념은 희생제사 (Sacrifice) 이며,[133] 예수 그리스도를 제물로 바치는 제사를 의미한다.[134] 희생제사 (sacrifice) 라고 하는 것은 본질적으로 죄를 용서받기 위해서 드리는 것이다. 그렇기 때문에 미사가 구약 제사의 계승이고, 그리스도의 십자가 제사의 재현이라면, 미사 역시 죄를 용서받기 위해서 속죄의 제사를 드리는 것이다.[135] 그렇다면 미사는 아직 죄사함을 받지 못했고 구원을 받지 못했음을 전제하는 것이다.

그런데 기독교의 예배는 죄를 용서받기 위하여 드리는 제사가 아니다. 기독교의 예배는 이미 죄사함을 받고 구원받았기 때문에 기쁘고 감사하여 하나님 앞에 나아가서 경배하며 찬양하며 예물을 드리고 하나님께 영광을 돌리는 것이다. 예배의 기본 개념은 왕이신 하나님 앞에 나아가서 하나님의 위대하심과 베푸신 십자가 구속과 온갖 은혜를 인하여,[136] 끓어 경배하며 기도와 찬송과 감사를 올리는 것이다.[137] 이 예배에서는 동물의 희생제사가 필요 없다. 왜냐하면, 그것은 그리스도의 십자가에 의하여 폐지되고 완성되었기 때문이다.[138] 기독교인들이 하나님께 예배를 드린다는 것은, 그들이 그리스도의 십자가의 보혈로 죄사함을 받아 하나님과 화목되었고 (롬 5:10),[139] 구원 받아서 하나님의 백성이 되었음을 전제하는 것이다. 이것이 기독교 예배와 천주교 미사의 근본적인 차이이다.

3. 기독론적 차이

천주교 미사와 기독교 예배 사이에는 기독론에 있어서 3가지 큰 차이점이 있다. 첫째는 그리스도의 본성에 관한 것이요, 둘째는 그리스도의 십자가의 완전성에 관한 것이며, 셋째는 그리스도의 대제사장직에 관한 것이다.

첫째로, 천주교의 미사와 기독교의 예배 사이에는 그리스도의 본성에 대한 차이가 있다. 천주교 미사의 성찬론에 나타난 기독론이 알렉산드리아 학파를 따르고 있다면, 기독교의 성찬론에 나타난 기독론은 안디옥 학파를 따르고 있다고 할 것이다. 천주교의 화체설은 성찬 제정의 말씀을 문자적으로 해석한 결과 알렉산드리아 학파의 기독론을 따라서 육적 임재를 주장하게 된다. 반면에 기독교의 상징설과 영적 임재설은 성찬 제정의 말씀을 비유적으로 해석한 결과 안디옥 학파의 기독론을 따르게 된다. 기독교의 기독론이 정통임은 두말할 필요도 없다.[140]

둘째로, 천주교의 미사와 기독교의 예배 사이에는 그리스도의 십자가의 완전성에 대한 차이가 있다. 천주교의 미사에 대한 정의를 보면, 미사는 구약 제사의 계승이며,[141] 그리스도의 십자가 제사의 재현이라고 한다.[142] 이러한 천주교의 주장은 구약의 제사가 아직 폐지되지 않았으며 미사를 통해서 계속된다는 것이고, 또한 그리스도의 십자가의 구속으로 우리의 죄가 단번에 해결되지 않았다는 것을 전제한다. 그러므로 천주교의 미사는 결과적으로 볼 때에 그리스도의 십자가의 효능을 부인하는 엄청난 죄악이다. 그러기에 칼빈은 로마 교회가 미사를 계속해서 반복한다는 것은 십자가에서 단번에 우리를 영원히 성결케 하신 희생을 불완전하고 무력하다고 고발하는 것이며, 십자가를 타도하는 것이고, 그리스도의 십자가 수난을 은폐하며 매장하는 것이라고 지적하면서,[143] 미사를 희생이라 말하는 것은 사단의 역사이며 그리스도에게 견딜 수 없는 모욕을 돌리는 일이라고 하였던 것이다.[144] 반면에 우리 기독교에서는 구약의 제사는 그리스도의 십자가 제사를 예표한 것이었고 그리스도의 십자가의 속죄로 말미암아 온전히 성취되었다고 믿는다.[145] 그리스도의 십자가의 희생은 "하나님의 구원의 계획", "구약 제사제도의 예표", "인류의 모든 죄의 문제" 등에 대한 일회적 완성이었던 것이다.

셋째로, 천주교의 미사와 기독교의 예배 사이에는 그리스도의 제사장직에 대한 차이가 있음을 찾아볼 수 있다. 미사에서 사제들은 그리스도의 자리를 대신 차지하고 있다. 신부들은 미사에서 그리스도를 대신하여 그리스도의 몸과 피를 하나님께 제물로 바치는 제사장직을 수행하기 때문에 사제라고 불리며, 거기에서 그리스도로서 행동한다.[146] 그들은 외람되게도 신부들이 제사장이 되어서 그리스도를 제물로 바친다고 주장한다. 이는 분명 그리스도의 제사장직을 탈취하는 행위이다. 알렉산더 스튜아트 (Alexander Stewart)는 말하기를 "로마교회의 신부들은 하나님의 아들의 자리를 빼앗는다."[147]고 하였고, 칼빈은 "스스로 그리스도를 도살하는 자라고 호언하는 이 모독자들은 어떤 철면피를 쓰고 감히 살아 계신 하나님의 제사장을 자칭하는가?"[148] 라고 분노하였다.

반면에 우리 기독교는 그리스도 외에 다른 제사장이나 다른 중보자를 인정하지 않는다. 오직 그리스도만이 유일하신 대제사장이시다 (히 4:14). 그리고 그리스도만이 하나님과 우리 사이의 유일하신 중보자가 되신다 (딤전 2:5). 그렇기 때문에 그리스도의 대제사장직과 중보자직을 차지하고 있으면서 "또 다른 그리스도 (Another Christ)"를 자처하는 천주교의 사제직은 비성경적일 뿐만 아니라, 성경이 말하는 "거짓 그리스도" (마 24:23-24) 요 "적그리스도" (요일 2:18) 라고도 할 수 있다.[149]

4.구원론적 차이

천주교의 미사에 깃들어 있는 것은 인간의 행위를 의존하는 공로사상 (功勞思想) 이다. 반면에 기독교의 예배에 내포되어 있는 것은 하나님의 은혜 (恩惠) 에 의존하는 믿음이다. 그렇기 때문에 천주교의 미사와 기독교의 예배는 구원론적인 차이가 있다. 단적으로 말한다면, "공덕축절설 (功德蓄積說)"과 "이신득구 (以信得救) 의 복음 (福音)"으로 대비 (對比) 할 수 있다.

천주교는 주장하기를, 미사는 십자가의 제사와 동일한 희생제사로서 참으로 속죄의 제사라고 한다.[150] 미사는 살아있는 사람과 죽은 사람들의 죄에 대한 보상으로 바치는 것이라는 것이다.[151] 그리하여 이 미사의 효과는 우리가 날마다 저지르는 죄의 용서에 적용될 것이며,[152] 연옥에 있는 자들의 고통의 기간이 단축되고,[153] "영원한 안식을 가져다 준다"[154]는 것이다. 또한 미사는 우리를 미래의 죽을 죄에서 보호하며,[155] 영적이거나 현세적인 은혜를 얻기 위해서도 바친다고 한다.[156] 이러한 천주교의 미사는 그 기본적인 사상적 바탕이 공로사상 (功勞思想) 이다. 우리가 무엇을 행함으로 죄를 보상하고, 형벌을 경감 받으며, 영육간의 은혜를 받는다는 것은 확실히 행위구원 (行爲救援) 을 의미하는 것이다. 그러나 우리가 확실히 아는 바는 사람이 행위로는 하나님 앞에서 의롭다하심을 얻을 수도 없고 (롬 3:20, 갈 2:16), 구원을 얻을 수도 없다는 것이다 (엡 2:9). 그렇기 때문에 천주교의 구원론은 비성경적이다. 뿐만아니라, 천주교의 구원론에 의하면 구원의 확신이 불가능하다. 천국에 갈 것인지 지옥에 갈 것인지는 죽어봐야 알게 된다.[157] 이 모두는 행위를 의존한 결과이다.

반면에 기독교의 예배는 십자가의 구속의 은혜에 대한 감사에 기초한다.[158] 즉 우리가 아직 죄인 되었을 때에 그리스도께서 우리를 위하여 죽으심으로 (롬 5:8) 하나님의 은혜로 값없이 의롭다하심을 얻었고 (롬 3:24), 믿음으로 말미암아 구원을 하나님의 선물로 받았기에 (엡 2:8) 기쁘고 감사하여 하나님께 감사와 찬송과 영광을 드림으로 예배하는 것이다. 그러므로 기독교 예배의 밑바탕에는 하나님의 은혜로 말미암아 믿음으로 구원받은 감사가 깔려 있는 것이다. 기독교의 구원론은 그리스도의 십자가와 믿음에 의존하기 때문에 구원의 확신이 가능하다.

이와 같이 기독교의 예배는 율법 대신에 복음이, 행위 대신에 믿음이, 공로사상 대신에 하나님의 은혜가 자리 잡고 있는 것이다. 이것이 바로 천주교의 미사와 기독교의 예배가 갖고 있는 근본적인 차이점 중 하나이다. 천주교는 행위에 의존하나 기독교는 믿음에 의존하고, 천주교는 인간의 공로에 의존하나 기독교는 하나님의 은혜에 의존한다.

5. 교회론적 차이

a. 예배와 성례

천주교에서의 미사는 성찬을 의미한다. 성찬이 곧 우리가 우리의 죄를 용서받기 위해서 하나님께 바치는 희생제사라는 것이다. 천주교의 주장에 의하면, "우리 구세주께서는 팔리시던 그 밤에 최후 만찬에서 당신 몸과 피의 성찬의 희생 제사를 제정하셨다. 이는 다시 오실 때까지 십자가의 희생 제사를 세세에 영속화하고, 또한 그때까지 사랑하는 신부인 교회에 당신 죽음과 부활의 기념제를 맡기시려는 것이었고", [159] "그리스도께서 바치신 희생 제사와 성찬례의 희생 제사는 동일한 제사라"는 것이다. [160] 그러나 기독교의 예배는 성찬을 의미하지 않는다. 성찬은 성례 (Sacrament) 이지, 예배 (worship) 가 아니다. 예배와 성찬은 다른 것이다. 그렇기 때문에 엄격히 말하면 미사는 예배와 대등한 관계에 있는 것이 아니라, 성례에 속한 것이다. 확실한 사실은 성경에서 천주교 미사의 근거는 찾아볼 수 없고 오히려 명백하게 미사를 금하는 말씀이 있는 반면 (히 10:17-18) ,[161] 예배의 근거는 명백하다는 것이다 (요 4:23-24) .[162]

뿐만 아니라, 천주교의 성찬은 우리가 하나님께 드리는 희생제사이지만, 기독교의 성찬은 제사가 아니라 그리스도의 구속의 은혜를 기념하는 만찬이요 주께서 우리들에게 베풀어주신 잔치이다. 최후의 만찬이 유월절 (πάσχα) 축제의 만찬이었고, 예수께서는 그 유월절 만찬에 새로운 뜻을 부여하셨고, 유월절 만찬을 갱신하신 것이다.[163] 이러한 주의 만찬과 유월절과의 관계는 교회가 창안한 것이 아니라, 예수님 자신에 의하여 된 것이다.[164] 유월절이 출애굽의 구원을 기념하는 잔치였던 것처럼 성찬은 그리스도의 십자가 구속을 기념하는 잔치이다. 성찬은 하나님을 위한 제물이 아니고 신자들을 위한 영적 양식이며,[165] 우리가 주님께 드리는 것이 아니라, 주님이 우리를 위하여 마련해 주신 선물인 것이다.[166]

b. 사제와 목사

천주교에는 사제가 있고 기독교에는 목사가 있다. 천주교의 성찬인 미사는 제사이기 때문에 반드시 제사장이 필요하다. 그래서 그들은 주장하기를, 그리스도께서 최후의 만찬에서 성찬의 제사를 영구적이며 공식적인 흠숭 (欽崇) 행위로 설정하고 사도들과 후계자들을 영원한 사제직의 분담자들로 삼고 축성권 (祝聖權) 을 주었다고 한다.[167] 사제권 (司祭權) 은 그리스도의 제자들이 그리스도에게 받은 권리로서, 그들이 종교의식을 행함으로 신도들의 영혼을 거룩하게 하는 권리라고 한다.[168]

천주교의 신부들은 단순한 설교자만이 아니라 제단에서 제사를 봉헌하는 사제들이다.[169] 사제는 그리스도를 대신하여 그리스도의 몸인 성체를 제물로 하나님께 바치는 제사장들인 것이다. 그들은 외람되게도 신부들이 제사장이 되어서 그리스도를 제물로 바친다고 주장한다.[170] 이는 분명 그리스도의 제사장직을 탈취하는 행위이다. 칼빈은 말하기를, "그들의 사제직을 지지하는 성경 말씀을 그들은 일점일획도 찾아낼 수 없다."[171]고 비판하였다.

그러나 기독교에는 제단도 없고 제사도 없기 때문에 제사장은 필요가 없다. 그렇기 때문에 기독교에는 제사장이 아닌 목사가 있다. 그리스도께서는 자기와 함께 있게 하시고 또 복음을 전하게 하시려고 사도들을 세우셨으며 (막 3:14), 또한 사도들에게 미사를 부탁하신 것이 아니라, 복음을 전하고 제자들을 삼아서 세례를 주고 가르치라고 부탁하셨다 (막 16:15, 마 28:19-20).[172] 주님께서는 베드로에게 "내 양을 먹이라"고 사명을 주셨다.(요 21:15-17) 그렇기 때문에 기독교 사역자가 백성에게 주는 것은 하나님의 말씀이며, 사역자는 "복음사역"을 위해 안수를 받는 것이다.[173] 사도들의 뒤를 이어서 목사들은 예배를 주관하며 말씀을 전하고 가르치며 성례를 집행하고 신자들을 돌보고 있다. 성경에서 천주교의 사제직에 대해서는 단 하나도 찾아볼 수 없지만, 목사직에 대해서는 분명하게 언급하고 있음을 찾아볼 수 있다 (엡 4:11).[174]

6. 종말론적 차이

천주교의 미사에는 기독교와는 다른 종말론적인 내용도 들어 있는데, 그것은 바로 그들이 연옥에 있는 자들을 위해서 미사를 드린다는 사실이다. 천주교의 주장에 의하면 , 미사에 의해서 연옥에 있는 자들의 고통의 기간이 단축되고,[175] "영원한 안식을 가져다 준다"[176] 는 것이다. 그래서 그들은 매년 11월 2일을 "연옥의 날'로 정하고 연옥에 있는 영혼들의 고통을 경감하거나 종결시키는 미사를 드린다.[177]

이러한 천주교의 연옥설은 비성경적인 종말론으로서 그들의 주장에 의하면, 천국과 지옥 사이에 연옥이라는 데가 있어서 사람이 죽은 다음에 죄의 그림자도 없는 깨끗한 영혼은 천국으로 가고, 대죄 (큰 죄) 중에서 하나님과 영영 등을 진 사람들은 지옥으로 가고,[178] 소죄 (작은 죄) 나 불완전을 가지고 있거나 죄에 대한 적당한 보속을 완료하지 않은 영혼들은 연옥에서 그 나머지를 보속해야한다는 것이다.[179] 이러한 연옥설이 비성경적인 교리라는 것은 천주교의 성인교리서인 「그리스도의 가르침」이라는 책에도 다음과 같이 나와 있다.

"연옥" 이란 말이 성서에 있는 것이 아니고, 연옥에 관한 교리도 성서에 분명하게 있는 것도 아니다. 하지만 연옥에 관한 믿음은 오래되고, 하나님의 심판에 대한 성서의 분명한 가르침에 뿌리박고 있다. 연옥에 대한 믿음은 또한 하나님을 보기 위해서 성덕이 필요하고 용서받은 죄에 대한 현세적 벌이 있다는 교리에 근거한다.[180]

이와 같이 연옥설은 성경에 근거가 없는 이론일 뿐만 아니라, 죽은 다음에도 죄를 용서받고 형벌의 고통을 경감 받으며 천국으로 갈 수 있다고 주장하는 사후기회론 (死後期會論) 이기도 하다. 이러한 미사와 관련된 연옥설의 오류에 대하여 로버트 케치암 (Robert Ketcham) 박사는 이렇게 질문한다.

"사제여, 당신은 주어진 사례에서, 그만 기도하고, 교구 사람들로부터 돈받을 때를 어떻게 아느냐? 당신은 존 머피가 연옥에서 나온 때를 어떻게 아느냐? 그가 나온 것은 유족에 의해 지불된 미사를 드림에 달려있다. 당신이 한두 미사를 너무 빨리 끝내면, 어떻게 되느냐? 만일 당신의 그 사람이 연옥에서 나온 후에도 계속해서 그 사람을 위해서 미사를 드리고 있다면, 당신이 잘못됐다. 당신이 이처럼 빠르든, 늦든 잘못한 것이다. 로마 카톨릭 사제 여러분께 내가 진심으로 묻겠는데, 당신들이 그 개인을 위해서 미사를 멈출 때를 어떻게 아느냐? 당신들이 그 보이지 않는 세계와 무슨 연관이 있느냐?"〔소책자,「로마교는 스스로 말하라」(Let Rome Speak for Herself), p. 20.〕 [181]

이상에서 살핀 바와 같이, 천주교의 미사에는 사후기회론이며 공덕축적설에 의존하고 있는 연옥설이라고 하는 비성경적인 종말론이 깊이 관련되어 있음을 알 수 있다. 그들은 미사를 통해서 연옥에 있는 자들의 공통이 경감된다고 주장한다.

7. 미사에 대한 신학적 평가

미사에 대해서 복음적인 기독교의 관점에서 신학적으로 비평을 한다면, 한마디로 그것은 비성경적이고 그리스도의 십자가의 완전성을 부인하며, 사제들은 그리스도의 대제사장직과 중보직을 가로채고 있다는 것이다. 이러한 천주교 미사는 다음과 같이 많은 사람들에게 우상숭배요, 종교적 사기이며, 사탄적이라는 평가를 받고 있다.

칼빈은 천주교의 미사에 대하여 비판하기를, 미사는 그리스도의 제사장직을 탈취하고 그리스도를 모독하는 것이며, [182] 그리스도의 수난을 은폐하고,[183] 그리스도를 다시 죽이는 것이라고 하였다.[184] 그는 또 말하기를, 미사는 사탄이 그리스도의 나라를 포위 함락시키기 위해서 만든 가장 강력한 무기이며, 미사가 주장할 수 있는 가장 순수한 형태를 보더라도 거기에는 철두철미하게 온갖 불평과 훼방과 우상숭배와 신성모독이 가득 차 있다고 하였다.[185]

휘튼 대학의 헨리 디이슨 (Henry C. Thiessen) 은 미사에 대해서 평하기를, "신부가 성별되이 바친 후라 할지라도 떡은 역시 그대로 떡이요 포도주는 역시 그대로 포도주지 별다른 것이 아니다…그리스도의 문자적 살과 피에 동참한다는 사상은 식인종적 사상을 유발시키며 정상적인 생각에 지극히 불쾌감을 준다. 또 이런 화체설 사상은 십자가상의 그리스도의 희생의 완전성을 부정하는 것이 되나니, 왜냐하면 신부가 미사를 행할 때마다 이것을 계속 되풀이해야 하기 때문이다…카톨릭 미사를 집례하는 신부는 사실상 새로운 그리스도 살인자다…끝으로 주목할 사실은 카톨릭은 거룩한 자를 경배한다는 과정에서 실제상으로는 우상숭배자가 되고 말았다는 것이다."고 하였다.[186] 미국 파익빌 대학 (Pikeville College) 의 교수였던 로뢰인 뵈트너 (Loraine Boettner) 는 천주교 미사가 사기요 속임수라고 다음과 같이 비판하였다.

우리는 로마에서 행해지고 있는 미사가 사기요 속임수라는 것을 절대적으로 주장한다. 그 이유는 실제적으로 존재하지 않는 사고파는 행위를 하기 때문이다. 다양한 목적으로 속기 쉬운 사람들에게 미사를 파는 행위는 로마교회의 성직자들을 제사드리는 사제들로 전락시켰으며 거짓된 구실하에 로마교회 신도들로부터 막대한 금액의 돈을 탈취하는 효과적인 수단이 되게 하였다. 세상의 모든 이방종교에서도 미사보다 더 거짓되고 조소적인 날조된 고안을 발견하기는 어렵다. 떡과 포도주의 특성을 그대로 보유하고 있는 떡과 포도주를 실제적으로 그리고 완전히 그리스도의 신성과 인성으로, 몸과 피로 변한다고 주장하는 것은 달걀이 코끼리요 검은 것이 하얀 것이라고 주장한 것과 다름없는 유치하고 터무니없는 주장이다." [187)

그 외에 천주교에서 기독교로 개종한 여러 사람들도 미사의 비성경적이고 그리스도의 십자가의 완전성을 부인하는 것이고, 우상숭배적이며 헛된 일임을 지적하고 있다. 전에 천주교 신자였던 제임스 G. 멕카티 (James G. McCarthy) 는 그의 「가톨릭에도 복음이 있는가?」 라는 책에서 "미사의식은 가톨릭 신자들로 하여금 실제로 우상숭배를 행하게 한다. 최고의 존경으로 성체를 숭배할 것을 요구하는 것이다. 그러나 가톨릭 신자들이 진정으로 예배하는 것은 무엇인가? 한 조각의 떡! 한 잔의 포도주!" [188)라고 하였고, 전직 천주교 신부였던 스테반 L. 테스타 (Stephen L. Testa) 는 미사에 대하여 말하기를, "그리스도를 매일 하늘로부터 성병 (聖餠, 즉 성체 – 연구자 註) 속에 불러 내리우고 십자가에 다시 못 박게 하고 사제가 그 성병 (聖餠) 을 먹음으로서 살게 하는 갈보리의 희생의 반복인 미사를 위한 주장은 성경을 위반한 모순된 주장이다. 오직 이상한 것은 아직도 많은 지식인들이 천주교를 믿고 있다는 사실이다." [189) 라고 하였다.

전직 포르투갈의 천주교 신부였던 엔리케 페르난데스 (Enrique Fernandez) 는 간증하기를, "성경을 받은 뒤 신약성경, 특히 사도행전과 히브리서를 공부하기 시작했다. 공부하는 과정에서 로마 가톨릭 교회가 성경에서 빗나갔다는 것과, 사제직이 그리스도의 지위를 가로챘다는 확신이 점차 커졌다."고 하였다. [190) 이제 전직 이탈리아의 신부였던 프랑코 마조토 (Franco Maggiotto) 의 간증을 인용함으로 미사에 대한 평가를 마무리 하고자 한다.

어느 주일에 나는 미사 찬송을 인도하고 있었다. 두 사제가 내 곁에 있었고, 성가대가 아름다운 소리로 찬송을 하고 있었다. 청년들 가운데 한 사람이 히브리서 10:10을 낭독했다. "이 뜻을 좇아 예수 그리스도의 몸을 단번에 드리심으로 말미암아 우리가 거룩함을 얻었노라." 계속해서 11절이 낭독되었다. "제사장마다 매일 서서 섬기며 자주 같은 제사를 드리되 이 제사는 언제든지 죄를 없게 하지 못하거니와"(히 10:11). 나는 곁에 있는 사제들에게 "저 청년이 낭독한 성경 말씀을 들었습니까? 여기를 한번 읽어 보세요" 하고 말했다. 나는 그들을 바라보고 있었고, 그들은 나를 뚫어지게 바라보고 있었다. "그분의 제사는 완료되었습니다. 우리의 미사는 부질없는 짓입니다." 나는 큰 성당을 둘러보았다. 그곳에 참석한 사람들은 표정이 크게 일그러졌고. 이곳 저곳에서 수군거리는 소리가 들렸다. 나는 이렇게 말했다. "그분이 제사를 끝내셨습니다. 그분이 그 일을 하셨으니, 우리는 쓸데없는 일을 했습니다." 나는 너무나 행복해서 울고 있었다. 마침내 내 마음에 선명하게 깨달아지는 것이 있었다. 단번에 영원히, 단번에 모든 사람들을 위해서 그리스도께서 그 일을 하신 것이다. 주님의 제사는 온 인류를 위해 충분하고 완전하다.[191]

1) 유선호, 「천주교를 배격하는 7가지 이유」(서울: 하늘기획, 1999), p. 179.

2) 「국민일보」, 2005. 4. 22., p. 26.

3) 「제2차 바티칸공의회 문헌」(서울: 한국천주교중앙협의회, 2009), pp. 381, 383.

4) 죤 오브라이언, 「억만인의 신앙」, 정진석 역(서울: 가톨릭출판사, 1960), p. 322.

5) 박도식, 「가톨릭 교리 사전」(서울: 가톨릭출판사, 1988), p. 93.

6) 박도식, 「무엇하는 사람들인가?」(서울: 가톨릭출판사, 1983), p. 380.

7) 몽폴의 성루도비꼬, 「마리아를 통하여 예수님께 완전한 봉헌」, 하안또니오 역(부산: 출판사 불명, 1983), p. 28. - 원세호, 「천주교회란?」(서울: 국종출판사, 1984), p. 22.에서 재인용.

8) 이기정 편, 「중요 교리. 전례 용어 해설」(서울: 가톨릭출판사, 1985), p. 290.

9) 이기정 편, 「중요 교리. 전례 용어 해설」, p. 291.

10) R. 로울러 · D. 우얼 · T. 로울러, 「그리스도의 가르침」, 오경환 역(서울: 성바오로출판사, 1977), p. 258.

11) 이기정 편, 「중요 교리. 전례 용어 해설」, p. 289.

12) 이기정 편, 「중요 교리. 전례 용어 해설」, pp. 132-133.

13) 토마스 M. 린제이, 「종교개혁사(1)」, 이형기 · 차종순 역(서울: 대한예수교장로회총회출판국, 1990), p. 446.

14) B. B. 워필드, 「구원의 계획」, 박종칠 역(서울: 새시대문화사, 1972), pp. 70-72.

15) 차종순, 「교리사」(서울: 한국장로교출판사, 1993), p. 244.

16) 차종순, 「교리사」, p. 244.

17) 토마스 M. 린제이, 「종교개혁사(1)」, p. 452.

18) 최형락, 「가톨릭 교리 용어집」(서울: 계성출판사, 1987), p. 130. ; 「가톨릭 교회 교리서」, "1365".

19) 이기정 편, 「중요 교리. 전례 용어 해설), p. 150.

20) 죤 오브라이언, 「억만인의 신앙」, pp. 441-442.

21) R. 로울러 · D. 우얼 · T. 로울러, 「그리스도의 가르침」, p. 441. ; 「가톨릭 교회 교리서」, "1366".

22) 박도식, 「무엇하는 사람들인가?」, p. 360. - 「가톨릭 교회 교리서」, "1367" 참조.

23) 최형락, 「가톨릭 교리 용어집」, p. 131.

24) 정장복, 「예배학 개론」(서울: 종로서적, 1985), p. 12.

25) R. 압바, 「기독교 예배의 원리와 실제」, 허경삼 역(서울: 대한기독교서회, 1974), p. 16.

26) 로버트 웨버, 「예배학」, 김지찬 역(서울: 생명의말씀사, 1988), pp. 13-14.

27) 프랭클린 M. 지글러, 「예배학 원론」, 정진환 역(서울: 요단출판사, 1979), p. 76.

28) R. 압바, 「기독교 예배의 원리와 실제」, p. 12.

29) 정일웅, 「기독교 예배학 개론」, 개정증보판(서울: 도서출판 솔로몬, 1996), p. 122.

30) 「가톨릭 교회 교리서」, "1367", 주교회의교리교육위원회 역, 개정판(서울: 한국천주교중앙협의회,

2009), p. 534.

31) 〈히 10:17-18〉 또 저희 죄와 저희 불법을 내가 다시 기억지 아니하리라 하셨으니 이것을 사하셨은즉 다시 죄를 위하여 제사드릴 것이 없느니라

32) 〈로마서 6:23〉 죄의 삯은 사망이요 하나님의 은사는 그리스도 예수 우리 주 안에 있는 영생이니라

33) 〈에베소서 2:3〉 전에는 우리도 다 그 가운데서 우리 육체의 욕심을 따라 지내며 육체와 마음의 원하는 것을 하여 다른 이들과 같이 본질상 진노의 자녀이었더니

34) 릭 워렌, 「새들백교회 이야기」, 김현회.박경범 역(서울: 도서출판 디모데, 1966), p. 270.

35) 〈로마서 5:10〉 곧 우리가 원수 되었을 때에 그 아들의 죽으심으로 말미암아 하나님으로 더불어 화목되었은즉 화목된 자로서는 더욱 그의 살으심을 인하여 구원을 얻을 것이니라

36) 「가톨릭 교회 교리서」, "1366", p. 534.

37) 박도식, 「무엇하는 사람들인가?」, pp. 367-368.

38) 정용섭, 「교회 갱신의 신학」(서울: 대한기독교출판사, 1980), p. 117.

39) 레온하르트 고펠트, 「모형론」, 최종태 역(서울: 새순출판사, 1987), pp. 186-187.

40) John Calvin, Institutes of the Christian Religion, Vol. II, ed. by John T. McNeill(Philadelphia : The Westminster Press, 1973), IV. 18. 12..(이하 Inst.로 약칭함). - 번역서로는 "죤 칼빈, 「기독교 강요(下, Vol. IV)」, 김종흡 외 3인 공역 (서울: 생명의 말씀사, 1986)"을 참조했음.

41) 박윤선, 「성경주석 에스라서 느헤미야서 에스더서」, 2판(서울: 영음사, 1980), p. 521.

42) Inst., IV. 18. 7.

43) 백 뿔라치도, 「미사는 빠스카 잔치이다」(경북: 분도출판사, 1976), p. 21.- 여기서 "빠스카"는 "유월절"을 뜻하는 헬라어(πάσχα)이다.

44) 박도식, 「천주교와 개신교-하나인 교회」(서울: 가톨릭출판사, 1980), p. 78.

45) B. K. 카이퍼, 「세계 기독교회사」, 김해연 역(서울: 성광문화사, 1980), p. 221.

46) 〈마26:26-28〉 "저희가 먹을 때에 예수께서 떡을 가지사 축복하시고 떼어 제자들을 주시며 가라사대 받아 먹으라 이것이 내 몸이니라 하시고 또 잔을 가지사 사례하시고 저희에게 주시며 가라사대 너희가 다 이것을 마시라 이것은 죄 사함을 얻게 하려고 많은 사람을 위하여 흘리는 바 나의 피 곧 언약의 피니라"(막 14:22-24 참조)〈눅 22:19-20〉 "또 떡을 가져 사례하시고 떼어 저희에게 주시며 가라사대 이것은 너희를 위하여 주는 내 몸이라 너희가 이를 행하여 나를 기념하라 하시고 저녁 먹은 후에 잔도 이와 같이 하여 가라사대 이 잔은 내 피로 세우는 새 언약이니 곧 너희를 위하여 붓는 것이라"

47) 〈고전 11:23-26〉 "내가 너희에게 전한 것은 주께 받은 것이니 곧 주 예수께서 잡히시던 밤에 떡을 가지사 축사하시고 떼어 가라사대 이것은 너희를 위하는 내 몸이니 이것을 행하여 나를 기념하라 하시고 식후에 또한 이와 같이 잔을 가지시고 가라사대 이 잔은 내 피로 세운 새 언약이니 이것을 행하여 마실 때마다 나를 기념하라 하셨으니"

48) The Catholic Encyclopedia, Vol. V(New York : The Encyclopedia Press, Inc., 1913), pp. 573-574.

49) The Catholic Encyclopedia, Vol. V, p. 574.

50) Douay version Bible (Baltimore: John Murphy & co., 1914), footnote to matt. 26 : 26. - 헨리 디이 슨, 「조직신학강론」, 권혁봉 역(서울: 생명의말씀사, 1975), p. 675에서 재인용.

51) The Catholic Encyclopedia, Vol. V, pp. 573-574.

52) John Calvin, Calvin's New Testament Commentary, Vol. IV : The Gospel According to St. John, part one, tr. by T. H. L. Parker (Mich : WM. B. Eerdmans Publishing Co., 1959), p. 169.

53) John Calvin, Calvin's New Testament Commentary, Vol. IV : The Gospel According to St. John, part one, p. 169.

54) Inst., IV. 17. 20.

55) Inst., IV. 17. 21.

56) Inst., IV. 17. 23.

57) Inst., IV. 17. 22.

58) James Atkinson, Martin Luter and the Birth of protestantism(Atlanta : John Knox Press, 1981), p. 276.

59) 베른하드 로제, 「기독교 교리의 역사」, 차종순 역(서울 : 목양사, 1986), p. 217.

60) J. L. 니이브, 「기독교 교리사」, 서남동 역(서울: 대한기독교서회, 1965), p. 211.

61) J. L. 니이브, 「기독교 교리사」, pp. 211-212.

62) Williston Walker, 「기독교회사」, 류형기 역편, 중판(서울: 한국기독교문화원, 1987), p. 133.

63) 한철하, 「고대기독교사상」(서울: 대한기독교서회, 1985), p. 221.

64) J. L. 니이브, 「기독교 교리사」, p. 255.

65) 루이스 뻴, 「기독교 교리사」, 신복윤 역(서울 : 성광문화사, 1980), p. 130.

66) J. L. 니이브, 「기독교 교리사」, p. 430.

67) John Calvin, Institudes of the Christian Religion, Vol. I, ed. by John T. McNeill (Philadelphia : The Westerminster Press, 1973), II. 14. 1 (이하 Inst.로 약칭).

68) Inst., IV. 17. 33.

69) Inst., IV. 17. 27.

70) Inst., IV. 17. 26.

71) Inst., IV. 17. 26.

72) Inst., IV. 17. 30.

73) 이상근, 「신약주해 마태복음」(서울: 대한예수교장로회 총회교육부, 1966), p. 380.

74) Martin Luther, Three Treatises, trans. Charles M. Jacobs, A. T. W. Stein- hauser, and W. A. Lambert(Philadelphia: The Fortress Press, 1960), p. 134. - 번역서로는 말틴 루터, 「말틴 루터의 종교 개혁 3대 논문」, 지원용 역(서울: 도서출판 컨콜디아사, 1993), p. 152를 참고하였음.

75) Martin Luther, Three Treatises, p. 134.

76) Inst., IV. 17. 47.

77) 루이스 W. 스피츠, 「종교개혁사」, 서영일 역(서울: 기독교문서선교회, 1983), pp. 152.

78) 빌헬름 니젤, 「비교 교회론」, 이종성 · 김항안 공역(서울: 대한기독교출판사, 1988), p. 144.

79) Inst., IV. 17. 36.

80) 루이스 W. 스피츠, 「종교개혁사」, 서영일 역(서울: 기독교문서선교회, 1983), p. 153.

81) 죤 오브라이언, 「억만인의 신앙」, pp. 441-442.

82) R. 로울러 · D. 우얼 · T. 로울러, 「그리스도의 가르침」, p. 441. - 「가톨릭 교회 교리서」, "1366" 참조.

83) 박도식, 「무엇하는 사람들인가?」, p. 360. - 「가톨릭 교회 교리서」, "1367" 참조.

84) 최형락, 「가톨릭 교리 용어집」, p. 131.

85) 박윤선, 「성경주석 사무엘서 열왕기 역대기」, 제3판(서울: 영음사, 1980), p. 329.

86) Inst., IV. 17. 3.

87) Inst., IV. 17. 3.

88) Inst., IV. 18. 1-18.

89) 헨리 디이슨, 「조직신학강론」, 권혁봉 역(서울: 생명의말씀사, 1975), p. 676.

90) 「제2차 바티칸 공의회 문헌」, p. 121.

91) 알렉산더 스튜아트, 「로마교 교리와 성경교리」, 최진도 역(부산: 성문사, 1961), p. 64.

92) 알렉산더 스튜아트, 「로마교 교리와 성경교리」, pp. 64 - 65.

93) 죤 오브라이언, 「억만인의 신앙」, p. 332.

94) 〈롬 8:34〉 누가 정죄하리요 죽으실 뿐 아니라 다시 살아나신 이는 그리스도 예수시니 그는 하나님 우편에 계신 자요 우리를 위하여 간구하시는 자시니라/ 〈히 7:24-5〉 예수는 영원히 계시므로 그 제사 직분도 갈리지 아니하나니 그러므로 자기를 힘입어 하나님께 나아가는 자들을 온전히 구원하실 수 있으니 이는 그가 항상 살아서 저희를 위하여 간구하심이니라

95) 〈요일 2:1〉 나의 자녀들아 내가 이것을 너희에게 씀은 너희로 죄를 범치 않게 하려 함이라 만일 누가 죄를 범하면 아버지 앞에서 우리에게 대언자가 있으니 곧 의로우신 예수 그리스도시라

96) 〈마 24:23-24〉 그 때에 사람이 너희에게 말하되 보라 그리스도가 여기 있다 혹 저기 있다 하여도 믿지 말라 거짓 그리스도들과 거짓 선지자들이 일어나 큰 표적과 기사를 보이어 할 수만 있으면 택하신 자들도 미혹하게 하리라/ 〈요일 2:18〉 아이들아 이것이 마지막 때라 적그리스도가 이르겠다 함을 너희가 들은 것과 같이 지금도 많은 적그리스도가 일어났으니 이러므로 우리가 마지막 때인 줄 아노라

97) 「가톨릭 교회 교리서」, "1367", p. 534.

98) 「가톨릭 교회 교리서」, "1414", p. 552.

99) 「가톨릭 교회 교리서」, "1366", p. 534.

100) R.로울러 · D.우얼 · T.로울러, 「그리스도의 가르침」, p. 543.

101) R.로울러 · D.우얼 · T.로울러, 「그리스도의 가르침」, p. 447.

102) 「가톨릭 교회 교리서」, "1395", p. 546.

103) 「가톨릭 교회 교리서」, "1414", p. 552.

104) 〈롬 3:20〉 그러므로 율법의 행위로 그의 앞에 의롭다 하심을 얻을 육체가 없나니 율법으로는 죄를 깨

달음이니라/ 〈갈 2:16〉 사람이 의롭게 되는 것은 율법의 행위에서 난 것이 아니요 오직 예수 그리스
도를 믿음으로 말미암는 줄 아는 고로 우리도 그리스도 예수를 믿나니 이는 우리가 율법의 행위에서
아니고 그리스도를 믿음으로서 의롭다 함을 얻으려 함이라 율법의 행위로서는 의롭다 함을 얻을 육
체가 없느니라

105) 〈엡 2:9〉 행위에서 난 것이 아니니 이는 누구든지 자랑치 못하게 함이니라

106) 죤 맥아더, 「참된 예배」, 한화룡 역(서울: 도서출판 두란노, 1992), p. 45.

107) 〈롬 5:8〉 우리가 아직 죄인 되었을 때에 그리스도께서 우리를 위하여 죽으심으로 하나님께서 우리에게
대한 자기의 사랑을 확증하셨느니라

108) 〈롬 3:24〉 그리스도 예수 안에 있는 구속으로 말미암아 하나님의 은혜로 값없이 의롭다 하심을 얻은
자 되었느니라

109) 〈엡 2:8〉 너희가 그 은혜를 인하여 믿음으로 말미암아 구원을 얻었나니 이것이 너희에게서 난 것이 아
니요 하나님의 선물이라

110) 〈히 10:17-18〉 또 저희 죄와 저희 불법을 내가 다시 기억지 아니하리라 하셨으니 이것을 사하셨은즉 다
시 죄를 위하여 제사드릴 것이 없느니라

111) 〈롬 7:6〉 이제는 우리가 얽매였던 것에 대하여 죽었으므로 율법에서 벗어났으니 이러므로 우리가 영의
새로운 것으로 섬길 것이요 의문의 묵은 것으로 아니할찌니라

112) 〈요 4:23-24〉 아버지께 참으로 예배하는 자들은 신령과 진정으로 예배할 때가 오나니 곧 이 때라 아버
지께서는 이렇게 자기에게 예배하는 자들을 찾으시느니라 하나님은 영이시니 예배하는 자가 신령과
진정으로 예배할찌니라

113) 두산동아사전편찬실 편, 「동아 새국어사전」(서울: 두산 동아, 1997), p. 1474.

114) 최형락, 「가톨릭 교리 용어집」, p. 195.

115) 박도식, 「천주교와 개신교 - 하나인 교회」(서울: 가톨릭출판사, 1983), p. 82.

116) 박도식, 「가톨릭 교리사전」, p. 91.- 공소(公所)는 성당보다 규모가 작은 예배소로서 본당에 소속은 되
어 있으나 본당 신부가 기거하지 않는 곳이다.

117) 박도식, 「가톨릭 교리사전」, pp. 7-8.

118) 박윤선, 「성경주석 사무엘서 열왕기 역대기」, 제3판(서울: 영음사,1980), pp. 328 - 329.

119) 유선호, 「천주교도 기독교인가?」, 재판(서울: 도서출판 하늘기획, 1998), p. 174.

120) 죤 오브라이언, 「억만인의 신앙」, pp. 331-332.

121) 알렉산더 스튜아트, 「로마교 교리와 성경교리」, 최진도 역(부산: 성문사, 1961), p. 64.

122) 「예수교대한성결교회 헌장」, 제18판(서울: 예수교대한성결교회 총회본부, 2006), p. 62. - 장로교나
감리교나 기타 여타의 교파에 있어서도 목사의 직무는 대동소이하다.

123) 박도식, 「가톨릭 교리사전」, pp. 117-118.

124) 「가톨릭 교회 교리서」, "1400", p. 548. - 그러나 WCC 중심의 에큐메니칼 운동에 소극적이긴 하지만
천주교도 참여하고 있고, 1983년 WCC 제6차 총회 때의 공동 성찬식에는 일부 천주교 신부도 참여하였

다(박근원 편, 「리마 예식서」, p. 10.).

125) 로레인 뵈트너, 「로마 카톨릭 사상 평가」, 이송훈 역(서울: 기독교문서선교회, 1992), pp. 262-263.

126) 정승훈, 「말씀과 예전」(서울: 대한기독교서회, 1998), pp. 30-31.

127) 클락 M. 버터필드, 「로마 카톨릭에서 그리스도인으로」, 서달석 역(서울: 생명의 서신, 1989), p. 160.

128) Alexander Hislop, The Two Babylons or The Papal Worship(N. J.: Loizeaux Brothers, Inc., 1959), pp. 29, 156-157, 159, 160, 163.

129) 존 오브라이언, 「억만인의 신앙」, 정진석 역(서울: 가톨릭출판사, 1983), pp. 322 - 324.

130) 로레인 뵈트너, 「로마 카톨릭 사상 평가」, p. 241.

131) 이상근, 「요한복음 주해」(서울: 대한예수교장로회 총회교육부, 1975), p. 100.

132) 김득룡, 「현대교회 예배학 신강」(서울: 총신대학교출판부, 1985), p. 86. - 정승훈, 「말씀과 예전」(서울: 대한기독교서회, 1998), pp. 30-31를 참고할 것.

133) 최형락, 「가톨릭 교리 용어집」(서울: 계성출판사, 1987), p. 130. ; 「가톨릭 교회 교리서」, "1365".

134) 이기정 편, 「중요 교리. 전례 용어 해설), p. 150.

135) 「가톨릭 교회 교리서」, "1367", 주교회의교리교육위원회 역, 개정판(서울: 한국천주교중앙협의회, 2009), p. 534.

136) 로버트 웨버, 「예배학」, 김지찬 역(서울: 생명의말씀사, 1988), pp. 13-14.

137) 프랭클린 M. 지글러, 「예배학 원론」, 정진환 역(서울: 요단출판사, 1979), p. 76.

138) R. 압바, 「기독교 예배의 원리와 실제」, p. 12.

139) 〈로마서 5:10〉 곧 우리가 원수 되었을 때에 그 아들의 죽으심으로 말미암아 하나님으로 더불어 화목되었은즉 화목된 자로서는 더욱 그의 살으심을 인하여 구원을 얻을 것이니라

140) 한철하, 「고대기독교사상」(서울: 대한기독교서회, 1985), p. 221.

141) 존 오브라이언, 「억만인의 신앙」, pp. 441-442.

142) R. 로울러 · D. 우얼 · T. 로울러, 「그리스도의 가르침」, p. 441. - 「가톨릭 교회 교리서」, "1366" 참조.

143) Inst., IV. 17. 3.

144) Inst., IV. 18. 1-18.

145) 박윤선, 「성경주석 사무엘서 열왕기 역대기」, 제3판(서울: 영음사, 1980), p. 329.

146) 「제2차 바티칸 공의회 문헌」, p. 121.

147) 알렉산더 스튜아트, 「로마교 교리와 성경교리」, 최진도 역(부산: 성문사, 1961), p. 64.

148) Inst., IV. 18. 14.

149) 〈마 24:23-24〉 그 때에 사람이 너희에게 말하되 보라 그리스도가 여기 있다 혹 저기 있다 하여도 믿지 말라 거짓 그리스도들과 거짓 선지자들이 일어나 큰 표적과 기사를 보이어 할 수만 있으면 택하신 자들도 미혹하게 하리라/ 〈요일 2:18〉 아이들아 이것이 마지막 때라 적그리스도가 이르겠다 함을 너희가 들은 것과 같이 지금도 많은 적그리스도가 일어났으니 이러므로 우리가 마지막 때인 줄 아노라

150) 「가톨릭 교회 교리서」, "1367", p. 534.

151) 「가톨릭 교회 교리서」, "1414", p. 552.

152) 「가톨릭 교회 교리서」, "1366", p. 534.

153) R.로울러 · D.우얼 · T.로울러, 「그리스도의 가르침」, p. 543.

154) R.로울러 · D.우얼 · T.로울러, 「그리스도의 가르침」, p. 447.

155) 「가톨릭 교회 교리서」, "1395", p. 546.

156) 「가톨릭 교회 교리서」, "1414", p. 552.

157) R.로울러 · D.우얼 · T.로울러, 「그리스도의 가르침」, pp. 542-547.

158) 존 맥아더, 「참된 예배」, 한화룡 역(서울: 도서출판 두란노, 1992), p. 45.

159) 「제2차 바티칸 공의회 문헌」, 개정판(서울: 한국천주교중앙협의회, 2009), p. 45.

160) 「가톨릭 교회 교리서」, 주교회의교리교육위원회 역, 개정판(서울: 한국천주교중앙협의회, 2009), pp. 533-534.

161) 〈히 10:17-18〉 또 저희 죄와 저희 불법을 내가 다시 기억지 아니하리라 하셨으니 이것을 사하셨은즉 다시 죄를 위하여 제사드릴 것이 없느니라

162) 〈요 4:23-24〉 아버지께 참으로 예배하는 자들은 신령과 진정으로 예배할 때가 오나니 곧 이 때라 아버지께서는 이렇게 자기에게 예배하는 자들을 찾으시느니라 하나님은 영이시니 예배하는 자가 신령과 진정으로 예배할찌니라

163) 정용섭, 「교회 갱신의 신학」(서울 : 대한기독교출판사, 1980), p. 117.

164) 레온하르트 고펠트, 「모형론」, 최종태 역 (서울 : 새순출판사, 1987), pp. 186-187.

165) 박윤선, 「성경주석 에스라서 느헤미야서 에스더서」, 2판 (서울: 영음사, 1980), p. 521.

166) Inst., IV. 18. 7.

167) 존 오브라이언, 「억만인의 신앙」, 정진석 역 (서울: 가톨릭출판사, 1983), p. 324. - 여기서 축성권이란 떡을 변화시켜서 그리스도의 몸이 되게 하고 그 것을 제물로 바칠 수 있는 제사장의 권리를 말한다.

168) 박도식, 「무엇하는 사람들인가?」, p. 283.

169) 박도식, 「천주교와 개신교- 하나인 교회」, (서울: 가톨릭출판사, 1983), p. 76.

170) 존 오브라이언, 「억만인의 신앙」, pp. 331-332.

171) Inst., IV. 18. 9.

172) 〈막 16:15〉 또 가라사대 너희는 온 천하에 다니며 만민에게 복음을 전파하라
〈마 28:19-20〉 그러므로 너희는 가서 모든 족속으로 제자를 삼아 아버지와 아들과 성령의 이름으로 세례를 주고 내가 너희에게 분부한 모든 것을 가르쳐 지키게 하라 볼찌어다 내가 세상 끝날까지 너희와 항상 함께 있으리라 하시니라

173) 버나드 램, 「복음주의 신학의 흐름」, 권혁봉 역(서울: 생명의말씀사, 1985), p. 47.

174) 〈에베소서 4:11〉 그가 혹은 사도로, 혹은 선지자로, 혹은 복음 전하는 자로, 혹은 목사와 교사로 주셨으니

175) R.로울러 · D.우얼 · T.로울러, 「그리스도의 가르침」, p. 543.

176) R.로울러 · D.우얼 · T.로울러, 「그리스도의 가르침」, p. 447.

177) 로레인 뵈트너,「로마 카톨릭 사상 평가」, pp. 260-261. ; 박도식,「가톨릭 교리 사전」, p. 200. 에서는 '위령의 날'이라고 한다.

178) 박도식,「천주교와 개신교- 하나인 교회」, p. 88.

179) 박도식,「무엇하는 사람들인가?」, p. 569.

180) R.로울러 · D.우얼 · T.로울러,「그리스도의 가르침」, p. 543.

181) 로레인 뵈트너,「로마 카톨릭 사상 평가」, p. 310.

182) Inst., IV. 18. 2.

183) Inst., IV. 17. 3.

184) Inst., IV. 18. 5.

185) Inst., IV. 18. 18.

186) 헨리 디이슨,「조직신학 강론」, 권혁봉 역, 5판(서울: 생명의말씀사,1982), p. 676.

187) 로레인 뵈트너,「로마 카톨릭 사상 평가」, p. 271.

188) 제임스 G. 멕카티,「가톨릭에도 복음이 있는가?」, 조남민 역(서울:도서출판 한인성경선교회, 2006), pp. 212-213.

189) 스테반 L. 테스타,「천주교는 성경에 있는가?」, 조인숙 역(부산: 기독교다이제스트사, 1972), p. 39.

190) 리처드 베넷. 마틴 버킹엄 편,「교황 대신 예수를 선택한 49인의 신부들」,이길상 역(서울: 아가페출판사, 2001), pp. 157-158.

191) 리처드 베넷. 마틴 버킹엄 편,「교황 대신 예수를 선택한 49인의 신부들」,p. 277.

죽이는 예배와
살리는 예배

5

PART

16
chapter

천주교 전례운동과 기독교 예전운동의 발흥

19세기에 천주교 내에서는 "전례운동"(Liturgical Movement)이라는 중세 지향적 의식주의운동이 일어났는데,[1] 전례운동은 그것이 처음에는 로마 카톨릭의 내부에서 시작되었으나, 특히 과거 30년 동안에 거의 모든 교파에 확산되었으며 대부분의 기독교권에 영향을 끼쳤다.[2] 그로 인해서 기독교 예배현장에서도 "예전운동"(또는 예배갱신운동, Liturgical Movement)이 일어나게 되었는데, 기독교 내에서의 예전운동 역시 "전통으로의 회귀운동"이며 중세 지향적 의식주의 운동이다.[3] 그리하여 천주교의 미사의식은 기독교 예배현장에 다양하게 스며들게 되었다.

최근 약 20─30년 사이에 한국교회에서는 성찬식이 강조되며, 목사들이 까운 위에 스톨(Stole, 영대, 드림천)을 걸치고, 로마 칼라를 착용하고, 강대상에는 여러가지 상징들이 부착되고, 강단 중앙에 있던 강대상이 물러가서 양 옆으로 설교상과 사회상으로 구분되어 설치되고, 대신에 중앙에는 성경을 받쳐놓는 제단에 촛대를 세운 것이 등장하고, 강대상 위에 제단보를 걸쳐 놓고,

교회력이 사용되기 시작하고, 강단 뒤쪽의 십자가가 있는 곳의 커튼이 교회력에 따라 색깔을 바꾸고 하는 등의 많은 일들이 일어났다. 그것은 바로 19세기에 일어난 천주교의 "전례 운동"에 영향을 받아서 그렇게 된 것이다.[4] 따라서 초대교회와 종교개혁 전통을 따르고 있는 기독교의 예배현장에 천주교의 미사의식이 영향을 끼치도록 위력을 발휘하고 있는 예전운동과 그 핵심이 되는 WCC의 "리마 예식서" (Lima Liturgy) 에 대해서 분석해보고자 한다.

1. 천주교 전례운동(The Liturgical Movement)[5]

전례운동은 천주교 미사의 현실적 상황에서 발생하였다. 천주교 미사의식에서의 주역은 사제들이고 평신도들은 구경꾼에 불과하여, 평신도들은 겨우 일 년에 한번 성찬에 참여할 뿐이었다. 그리하여 평신도들로 하여금 능동적으로 예식에 참여토록 하는 운동이 바로 "전례운동"이다. 즉 신자들로 하여금 전례생활 (Liturgical Life) 에 능동적으로 참여케 함으로써 그로부터 흘러나오는 신앙의 신비와 은혜의 풍성함에 가까이 가도록 끌어당기는 것이 바로 "전례운동"이라는 것이다.[6]

a. 기원

이 운동의 기원은 19세기 전반에 프랑스 솔레므 (Solesmes) 에서 베네딕트회를 회복한 '프로스페 게랑제' (Prosper Gueranger, 1805-75) 에까지 거슬러 올라간다.[7] 그러나 그 뿌리는 18세기에 있었던 전례개혁을 지향하는 운동 (그 중에 교회 공직자의 기도를 평신도의 기도로 만들려는) 에까지 거슬러 올라갈 수 있고, 또 이 전례운동에 영향을 끼친 요인으로서 "낭만주의 운동"과 영국 성공회의 "옥스포드 운동 (Oxford Movement) "을 들 수 있는데, 실제로 옥스포드 운동과 천주교의

전례운동은 여러가지 유사점들이 있다.[8]

　1832년에 게랑제는 근거 확실한 그레고리 성가와 교회의 전례상의 유산을 연구하고 부활시키는 일에 특별히 전념하는 수도원으로써 쏠레므의 베네딕트회 수도원을 재설립했는데, 이 수도원은 곧 전례적 예배와 생활의 중심지가 되었으며, 1841년부터 간행되기 시작한 그곳의 출판물 〈L'Annee Liturgique〉는 광범위한 영향력을 갖고 있었고, 게랑제와 그 수도원의 수사들의 활동은 전례에 대한 새로운 관심을 불러 일으켰다.[9] 게랑제의 활동은 편협할 정도로 중세적이었는데, 그것은 당대의 사람들이 중세를 올바르고 선한 모든 것이 존재했었던 이상적인 시대로 생각했었기 때문에, 그들은 그 당시의 교회를 권태와 단조로움으로부터 해방시키기 위해서 회복해야만 하는 예배와 교회 생활의 이상적인 형태를 중세에서 찾고자 했기 때문이다.[10]

b. 발전

　그러나 전례운동 자체는 20세기가 시작될 무렵에야 비로소 실제적으로 나타나기 시작했는데, 그것은 교황 비오 10세 (Pius X) 가 신자들의 적극적인 전례 참여에서 기독교 정신의 부활의 기반을 발견하고, 성찬식에의 보다 잦은 참여를 촉구함에서 부터이다.[11] 1909년 벨기에의 말린드에서 카톨릭교회 회의가 개최되었는데, 이 회의는 아마도 전례운동의 실제적인 시발점이었던 것 같다.[12] 능동적인 평신도의 참여라는 교황의 시각에 의해 불이 붙은 전례학자들 (주로 베네딕트 회원) 은 전례를 장려하기 시작했고,[13] 전례학자들의 성서연구와 성서운동은 로마 카톨릭교회에 광범위하게 확산되었으며, 로마 카톨릭과 에큐메니칼운동의 연결점으로서 도움을 주었다.[14]

　이러한 지역적이고 광범위한 서로 다른 예전운동은, 1939년 교황 비오 12

세 (Pius XII) 의 즉위와 함께, 교황의 지도를 받게 되었고, 실제로 교황 비오 12세는 전례운동을 자기 체제의 주요 부분으로 만들었으며, 그에 관한 많은 회칙들을 발행했을 뿐 아니라, 아씨시에서 1956년 "사목적 전례의 세계 위원회"를 발기시켰다.[15] 이 전례운동은 결국 제2차 바티칸 공의회를 소집하도록 하였는데, 전례운동이 열매를 맺고 그 운동이 분기시킨 정도까지 교회의 자세가 뚜렷해진 것이 제2차 바티칸회의에서였고, 마침내 1963년에 법령〈De Sacra Liturgia〉가 통과되어, 1963년 12월 4일 교황 바오로 6세에 의해 반포되었다.[16] 그리고 이 제2차 바티칸회의에서의 특별한 일은 천주교 의식에서 자국어를 사용토록 한 것이었다.[17]

2. 기독교 예전운동

기독교에서는 전례운동을 "예전운동" 혹은 "예배갱신운동"이라 부르는데, 이것은 영어의 "the liturgical movement"를 "예전운동" 혹은 "예배갱신운동"이라 번역한 것이다. 이것은 예전운동에 앞장 선 사람들이 주로 자유주의자들로서 천주교와의 연합운동에 긍정적인 입장에 있으면서도, 기독교 자체 내의 확산을 위하여 천주교적인 "전례"라는 용어보다 "예배갱신" 혹은 "예전"이라는 용어를 선택한 것으로 보여진다. 그래서 천주교에서 일어난 "전례운동 (the liturgical movement)"과의 역사적 관련성을 모르는 사람이 "예배갱신운동"이라는 용어를 들을 때는 그것이 마치 천주교와 상관없는 기독교 자체 내에서 일어난 "예배를 더 잘 드리자는 운동" 쯤으로 혼동하게 된다. 그러나 확실히 알아 두어야 할 것은 기독교의 "예배갱신운동"이나 천주교의 "전례운동"이나 똑같은 "the liturgical movement"에 대한 번역에 불과하다는 사실이다.

a. 기원

전례운동은 그것이 처음에는 로마 카톨릭의 내부에서 시작되었으나, 특히 과거 30년 동안에 거의 모든 교파에 확산되었으며 대부분의 기독교권에 영향을 끼쳤다.[18] 특별히 기독교에서의 전례운동은 성공회와 루터교회에 그 기원을 두고 있다. 이 점에 대하여「뉴 카톨릭 백과사전」(New Catholic Encyclo- pedia) 은 프로테스탄트교회에서의 전례운동의 기원이 성공회와 루터교회에 있음을 지적하면서, "종교개혁 이래 성공회와 루터교의 전통은 본질적으로 중세 라틴 의식들의 개정판인 전례들을 사용하고 소중히 여겨왔다. 성공회에서 이 전례들은 언제나 공식적으로 교회법에 따라 규정되어 왔고, 루터교회에서는 적당한 전례적 순서의 모델로서 받아들여져 왔다. 성공회와 루터교의 전례들은 성례전적 의식의 고대 구조들을 보존하고 있는데, 이것들은 성찬식에서의 기도문과 성서일과 새벽기도와 저녁기도의 양식, 교회력의 주요 절기와 성일들의 준수 등을 포함한다. 그들은 또한 종교개혁 전에 교회에서 획득된 많은 외부적 제의들과 장식들, 성소 배치들 (Sanctuary ar- rangements) 을 지속해 오고 있다"고 설명하고 있다.[19] 이어서 이 사전은 계속해서 설명하기를 "개신교에서의 전례운동은 그 뿌리를 19세기 중엽까지 발전되었던 역사주의와 낭만주의에 두고 있는데, 그것은 본질적으로 '전통으로의 회귀'이며, 과거시대 특히 중세의 예술과 신앙심의 풍요에 대한 갱신된 이해 (감상) 에 의해 특징지어진다"[20]고 하면서, 영국의 John M. Neale, J. Wickham Legg, Water H. Frere, F.E. Brightman, 그리고 독일의 Paul Drews, Julius Smend, Georg Rietschel같은 개신교 학자들이 전례학이 싹트는데 주목할 만한 공헌을 하였다"[21]고 지적하고 있다.

이와 같은 사실만을 살펴보아도 우리는 전례운동이 로마 카톨릭 내에서도 중세 지향적 의식주의 운동이었음과 같이,[22] 기독교 내에서의 전례운동 역시 "전통으로의 회귀운동"이며 중세 지향적 의식주의 운동이라는 점을 짐작할 수 있는 바, 이것은 결국 종교 개혁에 소극적이었던 루터교와 로마 카톨릭의 한 분파였던 성공회 내에 잠복되어 있던 중세적 의식주의가 로마 카톨릭 내의 전례운동 (의식주의 운동) 에 영향을 받아 분출된 것이며, 그것이 오늘날 여타의 다른 프로테스탄트 교회들에게 영향을 끼치고 있음을 알 수 있다.

b. 성공회에서의 전례운동

성공회에서의 전례적 관심의 부흥은 옥스포드 운동에 기초를 두고 있는데,[23] 이 운동은 카톨릭의 전례운동의 기원이랄 수 있는 프랑스의 게랑제운동과 같은 시기에 일어나 상호간에 영향을 끼친 것으로,[24] 17세기의 고교회 이념을 되찾아 회복하자는 움직임이었다.[25] 여기에서 고교회 (High Church) 란 성공회와 루터교에 있어서 교회의 권위와 예배의식을 존중하는 신학적 경향을 가진 교회를 가리키는데, 이들은 교회와 주교직 그리고 성례전의 권위를 높이 평가한데서 "고 (High) "라는 수식어를 붙였다.[26] 이러한 옥스포드 운동의 성격은 그 창시자인 키블 (Keble) 이 1833년 9월에 발표한 그 운동의 원칙을 보면 알 수 있는데, "구원의 길은 사도적 계승자가 집례하는 성찬식에서 그리스도의 살과 피를 받음이요 그것이 교회의 보물인 바 교회는 언제나 그 원시적 순수성을 회복해야 할 것이다"[27]고 했다. 결국 이 운동은 중세의 생활과 종교에 나타난 정신을 찬미하는 운동이었다.[28] 옥스포드 운동은 전례에 대한 토론을 불러 일으키는데 성공했으며, 결국은 저명한 성공회 전례학자들인 W. H. 프리어 (Walter Howard Frere) 와 주교 파슨즈 (Robert Parsons) 등이 잇따른 성공회 기도서 개정작업을 준비하였는데, 이 작업 이후에 전례운동은 점점 더 광범위하게 성공회에 영향을 미치기 시작했고, 성만찬을 교회구 예배의 공통적인 중심 의식으로 회복시키는 운동이 시작되었다.[29]

c. 개혁교회에서의 전례운동

개혁교회들의 경우에도 전례운동의 선구자들이 있었다. 그 중의 하나가 19세기 후반의 불란서 사람 '외젠 베르지에'(Eugene Bersier) 인데 그는 '기독교인의 생활에서 교회의 예배의식이 중심을 이룬다는 점과 개혁교회들이 전례적 예배의 회복을 필요로 한다.'는 점을 강조했는데, 그는 예배의식을 협력에 의한 활동으로 이해하고 또 말씀과 성례의 균형을 이루어 주는 것으로 이해하고 있었다.[30] 미국에서는 1855년에 찰스 베어드 (Charles W. Baird) 가 「장로교 예배의식 (the Presbyterian Liturgies) 」이라는 책을 발간하면서 예배의식에 대한 관심이 높아졌고, 그는 1857년에 「공중기도서(A Book of Public Prayer)」를 발간하였다.[31] 1865년에 스코틀랜드교회에서도 「교회예배협회(Church Service Society)」가 설립되었고, 1867년부터 발행된 Euchologion 은 광범위한 영향을 끼쳤으며 "Official Book of Common Order (1928, 1940 개정) "에서 절정에 달했는데, 여기에 상대되는 것이 미국 장로교회에서 발행한 「일반예배서 (the Book of Common Worship), 1905, 1931, 1946」이다.[32] 이러한 발전을 예기한 것이 미국에 있는 독일 개혁교회에서의 1840년대와 1850년대의 톡특한 예언적 전례운동이었는데, 이것은 필립 샤프 (Philip Schaff, d.1893) 와 네빈 (John Williamson Nevin, d.1886) 에 의해 펜실베니아 머서스바 (Mercersburg) 의 신학원에서 지도되었었다.[33]

3. 전례운동의 결과

이러한 전례운동의 결과 천주교에서는 미사시에 공용어로 사용되던 라틴어 대신 자국어를 사용하게 되었고, 말씀을 강론하는 순서도 사용하게 되었으며, 일반 평신도들의 전례에의 참여의식을 높이게 되었다.[34] 그러나 그 파급으로 일어난 기독교내의 예배갱신운동은 주로 의식주의적 경향을 띠게 되어서, 교회당 건축양식이나, 예배음악, 예배인도자의 의복 등이 고대 교회의 것으로 복구하는 경향이 나타났고, 예배가 의식주의적, 감정주의적으로 치우치는 결과를 낳았다.[35] 그리하여 설교단과 제단의 위치가 변화를 가져오면서 성찬상을 설치하고, 십자가를 강단 위에 세우고, 신앙의 상징들도 새로 만들고, 예배에 있어서는 성만찬이 강조되어 성만찬의 횟수를 늘리고 목사의 사제적 기능을 중요시하게 되고, 목사의 복장에도 변화가 와서 로마 칼라와 까운, 그리고 교회력에 따른 스톨의 착용 등이 활발하게 되었다.[36]

그런데 이와 같은 현상은 종교개혁자들의 정신을 이어받은 복음주의 교회의 예배를 더 의미 있게 만들고 있기보다는 오히려 기독교 예배를 더 퇴보시키고 있다. 일리온 T. 존스(Ilion T. Jones)는 말하기를 "지금 개신교도들은 자신의 독특한 믿음을 기초로 하여 보다 의미있는 예배를 만들기보다 중세 예배를 재현하는데 골몰해 있으며, 의식하든지 못하든지 개신교의 예배는 진보하기보다는 퇴보하고 있다"[37]고 지적하면서 다음과 같은 결론을 내렸다.

예배갱신운동은 개신교를 새 영역으로 이끌거나 예배를 향상시키기 위하여 개신교의 기본 원칙을 마련하는 일, 현대인의 필요를 예배에 적용하는 일을 담당하지 못하고 있다. 오히려 개혁을 회피하고 기독교 예배를 고대 사제식으로 되돌리려는데 전력을 다하고 있는 듯한 느낌을 준다. 개신교 예배에 사용할 물건을 선택할 때도 그

것이 복음적인 기독교에 가장 적합할 것인가에 관심을 두지 않고, 이 물건이 오래 전부터 사용되고 있었나에 주목하고 있다. 요약하면 현대의 예배갱신운동은 상실되어 간 예배의 기본 정신을 회복하는데 그 목적이 있는 것이지 개신교 예배를 중세주의로 되돌려 놓는 것이 아님을 알아야 할 것이다. [38]

더우기 "오늘날의 전례운동이 에큐메니칼 운동의 일부라는 것은 매우 타당성 있는 말" [39]이라는 「기독교 대백과사전」의 지적을 복음주의 목회자들은 유의해야 할 것이다. 왜냐하면, 복음주의 진영이 WCC적 에큐메니칼운동에 대해서는 경계하는 반면 예전주의에 대해서는 아직 잘 모르고 있기 때문이다.

예전운동의 영향

1. 강대상의 배치와 강단 구조

예배당 구조는 예배의 중심을 어디에 두느냐에 따라서 달라진다.[40] 특히 예배당 내부의 강단의 구조는 예배의 강조점에 따라서 그 공간 배열이 달라진다.[41] 이러한 강단 구조의 형태는 크게 나누어 강대상 (Pulpit) 중심의 배열과 제단 (Altar, 또는 성찬대) 중심의 배열의 두 가지 형태가 있다.[42] (그림 참조)

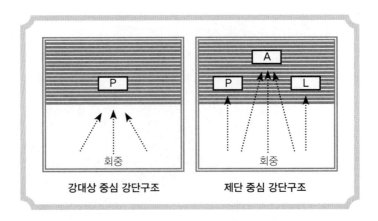

강대상 중심 강단구조 　　　　　 제단 중심 강단구조

제 아무리 중간 변종이 많고 천차만별이라고 하더라도, 결국 그 강조점을 압축한다면 두 가지 중 하나에 속하기 때문이다. 제단 (성찬대) 중심의 형태는 성찬대를 중심에 두고 그 좌우에 설교대와 낭독대를 배치하는 것이고, 강대상 중심의 형태는 강대상 앞에 성찬대를 배치하는 것이다.[43] 강대상 중심의 형태는 설교가 예배의 중심이 되는 것으로, 장로교, 회중교회, 침례교, 감리교, 성결교 등의 프로테스탄트교회가 채택하고 있고, 제단 중심의 형태는 제사 (또는 성찬) 가 예배의 중심이 되는 것으로 천주교, 성공회, 루터교 등의 구교권에서 채택하는 방식이다.[44] 그러므로 예배당 강단을 보고 로마 카톨릭교와 기독교를 식별할 수 있다.[45]

강단의 구조는 임의적으로 선택할 성질의 것이 아니다. 왜냐하면 회중석과 강단과의 거리, 높이에 따라 예배의 성격이 규명되며 설교단, 성찬상 등의 배열에 따라 예배의 신학이 표현되기 때문이다.[46] 그러나 19세기에 일어난 전례운동, 즉 소위 "예배갱신운동 (Liturgical Movement)"의 영향으로 이러한 강단 구조에 혼란이 일어나서, 기독교의 강단이 점차 성공회나 루터교를 닮아 천주교의 제단으로 변모해 가고 있다. 좌우에 두 개의 강대상을 두는 형식이 바로 그것이다. 이것은 가운데 성찬대 (천주교 등의 구교권에서는 "제단" 이라고 한다.) 가 있기도 하지만, 없기도 하다. 양쪽 모두의 경우 천주교의 형태를 모방한 것임에는 차이가 없다.

지금 현재 한국 교회의 강단들은 천주교나 성공회의 제단을 모방하여 제단화하는 경향이 여기 저기에서 보이고, 천주교와 기독교의 중간에 해당하는 무수한 변태적 강단 구조와 장식이 천차만별인 상황이다. 이러한 현상을 지적하여 한 건축공학 교수는 "강단의 구성도 천태만상이며, 공간의 이용에 문제가 많다. 이같은 현상은 한 마디로 질서가 결여되어 있음을 보여 주는 것이라"[47)]고 평가하고 있다. 이러한 현상은 결국 목회자들이 뚜렷한 신학적 상식이 결여된 상태에서 아무 생각 없이 시각적인 선호에 따라 모방 한데서 온 결과라고 생각된다.

2. 목회자의 복장

의식주의적인 예배운동 (Liturgical Movement) 은 목회자의 복장에까지 영향을 미쳐서, 성직자 셔츠 (로마 칼라) 를 입기도 하고, 검정 까운이나 교회력에 따른 스톨을 착용하는 풍조가 생겨났다.[48)] 그래서 지금은 웬만한 기독교 서점에 가면 성의부가 있어서, 각종 까운 (심지어 장로 까운도 있다.) 과 스톨 (Stole), 로마 칼라, 강대상보 등 많은 제의들 (祭衣, Vestments) 을 팔고 있는데, 파는 사람도 사는 사람도 그것들에 대한 신학적 이해는 전무한 형편이다.

지금 한국 교회 내에서 목회자의 예복을 사용하는 방법들을 보면, 까운이나 스톨 (Stole, 영대) 을 전혀 사용치 않고, 평상복을 입고 예배를 인도하는 경우와 까운만 착용하는 경우, 그리고 까운과 스톨 혹은 로마 칼라까지 착용하는 경우 등 세 가지 유형이 있고, 어떤 목회자는 새벽 기도회 때나 나들이 할 때 로마 칼라를 사용하기도 한다. 우리가 여기서 목회자의 예복에 대하여 깊이 숙고해야 할 이유는 그것이 의식주의적인 예배운동 즉 전례운동의 일환이며 동시에 WCC적 에큐메니칼 운동과 관련되어 있고, 복음주의적인 프로테스탄트 예배와 의식주의적인 로마 카톨릭교의 예배 사이에서 분명한 자기 정체성 (identity) 을 확립해야 할 위기에 서 있기 때문이다.

스톨 (Stole) 은 분명히 천주교에서 온 것으로 그 착용 방법에 따라서 성직자의 계급을 표시하는 유일한 옷이다.[49)] 즉, 부제 (deacon) 는 하나의 장식띠 (sash) 로서 스톨을 착용하는데, 왼쪽 어깨 위에 착용하여서 오른쪽 팔 밑에서

양끝을 고정하거나, 고리를 만들고 ; 사제 (priest) 는 목 뒤를 둘러서 착용하는데, 장백의 (alb) 위에 입을 때는 가슴에서 교차하지만, 중백의 (surplice) 위에 입을 때는 양 끝을 수직으로 늘어뜨리며, 주교 (bishop) 는 언제나 목에 걸쳐서 양끝을 앞에 수직으로 내려뜨리는 후자의 방법으로 영대를 착용한다.[50]

로마에서 스톨이 채택되었을 때, 그것은 보통 로마교회의 성직자 (Roman Clergy) 를 분별하는 표시로서 채택되었고, 그리고 또 임직식에서 후보자 (사제나 부제의) 에게 스톨이 주어지는 것은 다음과 같은 두 가지의 이중적 상징을 가져오도록 의도되었는바 ; 즉 "첫째는 로마교회의 성직자로 등용된 것이 성 베드로 (St. Peter) 의 축복으로 되어졌다는 것, 둘째는 그 임직식에 의해 후보자가 로마 교회의 것인 성 베드로의 직무 (the Service of St. Peter) 에 가입하였다는 것이다."[51] 다른 프로테스탄트 교파에서의 스톨 사용이 20세기의 예전운동과 에큐메니칼 운동의 영향이라는 것은 더 말할 필요가 없다.[52] 그러나 천주교 성직자의 상징이며, 교황에게 그 직을 받았다는 표시인 스톨을 목사들이 착용하는 것은 넌센스 (nonsense) 이며, 모두 다 주교처럼 착용하는 것도 우스운 일이고, 스톨은 장백의 (alb) 라는 속옷 위에 걸치고 그 위에 겉옷인 제의 (chasuble) 를 착용하는 것인데 겉옷인 까운 (gown) 위에 걸치는 것은 무식의 소치이다.[53]

로마 칼라 (Roman Collar) 는 천주교 성직자들이 성당 밖에서 외출시에 착용하는 공식 복장인데, 수단 (Soutane) 을 정식 복장이라고 한다면 이 로마 칼라와 검은 양복은 약식 제복이라고 할 수 있다.[54] 이 로마 칼라는 독신의 정결을 나타내는 것이고 성직자임을 표시하는 것이라고 한다.[55] 그렇다면, 독신도 아닌 기독교 목회자가 독신의 표시인 로마 칼라를 착용하고, 외출복인줄도 모르고 예배시에 착용하는 것은 우스운 일이다.

3. 교회력과 색깔 (Liturgical Year and Liturgical Colours)

몇몇 교파에서는 과거 종교 개혁자들이 거의 폐지시켰던 중세 교회의 교회력, 성구집, 절기, 정규 축제와 이동 축제 (movable festivals : 해에 따라 날짜가 바뀌는 축제), 절기나 행사에 따라 각기 다른 색을 선택하는 것 등 중세 교회의 관습 거의 전부를 다시 사용하고 있다.[56] 본래 이와 같은 교회력에 관련된 것들을 사용하는 교파는 대개 구교권에 있는 천주교나 희랍 정교회, 성공회, 루터교 등인데,[57] 근래에 이르러 에큐메니칼 운동에 힘입은 신학자들에 의해서 교회력에 따른 목회와 예배가 주장되고 있는 바,[58] 이와 같은 교회력에 대한 새로운 관심은 천주교의 전례운동 (Liturgical Movement, 예전운동) 에 영향을 받아 일어난 소위 "예배복고운동"의 일환인 것이다.[59]

의식적인 예배운동인 예전운동 (Liturgical Movement, 예배갱신운동 또는 예배복고운동) 의 두 가지 핵심은 "성만찬과 중세적 의식 (Mediaeval Liturgy) "인데, 그 중 중세적 의식의 특징은 교회력과 상징사용이라고 할 수 있다. 그래서 예배당 내외부의 장식에 있어서 갖가지 상징적인 장식과 배치, 그리고 예배의식에서의 상징적인 절차나 행위가 극대화 된다. 아울러서 여기서 빼놓을 수 없는 것이 '교회력에 따른 색깔'과 '성서일과'의 사용이다. 그렇기 때문에 교회력의 사용은 예전주의자들에 의해서 중요시되고 강조되고 있는 것이다.

위와 같은 천주교의 전통적인 교회력은 크게 두 부분으로 나누어지는데, '그리스도와 관련된 절기들 (Temporal Cycle) '과 '성인들의 절기들 (Sanctoral Cycle) '로 구성된다.[60] 시간의 경과를 나타내는 단어인 'temporale'는 두 개의 독립된 절기인 부활절과 성탄절에 기초한 기독론적 절기들의 연속 (시리즈) 이고, 'Sanctorale'는 그 이름이 가리키는 것과 같이 개인적인 성자들의 축제를 기념하는 것이다.[61] 필립 샤프는 교회력이 로마의 이교도 달력에서 왔다는 사실을 확인하고 있고,[62] 에드워드 T. 혼 (Edward T. Horn) 역시 "최초의 교회력은 살아있는 사람과 죽은 사람의 이름 그리고 개교회 감독의 이름을 수록하여 두 쪽으로 접을 수 있도록 된 방명첩일 것이라"[63]고 하였다. 현재 (1988년 현재) 한국의 천주교에서 지키는 교회력의 절기 (축일)는 1146개이다.[64]

의식적인 예배 (Liturgical Worship, 예전적 예배)를 강조하는 사람들은 교회력과 그에 따른 색깔 사용을 권장하고 있는데, 이것을 강단 정면의 예배대보 (강대상 바로 뒤의 휘장 중앙부에 설치된 색깔 휘장을 의미 하는 것 같음 : 연구자 주)와 사회대나 설교대에 늘어뜨린 천과 목사가 입는 예복이나 스톨 (Stole, 영대 또는 드림천이라고도 함)에 사용하고 있다.[65] 그리고 여기에 사용되는 색깔은 흰색 (백), 빨강색 (적), 보라색 (자색), 검은색 (흑), 초록색의 다섯 가지이다.[66] 오늘날과 같은 전례색 규정이 정식으로 미사경본에 나온 것은 교황 비오 5세 (Pius V, 1566-1572)의 미사경본에서이다.[67]

성서일과 (Lection 또는 Lesson)는 로마 카톨릭교에서 성경이나 교부들의 설교 또는 성인들의 생애를 낭독하는 것을 말한다.[68] 현대에 와서는, 제2차 바티칸회의의 결정에 따라 천주교는 1969년 11월 30일부터 개정된 성서일과를 사용하였고, 성공회는 이것을 약간 수정하여서 1970년부터, 미국 연합 장로교회와 남장로교회도 1970년에 이것을 약간 수정하여 채택했고, 미국교회 통합 협의회 (COCU) 역시 이것을 수용하여 공동성서일과를 만들었는데 그것은 1977년에 이뤄졌고, 로마 카톨릭교의 교회력, 3년 주기, 매주일 세 가지 성구를 봉독하는 제도를 따르고 있다.[69]

4. 전통음악

예배 갱신론자들은 예배음악 (성찬음악) 에 전통 음악을 사용할 것을 주장한다. 크리스챤 신문은 1989년 9월 30일자 신문에서 "특히 예배 때 성만찬의 오랜 전통과 유산을 기반으로 하면서 한국적인 가락과 장단으로 된 토착적 성찬 음악을 활용한다면 우리의 문화와 정서가 배어있는 훌륭한 예배가 될 것이라"[70]고 주장하였고, 박근원 교수는 "우리의 교회의 예배가 그저 이질적인 서양 것의 흉내가 아니라 우리 문화와도 어울리는 가락으로 이해되고 정리될 필요가 있다."[71]고 주장한다. 이와 같은 배경하에서 목원대학의 박은규 교수는 '토착 음악적 성찬예배' 시안을 마련하였는데, 거기서 그는 한국적인 가락과 장단으로 된 토착적 성찬음악의 활용뿐 아니라 자진모리 장단, 세마치 장단, 도도리 장단, 굿거리 장단 등을 위한 장구의 사용을 권장하면서, 노래가 시작되기 전에 장단부터 나오면 더 효과적일 것이라고 주장하였다.[72]

얼핏 생각하면 전통음악의 수용의 문제는 종교적인 것이 아니라, 문화적인 것으로서 아무런 문제가 없는 것이고 우리 것을 살리는 더욱 훌륭한 것으로 미화되기 쉽고,[73] 특히 토착화 신학에 편승하여 민족주의적 사고방식을 강변하는 사람도 있다.[74] 그러나 이것은 취미나 문화적 특색에 대한 문제가 아니라 그 음악의 뒤에 있는 영적인 문제이다.[75] 이것은 서양음악이나 동양음악이나 마찬가지이며, 한국의 전통음악이나 서양의 록음악 (Rock'n Roll) 이나 마찬가지이다.[76] 우리나라의 전통음악 중 정악은 불교의식과 유교의 제례음악이 그 중심이며, 민속음악은 한 마디로 무당음악이다. 이러한 전통음악을 교회 예배음악에 적용할 때에 파생되는 문제는 가사와는 무관하게 그 음악의 본질이 문제인 것이다.[77]

5. 상징 사용

예배에 있어서 상징이 가장 풍성하게 사용되었던 것은 중세 천주교에서 였다. 그것은 미사의 말들을 이해하기가 불가능했기 때문에 시각적인 가능성들이 즉시 개발되었고, 극적인 요소들에 의해 풍요롭게 되었던 것이다.[78] 그런데 중세 천주교의 상징 사용에 있어서의 가장 큰 특성은, 상징을 사용함에 있어 당파적이고 독단적인 형태의 알레고리에 떨어졌다는 점이다.[79] 중세의 작가들은 상징의 해석에 있어서 초대교회의 알레고리적 성경해석 방법과 유사한 알레고리적 방법에 호소하였던 것이다.[80]

기독교에 있어서의 상징 사용은 1920—60년 사이에 일어난 전례적 전통들과 제의적 상징의 재흥 운동에 힘입어서 진전을 보여오고 있다.[81] 이 운동을 우리는 '전례운동' 혹은 '예전운동'이라 부르기도 하고 '예배갱신운동'이라고도 부른다. 앞서 고찰한 바와 같이 전례운동 (예배갱신운동) 은 의식주의운동이기 때문에, 그것이 로마 카톨릭의 전례운동이든지, 성공회의 예전운동이든지, 혹은 기독교의 예배갱신운동이든지 간에 성찬예식을 중요시하고 종교적 상징 (물) 을 통하여 의식주의적 분위기를 조성하는 일에 열심을 내어서, 교회 내부의 장식과 예복과 색깔과 의식절차에 과다한 주의를 집중시키고 있다는 것이 핵심적인 특징이다. 왜냐하면 "의식은 사람들이 개념과 자세를 표현하는 상징들 (Symbols) 과 표식들 (Signs) 의 복합체 (혼합물) 이기"[82] 때문이다.

일반적으로 예배에서의 상징 사용은 예배를 드리는 이들의 지적 수준과 깊은 관계가 있는데, 이는 원시 종교일수록 상징을 많이 사용하였다는 사실이나,[83] "중세의 천주교에 있어서 일반 회중들이 미사의 말들을 이해할 수 없었기 때문에 시각적이고 극적인 상징들이 개발되고 풍요롭게 알레고리적으로 적용되었다"[84] 는 사실 등이 증거한다. 그렇기 때문에, 전례운동의 영향으로 상징을 많이 사용하는 풍조가 확산되는 것은 기독교 예배에 있어서 진보가 아니라 퇴보라는 것이다. "기독교인들이 어떻게 모든 상징을 원시적이거나 이교적인 개념으로 흐르는 일 없이 사용할 수 있는가를 정확히 하기란 대단히 어렵다"[85)]고 일리온 T. 존스는 지적한다.

18
chapter

예전운동의 분석과 평가

1. 예전운동과 성만찬

예전운동 (Liturgical Movement, 예배갱신운동 또는 예배복고운동) 에서는 성만찬을 기독교의 예배의 핵심적인 부분으로 간주한다. [86) 그리하여 예전주의자들은 한결같이 한국 교회의 예배는 말씀만 있고, 성찬이 없다고 비판한다. [87) 그들은 말씀과 성례가 예배의 본질적 요소라고 보며, [88) 그리하여 "성만찬이 없는 예배는 예배가 아니라" [89)고 주장한다. 그러므로 성만찬을 곁들인 주일의 대예배가 곧 기독교의 참다운 예배이고, 그 밖의 모임 (주일 밤, 수요일 밤 등) 은 예배라기 보다는 영성 훈련을 위한 신앙 집회라고 해야 한다는 것이다. [90) 그들의 주장에 따르면, 예배의 본질적 요소가 말씀과 성만찬이라는 주장의 근거는 신약성서와 초대교회 연구의 결과라는 것이다. [91) 다시 말해서 초대교회서부터 16세기 동안 '말씀과 성례 (성찬)'의 예배 전통이 이어져 왔었는데, 종교개혁가들의 주장을 잘못 받아들여서 오늘날과 같이 말씀만 있는 잘못된 예배의식을 가지게 되었다는 것이다. 이 점에 대하여 정장복 교수는 "말씀과 성례가 예배의 본질적 요소인데, 쯔윙글리의 과격한 개혁 의지가 16세기 동안 말씀과 성례로 이루어 온 예배 전통을 깨뜨리는 무리를 가져 왔다”[92]고 분석하면서, “한국교회 (장로교) 는 칼빈이나 존 낙스보다 쯔윙글리의 영향을 예배 현장에 훨씬 많이 도입했다는데 문제점이 있다”[93]고 비판한다. 따라서 여기서는 과연 그들의 주장처럼 성찬이 예배의 본질적 요소인지, 과연 신약성경과 초대교회는 그런 예배를 주장하였는지, 그리고 종교개혁자들 중 루터의 주장이 옳고 쯔윙글리나 칼빈의 주장은 잘못되었는지 살펴보고자 한다.

a. 성찬은 예배의 본질적 요소인가?

김소영 목사는 예배의 정의를 “예배는 예수 그리스도를 중보로 해서 하나님과 예배자와의 교제인 만남이다”라고 하였고, 예배의 본질에 대하여는 “하나님으로부터 받은 바 은혜와 사랑과 축복에 대하여 감사의 응답 (response) 으로 드리는 것이 예배라”고 하였다.[94] 그런데 이러한 예배의 개념에서 볼 때 “성찬이 예배에 없어서는 안 될 본질적 요소”라는 그들의 주장은 타당성이 있는가? 본 저자가 보건데 그것은 타당성이 별로 없다.

정장복 교수는 주장하기를 “성례전은 예배 가운데서 ‘하나님과의 만남’, ‘주님과의 연접’이라는 가장 중요한 신앙의 표현과 경험을 수반하고 있기 때문에 소중하다”고 하고, “이 예전을 통하여 구속의 그리스도를 언제나 새롭게 만날 수 있으며, 한 인간과 주님과의 생동력있는 ‘역사적 연접’을 이룩할 수 있다”는 오스카 쿨만 (Oscar Cullman) 의 말을 인용하고 있다.[95] 그러면서 그는 J. 힉스테블의 말을 인용하여 “기독교의 예배는 하나님과 그의 백성 사이에 있는 대화 (dialogue) 인데, 한국 교회는 하나님의 말씀만 내려오는 독백 (monologue) 이었다. 그러나 받고 드리는 대화 (dialogue) 가 이뤄져야 한다”[96]

고 주장한다.

한편, 김수학 목사는 "예배란 하나님과 인간 사이의 교환행위 (Two- way Activity) 인데, 성찬에서 하나님의 완전한 것이 주어진다. 이러한 이유에서 성찬은 기독교 예배의 중심적 행위가 되며, 이것과 비교할 수 있는 것은 아무것도 없다" [97]고 주장하면서, 성만찬이 예배에 꼭 필요한 이유를 다음과 같이 열거하였다.

첫째, 그리스도께서 성찬을 제정하셨고, 그것을 집행하도록 교회에 명하셨기 때문에 성찬은 예배에 필수적이다. 둘째, 십자가 예수님의 사역에 필요한 것처럼, 성찬은 설교에 필요하며, 예배에 필요하다. 십자가 없는 예수의 사역이 초점을 잃는 것처럼 성찬 없는 예배 의식은 성 금요일 없는 예수의 사역과 같다. 마지막으로, 성찬은 객관적으로 교회와 세상 사이의 차이를 구분하도록 하기 때문에 예배 의식에 필요하다. 말씀을 듣는 것은 모든 사람에게 해당되지만 성찬은 말씀을 듣는 사람 뿐 아니라 말씀을 받아들이고, 지키는 사람들에게 해당되는 것이다. [98]

그러나 확실한 것은 그들의 이와 같은 주장들은 성찬이 예배의 본질적 요소라는 사실을 분명하게 제시하지는 못하고 있다는 것이다. 예수께서 성찬을 제정하시고 집행하도록 명령하셨다. 그러나 예배 때마다 집행하라거나, 예배는 반드시 성찬을 포함해야 한다고 말씀하시지 않았다. 오히려 신령과 진정으로 (in spirit and truth) 예배하라고 하셨다 (요4:24).

정장복 교수는 '한국 교회 예배는 하나님의 말씀만 내려오는 독백이었지 받고 드리는 대화가 없다'고 지적하였지만, 기도와 찬양과 헌금은 "드리는 것"이 아니고 무엇인가? 정교수 자신도 예배를 정의하기를 "예배란 크리스챤들의 생활에 가장 기본적인 직무로써 마음과 언어의 행동 등을 통하여 창조주 하나님께 경배와 감사와 찬양의 제단을 쌓는 일이다”[99]고 하였었다. 연구자는 여기서 정장복 교수가 천주교의 미사와 기독교의 예배를 혼동하고 있다고 지적하지 않을 수 없다. 그는 “예배 현장에는 liturgy (예전), priest (사제), λαος (백성) 의 세 요소가 있다”[100]고 주장한다. 그러면서 목사를 사제 (제사장) 로, 예배를 희생제사로 보고 있다. 다음과 같은 그의 표현들을 살펴보면, 그것은 분명하다.

> 목사가 예배 시간에 하나님 앞에 쌓는 제단의 제주로서 내가 드리고 있는 이 예배가 무엇인지를 분명히 이해하는 것은 사실상 1차적인 단계라고 아니할 수 없다…(중략)…이 기초적인 단계를 모르고 제단에 선다는 것은 참된 사제가 될 수 없고 거기에 참여하는 회중들마저 드리고 있는 예배의 의미와 방향을 잃게 되는 것이다.[101]
>
> 좀 극단적인 표현을 쓴다면 우리의 한국 교회는 말씀은 있으나 의식이 없고 지극히 균형잡히지 않은 교회라고 할 이 책임은 결코 어느 특정인의 것이 아닌 사제된 우리 모두가 져야 할 공동 책임이라고 본다.[102]
>
> 성례전을 통하여 하나님은 사랑의 실체로서 자신을 우리에게 주시는 것이다…(중략)…이 거대한 사랑의 실현이 (연구자 註: 십자가를 의미한다) 단회적으로 2천년 전에 끝난 것이 아니라…(중략)…성만찬의 예전이 오늘도 스스로의 몸을 찢기고 보혈을 흘리신 희생적 사랑의 재현인 것이다.[103]

뿐만 아니라, 이러한 배경에 있는 정장복 교수의 주장에는 천주교의 화체설적인 요소도 있다.

> 오늘의 성만찬 식탁 위에 놓인 성물을 단순한 빵이나 잔으로 끝나지 않고, 참여

자 자신들을 위하여 찢기시고 흘리신 주님의 살과 피의 재현으로서 성례전을 경험케 되는 것이다.[104)]

   그렇게 함으로써 성만찬은 주님의 희생을 직접 보고 그 살을 받으며 그 피를 마시는 엄숙한 예전으로써 기독교 역사에 계속 유지되어 오게 되었다.[105)]

   위에서 살펴 본 바와 같이 분명히 정장복 교수는 기독교의 예배를 제사로 보고 있는데, 이것은 그가 천주교의 미사 개념을 그대로 수용하고 있음을 반증하는 것이다. 실제로 그는 "서방 교회는 좀 더 자유로운 예배의 발전을 취하였으나 개신교의 입장에서 볼 때 그대로 본질적인 의식의 강조에는 변조됨이 없었다"[106)]고 주장하였다. 이렇게 볼 때, 정장복 교수는 아직 기독교의 「복음 진리」를 확실히 이해하지 못하고 있다고 생각할 수밖에 없다.

   아직도 제사를 드려야 된다는 주장은 그리스도의 십자가 구속의 완전성을 파괴하는 주장이다. 이 점은 이미 충분히 설명되었다고 본다. 성전, 제단, 제사는 구약시대의 것이다. 그것은 예수 그리스도에 대한 하나의 예표였다. 이제 그리스도의 속죄 사역이 완성된 지금 아직도 그런 용어를 쓰는 것은 그리스도의 대속의 완성을 부인하는 것이 된다.[107)] 이렇게 볼 때, 예배를 제사로 인식하고 있는 정장복 교수의 견해는 기독교 복음 진리에 속한 것이 아니라 천주교의 견해에 속한 것임을 알 수 있다. 따라서 우리는 그리스도의 십자가 제사로 죄사함을 받은 사람만이 하나님께 예배하러 나아갈 수 있으며, 구약적 의미의 제사나 예수의 십자가 제사의 재현을 의미하는 제사를 드리고 있는 사람들은 아직 하나님께 예배하러 나아갈 수 없는 죄인으로서, 하나님과 원수 된 상태에 있다는 사실을 지적하지 않을 수 없다.

   그런데 과연 기독교의 예배 (하나님과의 만남, 하나님께의 경배) 에도 성찬이 필수적인 요소인가? 정장복 교수는 '말씀은 하나님께로부터 내려 오는 것이고, 성찬은 우리가 하나님께 바치는 것'이라고 주장하는 것 같다. 우리는 성찬이 하나님께 바치는 것일 수 없다는 것을 이미 알고 있다. 우리는 기도와 찬양과 예물 (헌금) 을 드린다. 이것이 바로 하나님의 말씀에 대한 반응이며, 김수학 목사가 지적한 교환 행위에 해당하며, 독백이 아니라 대화이다. 정장복 교수는 한국 교회가 "예배가 무엇인지 기초적 단계도 모른다" [108]고 비판하였지만, 실상 그 말은 예배갱신론자들에게 적용되는 말인 것 같다. 성찬은 우리가 주님께 드리는 것이 아니라, 주님께서 우리를 위하여 마련해 주신 선물인 것이다. [109] 더구나 여기서 분명히 하여야 할 것은, 성찬은 어디까지나 성례 (sacra- ment) 이지, 예배 (worship) 가 아니라는 점이다. 이것을 그들은 혼동하고 있다.

b. 신약성경과 초대교회의 견해

그러면 이제, 과연 신약성경과 초대교회가 예배에 있어 성찬이 필수적이라고 주장하는지 살펴보자. 박근원 교수는 성찬이 없는 예배는 예배가 아니라고 주장하면서, 그 근거는 신약성경과 초대교회에 대한 연구의 결과라고 하였다. 그러면서도 그 구체적인 증거를 대지는 않았다. 오히려 박근원 교수가 번역한 「주의 만찬」에서 저자 폰 알멘 (Jean Jacques von Allmen) 은 "신약성경이 성만찬 생활에 대하여 거의 언급하고 있지 않으며, 우리는 사도 교회의 성만찬 생활에 대해서 아는 바가 없다" [110]고 지적하고 있다. 많은 사람에 의하여 신약시대에는 성찬 없는 공예배가 없었다고 주장되고 있지만, 그러나 우리는 1세기 신약성경 시대의 성찬의 빈도수에 대해서는 단정하기도 어렵고, [111] 신약성경의 교훈으로부터 기독교 예배에 성찬적인 요소가 반드시 있

어야 한다는 것을 세울만한 방도가 없다.[112]

떡을 뗀다는 것이 "주의 만찬"과 관계가 있는 것이 사실이지만, 어떤 사람들은 그것이 단순히 기독교인들이 모여서 함께 식사를 한 사실을 가리킨다고 주장하는 반면, 많은 사람들은 그것이 아가페 즉 애찬에 관계되는 것이라고 역설한다. 다른 교인들과 함께 먹는 모든 식사가 반드시 다락방에서 거행된 특수한 성찬식을 의미한다고 믿을 이유도 없고, 고린도전서 11장에서는 적어도 고린도교회에서 그러한 식사와 주의 만찬을 혼동하고 있었음을 바울이 말해준다.[113] 예수님의 성찬 제정의 말씀 외에, 떡을 뗀다는 것이 성찬을 의미하는 것임이 분명한 경우는 고린도전서 11: 20—28 뿐인데, 그것도 애찬의 성격임을 알 수 있다 (고전 11: 20-22, 33-34). 따라서 매주일 성찬을 했다거나, 예배로 모일 때마다 성찬식을 했기 때문에, 예배에 성찬의 요소가 반드시 있어야만 한다고 단정 짓기는 어렵다는 것이 James F. White를 비롯한 예배학자들의 견해이다.[114] 오히려 신약성경을 보면, 예배하러 모일 때에는 찬송, 말씀, 계시, 방언, 통역 등은 있었으나 만찬은 없었고 (고전 14:26),[115] 만찬을 먹으러 모일 때가 따로 있었다 (고전 11:33).[116] 그렇기 때문에 "역사적으로 성경에서 예배를 위한 규범들을 연역해 내려는 시도들은 실패했다. 왜냐하면 성경은 그런 목적을 위해 쓰여진 것이 아니기 때문이다"[117]

한편 신약에 나타난 예배는 한마디로 말하면 구체적 행위로서의 예배보다는 복음전파의 과정에서 흔히 병행되는 비예전적 (informal liturgy) 형태라고 할 수 있다.[118] 이러한 신약성경 예배의 특징을 일리온 T. 존스는 다음과 같이 요약하였다.[119]

(1) 경직된 예배와 반대되는 자발적이고 자유로운 예배

(2) 제사예배와 반대되는 기도예배

(3) 제사장적 예배와 반대되는 예배자들이 참여하는 예배

(4) 의식적 예배와 반대되는 설교예배

(5) 외형적, 형식적 예배와 반대되는 영적, 감명적, 내적인 예배.

(6) 복잡하고 "신비적인" 예배와 반대되는 단순하고 직접적인 예배라고 할수 있다.

　여기서 빼놓을 수 없는 것이 애찬과 성찬의 순서인데, 이에 대하여는 다양한 추측과 주장들이 있다. 그러나 초기의 성만찬이 식사의 맥락에서 오랫동안 지켜져 온 것으로서 [120] "떡을 떼는 일"은 그 당시에는 공동의 식사 곧, 애찬 (Arape, 혹은 Love Feast) 의 부분이었는데, 그것이 나중에 성찬식과 분리되었다는 데는 대부분 일치하는 것 같다. [121] 그러다가 애찬은 2세기 중반쯤에 기독교 예배의 주류에서 사라지게 되었고 [122], 서방교회에서 4세기에 소멸되었다. [123]

　그런데 애찬이 예배 후에 신자들이 같이했던 사랑의 식탁이고, 여기에서 성찬이 분리되어 나왔다면, 성찬이 예배의 본질적인 요소라거나 예배가 말씀과 성찬의 두 부분으로 구성되었다는 등의 주장은 하등의 정당성이 없게 된다. 왜냐하면, 만찬은 그것이 애찬이든지 성찬이든지간에 예배 후에 나눈 식사였기 때문이다. 역사가 흐른 후에도 성찬은 세례교인들만 남아서 행했던 성례 (sacrament) 였지, 모든 신자들이 참석해서 하나님께 영광과 찬송을 돌리는 공예배 (worship) 가 아니었다.

　처음 몇 세기에 기독교 예배 발전에 관하여 참고할 문학적 원전 (原典) 은 지금 거의 없고, 완전한 예배의식의 편람이나 교본은 아무 것도 없다. [124] 초기 3세기까지의 예배에 관한 유일한 자료는 다섯 가지인데, [125] ①로마의 클

레멘트 (Clement) 가 고린도교회에 보낸 권고의 편지 (A. D. 96년경), ②소아시아의 비티니아 (Bithinia) 총독 플리니 2세 (Pliny the Younger) 가 트라얀 (Trajan) 황제에게 보낸 재판관련 편지 (약 112년경), ③디다케 (Didache, 12사도의 교훈, 약 AD. 100년경, 1873년 콘스탄티노플에서 발굴) ,[126] ④저스틴 마터 (Justin Martyr) 가 안토니누스 피우스 (Antoninus Pius) 황제에게 보낸 변증문 (The First Apology, 약 140년경), ⑤로마의 히폴리투스 (Hippolytus) 가 편집했다고 주장되는 것으로서 이집트교회 규칙으로 불리는 사도전승 (The Apostolic Tradition, 약 220년경) ,[127] 등이다. 그러나 사도전승은 1551년에 발견된 여자 하반신의 조각상에서 추론하여 일부에서 히폴리투스의 것이라고 추측하는 것일 뿐, 그 명칭부터가 불분명하며 훨씬 후대의 것일 수도 있는 정체불명의 작품이다.[128]

위의 자료 중에서 플리니의 편지 (Pliny's letter to Trajan) 는 기독교 예배에 관한 최초의 기록인데,[129] 초대 기독교인들의 생활과 예배에 관한 정보를 제공해주고 있다.[130] 플리니에 의하면 초대교회 신자들은 예배와 만찬은 별도로 하였다는 것이다. 그에 의하면, 신자들은 정해진 날 아침 일찍 모여 예배를 드리고 나서 헤어진 후에 다시 모여서 음식을 나누었는데, 이마저도 황제의 포고문 때문에 포기했다고 한다. 다음은 이 부분에 대한 플리니의 편지 내용이다.

그들은 어떤 지정된 날에 해뜨기 전에 습관적으로 모임을 갖고 그리스도를 하나님이라고 응답하는 찬송을 합니다. 또한 그들은 서약을 합니다. 어떤 범죄도 범하지 말 것과 도둑질, 강도, 간음을 포함한 모든 죄행을 금할 것을 서약합니다. 신앙을 배반하지 않을 것을 서약합니다. 이후에 그들은 헤어져 버립니다. 그리고 나서 다시 모여 음식을 나누는데 그 음식은 평범하고 해가 없는 것입니다. 그들은 이것조차도 저

의 포고문 때문에 포기했다고 합니다. [131]

위의 다섯 가지 자료를 자세히 살핀 「일리온 T. 존스」는 말하기를 "3—4
세기 기독교 예배는 말씀의 예전과 다락방 예전이라는 두 범주로 나눌 수 있
으나, 초기 2세기에 있어서는 당시 예배문서를 증명할 만한 자료가 거의 없
는 상태이다"라고 했다. [132] 신약성경 자체나 우리가 얻을 수 있는 속사도 교
부적 증거로부터는 예배를 위한 고정된 의식이 초대교회에는 없었다는 것이
분명하다. [133] 예배학자인 제임스 F. 화이트 (James. F. White) 는 말하기를, "초
기의 기독교 예배는 분명히 어느 정도의 자발성이 있었다. 초대교회의 예배
의 대부분은 그후 4세기가 지나는 동안 모두 사라져 버렸다가 종교개혁을 통
해서 다시 부각되었다." [134]고 하였다. 콘스탄틴의 기독교 개종사건은 기독
교 역사에 큰 변화를 가져오게 한 역사적 사건이다. 이것은 기독교 예배의 역
사에 있어서도 큰 의미를 가지게 되는데, 그것은 콘스탄틴 전의 기독교 예배
와 후의 예배가 완전히 구별되는 모습을 보여주기 때문이다. [135] 그 후 380년,
기독교가 로마의 국교가 되어서, 예배가 공적인 소집으로 바뀌면서, 예배를
새로운 의미로 재 계획할 필요가 생겨서 단순한 예식이 정교한 공연 (Perfor-
mances) 로 대치되었다고 제임스 F. 화이트 (James. F. White) 는 지적한다. [136]

c. 모형론적 성경 해석

성경이 성찬의 횟수에 대해 명백히 제시하지 않고 있으며, 또한 예배의
형식에 대해서도 침묵하고 있다는 것은 주지의 사실이다. 그럼에도 불구하
고 그리스도의 십자가 구속을 상징하는 성찬에 대하여 구속사적 맥락에서
살펴 본다면, 어느 정도의 추론은 가능하다고 본다.

여기에서의 핵심적 관심은 예수께서 성만찬을 제정하신 최후의 만찬과 유월절 식사와의 관계성이다. 성경은 분명히 최후의 만찬이 유월절 식사였음을 밝히고 있고 (마 26:17-29; 막 14:12-25; 눅 22:7-20; 고전 11:23-26), 우리는 성경의 영감성을 믿으므로, 성만찬의 기원이 유월절 식사라는 사실을 의심할 하등의 이유가 없다. 그러므로 우리는 최후의 만찬이 유월절 (πάσχα) 축제의 만찬이었고, 예수께서는 그 유월절 만찬에 새로운 뜻을 부여하셨고, 유월절 만찬을 갱신하신 것이라고 결론 내릴 수 있다.[137]

그러므로 성만찬은 그리스도께서 십자가의 죽으심으로 우리를 죄와 사망에서 해방하신 구속 사역을 기념하는 것이며, 이것은 유월절에 이스라엘이 애굽에서 해방된 구속 사역을 기념하였던 것에 해당하는 바, 참여하는 자들의 믿음이 토대하는 구원 행위를 현재의 실체로 선포하도록 의도된 유대의 유월절과 같은 의미에서 그러하다.[138] 여기서 유월절은 하나의 예표요 모형이며 그림자이고, 실물은 성만찬이다. 그 이유는 유월절 어린양이 모형이요, 그리스도가 그 실물이기 때문이다. 그런데 그림자인 유월절은 출애굽의 사건이 일어났던 1월 14일 저녁에 지켰다. 따라서 실물인 성만찬도 고난 주간 (또는 부활절) 에 거행하는 것이 성경의 맥락에 합당하다.

예배갱신론자들은 매 주일 낮 예배 때마다 성만찬을 거행할 것을 주장한다. 그러나 성만찬이 "주님의 죽으심을 기념한 것이라기보다는 부활하신 주님과 함께 나눈 식사로써",[139] "주님의 부활을 기념하는 것이므로 매 주일 그리고 자주 행해야 한다"[140]는 예배갱신론자들의 주장은 잘못된 것으로서, "예배는 반드시 성만찬을 동반해야 하며, 자주 매 주일 거행해야 한다."는 자기들의 주장을 합리화시키기 위한 고의적인 적용이요 자의적인 해석에 불과한 것이다. 따라서 연구자는 모형론적 해석에 의한 성경적 정신에 합당한 성만찬의 거행은 1년에 한번 고난 주간이나 부활절에 거행하는 것이 적절하리라고 본다.

d. 결언

지금까지 살펴 본 바와 같이 성만찬을 자주 매 주일마다 거행해야 한다는 주장들은 그 타당성이 전혀 없다. 그들은 예배학적인 측면에서 '예배는 반드시 성만찬을 수반해야만 한다'고 주장하고 있지만, 그러한 주장은 예배에 대한 지식의 부족에서 온 것이며, 타당한 주장이 될 수 없음을 살펴보았다. 오히려 성경 해석적 측면이나 그들이 주장하는 교회력에 따르더라도 성찬식은 고난 주간이나 부활절에 행하는 것이 가장 온당하다는 결론을 내리지 않을 수 없다. 그렇다고 해서 교회가 1년에 1회 이상 성찬식을 거행하는 것은 비성경적이 된다고 주장하고 싶은 것은 아니다. 다만 '예배는 반드시 성찬식을 수반해야 하기 때문에 매 주일 성찬식을 거행해야한다'는 그들의 주장이 잘못되었음을 지적하기 위해서 그것을 논리적으로 반박했을 뿐이다. 결론적으로 연구자의 주장은 예배 (worship) 와 성례 (sacrament) 는 다르다는 것이며, 성찬은 성례에 속하는 것이지 예배의 요소가 아니라는 것이다.

2. 리마 예식서(Lima Liturgy) 분석

최근 "예배갱신"을 부르짖는 학자들에 의해서 추앙받는 것이 있다면, "리마 예식서 (Lima Liturgy) "가 바로 그것이다. 주로 NCC 계열의 학자들이 이 "리마 예식서"를 성만찬의 교과서 (Text Book) 인냥 말하고 있다. 한신대학의 박근원 교수는 "리마 문서 (Lima Documents) "를 마틴 루터의 "95개조 논제"에 버금가는 것으로 극찬하면서,[141] "리마 예식서의 실험이 세계 그 어느 곳 보다도 절실히 요청되고 있는 현장이 우리의 한국교회"[142]라고 주장한다. 그의 입장에서는 WCC적인 에큐메니칼 운동의 일환으로 제정된 이 "리마 예식서"가 하나님의 특별하신 섭리로 되어진 것처럼 느껴졌는지, "결코 인간적인 업적의 성취라고만 생각할 수는 없고, 세계 교회의 일치 추구의 선한 의지를 하나님께서도 성령을 통해서 이끌어 가고 계심을 감지할 수 있다"[143]고 하였다. 따라서 연구자는 여기서 "리마 예식서"에 대한 간단한 고찰을 통해서 미흡하나마 복음주의적 시각을 제시하고자 한다.

a. 리마 문서와 리마 예식서

WCC는 1937년 에딘버러에서 모였던 신앙과직제위원회에서 교리적인 합의를 통한 일치의 추구는 가능성이 없음을 재확인하였다.[144] 그리하여 이제는 의식적 (성례전적) 통일을 꿈꾸고 있다.[145] 그리고 이러한 그들의 노력이 "리마 문서"와 "리마 예식서"로 나타난 것이다. 1982년 1월 페루의 리마에서 모인 WCC 산하 '신앙과 직제 (Faith and Order) 위원회'에서 채택한 세례, 성만찬, 사역 (Baptism, Eucharist and Ministry) 에 관한 합의 문서를 '리마 문서' 혹은 'B E M 문서'라고 칭한다.[146] 그리고 이 리마 문서 중 '성만찬' 부분의 직접적인 산물이 '리마 예식서'인데,[147] 1982년 페루 리마에서 모였던 신앙과 직제 위원회 대회를 위해 마련된 것으로, 맨 처음으로 그것이 사용된 것은 1982년 1월 15일 리마에서였다.[148] 이 예식은 또한 1982년 7월 28일 제네바에 있는 에큐메니칼 센터에서 모였던 세계교회협의회 (WCC) 의 중앙위원회의 회기 중에도 베풀어졌으며 그 당시 총무였던 필립 포터 (Philip Potter) 목사가 집례를 맡았었다.[149]

그리고 또 1983년 카나다의 벤쿠버에서 열렸던 WCC 제6차 총회에서는 리마 (Lima) 의 영향을 받아 최초로 공동 성찬예식이 베풀어졌는데, 이때에 러시아 동방정교회의 대주교가 기도를 했고, 서독의 로마 카톨릭 주교가 성경 봉독을 했으며, 남인도 교회의 한 감독이 설교를 하고, 영국성공회의 켄터베리 대주교가 성찬예식을 집례하였는데, 거기에 보조자들 (배병, 배잔위원을 의미함 - 연구자 註) 로는 덴마크의 루터교회, 인도네시아의 개혁교회, 베닌의 감리교회, 항가리의 침례교회, 자마이카의 모라비안 교회의 목사들과 카나다 연합교회로부터 온 여자 목사가 선택되었다. [150] 그야말로 성경적 진리는 집어치우고 무조건 하나가 되고 보자는 WCC의 목적대로 종교적 대혼합이 이루어지는 첫 장면이었다.

b. 리마 예식서의 내용

리마 문서 (Lima Text) 는 성만찬에 대하여 33항목에 걸쳐서 서술하고 있는데, 27번째 항목에서 성만찬 의식을 구성하는 요소들을 제시하고 있다. [151] 이러한 리마 문서에 의해서 작성된 리마 예식서는 개회의 예전, 말씀의 예전, 성만 찬의 예전 등 크게 3부로 구성되어 있으며, [152] 35개의 작은 순서들로 이루어져 있다. 이것을 그대로 정리해 보면 다음과 같다.

• 개회의 예전

1. 개회 찬송(Entrance Psalm)

2. 인사(Greeting)

3. 죄의 고백(Confession)

4. 용서의 선언(Absolution)

5. 자비의 연도(Kyrie Litany)

6. 영광송(Gloria)

• 말씀의 예전

7. 오늘의 기도(Collect)

8. 구약성서 봉독(First Lesson : Old Testament)

9. 명상의 시편(Psalm of Meditation)

10. 서신 봉독(Epistle)

11. 알렐루야 영창(Alleluia)

12. 복음서 봉독(Gospel)

13. 설교(Homily)

14. 침묵(Silence)

15. 신앙고백(Nicene-Constantinoplitan Creed)

16. 중보의 기도(Intercession)

• 성찬의 예전

17. 준비 기원(Preparation)

18. 인사의 교환(Dialogue)

19. 처음 기원(Preface)

20. 삼성창(Sanctus)

21. 성령 임재의 기원 I(Epiclesis I)

22. 성찬 제정사(Institution)

23. 기념사(Anamnesis)

24. 성령 임재의 기원 II(Epiclesis II)

25. 추모의 기원(Commemorations)

26. 마지막 기원(Conclusion)

27. 주의 기도(The Lord's Prayer)

28. 평화의 인사(The Peace)

29. 분병례(The Breaking of the Bread)

30. 하나님의 어린양(Lamb of God)

31. 성찬에의 참여(Communion)

32. 감사의 기도(Thanksgiving Prayer)

33. 폐회 찬송(Final Hymn)

34. 분부의 말씀(Word of Mission)

35. 축복기도(Blessing) [153]

위와 같은 리마 예식서의 구조는 "개회식, 말씀의 전례, 성찬의 전례의 3가지로 구성되어 있는 천주교의 미사 의식 구조" [154]와 똑같은 구조이다. 말씀 중심의 프로테스탄트 예배를 포기하고, [155] "말씀의 전례와 성찬의 전례로 구성되는 천주교의 미사 개념" [156]을 채택하고 있음을 알 수 있다.

c. 리마 예식서에 대한 비평

1). 혼합주의의 산물이다.

우선 먼저 생각할 수 있는 것은 이 예식서는 로마 가톨릭, 동방 정교회, 성공회, 루터교 등 여러 종파에서 나온 자료들을 혼합하여 만든 작품이라는 것이다. 한마디로 말해서 혼합주의의 산물이라는 것이다. 리마 예식서의 실제적인 기초자라고 할 수 있는 "막스 투리안" (Max Thurian) [157]이 제시하는 바에 따라, 리마 예식서의 자료 출처들을 대강 살펴보면 다음과 같다.

(2) 인사 (salutation) 는 제2차 바티칸회의 이후에 개정된 카톨릭교의 예배의식에서 새삼 회복된 것이고, 그 다음의 (3) 죄의 고백 (confession)과 (4) 용서의 선언(absolution)은 미국과 카나다의 루터교회가 공동으로 사용하고 있는 '루터교 예식서' 에서 채용한 것이다. [158] (5) 자비의 연도 (The Litany of the Kyrie) 는 비잔틴 예배의식 (Byzantine Liturgy, 동방정교회) 에서 온 것이다. [159] (15) 신앙고백 (Creed) 은 381년 콘스탄티노플 회의에서 공인된 니케야 신조를 사용하는데, [160] 이 니케야 신조는 동방정교회에서 사용하는 것으로, [161] 동방교회와의 화해의 의미에서 채택되었다. (16) 중보의 기도 (intercession) 는 교황 겔라시우스 (Pope Gelasius, D.496) 의 연도로서 5세기 말경에 로마에서 사용되었던 키리에 (Kyrie) 의 연도를 반영한 것이다. [162] 성찬예전에 있어서의 (17) 준비기도 (preparation) 는 유대교 의식의 두 축복기도 (로마 카톨릭 예식에도 사용되는) 와 디다케 (Didache) 에 근거한 것이고, 또 알렉산드리아 전통과 로마 전통에 따르기 위해서 (24) 성령임재의 기원 I (Epiclesis I) 이 성만찬 제정의 말씀 (Institution) 앞에 드려진다. [163] 이 성령임재의 기원은 동방정교회로부터 온 것이다. [164] (25) 추모의 기원 (Commemo- rations) 은 로마 카톨릭의 전통에 따른 것으로 죽은 자들을 위한 기도이다. [165] (26) 마지막 기원 (Conclusion) 역시 로마 카톨릭 예식에서 온 것이다. [166]

2). 천주교 미사 의식이 둔갑한 것이다.

리마 예식서는 천주교, 동방정교회, 성공회, 루터교 등의 여러 종파의 의식들을 혼합하여 만든 것이지만, 특별히 그 큰 뼈대는 천주교의 미사의식이라고 생각되는 바, 다음과 같이 리마 예식서를 천주교의 "미사 통상문"[167] 과 비교해 보면, 독자들도 어느 정도 판단이 가능하리라고 생각된다.

리마 예식서	천주교 미사 통상문
〈개회의 예전〉	〈시작 예식〉
1. 개회 찬송 (혹은 시편 응답송과 시편)	1. 입당(입당송과 십자성호)
2. 인사	2. 인사
목사 : 주 예수 그리스도의 은혜와 하느님의 사랑과 성령의 친교가 여러분과 함께 하시기를 빕니다.	사제: 사랑을 베푸시는 하느님 아버지와 은총을 내리시는 우리 주 예수 그리스도와 일치를 이루시는 성신께서 여러분과 함께
회중 : 목사님과도 함께 하시기를 빕니다.	회중 : 또한 사제와 함께.
3. 죄의 고백	3. 참 회
회중: 자비로우신 하느님, 우리가 죄의사슬에 묶여서 우리 스스로를 구원할수없음을 고백하나이다. 우리는 자신이 이미행동으로 옮겼거나 미처 그러하지 못했던 우리의 생각과 행동과 말로 주님께 죄를지었나이다. 우리는 우리의 온 맘을 다하여 주님을 사랑하지 못했고, 우리의 이웃을 우리의 몸과 같이 사랑하지도 못하였나이다. 하느님의 아들 예수 그리스도를 보시고 우리에게 자비를 베풀어 주시옵소서. 우리를 용서해 주옵시고, 새사람이 되게 하옵시며, 우리의 길을 인도해 주셔서 주님의 뜻 안에서 기뻐하고, 주님의 길을 걸음으로 주님께 영광을 돌리게 하옵소서. 아멘.	사제 : 형제 여러분, 구원의 신비를 합당하게 거행하기 위하여 우리 죄를 반성합시다. 전능하신 하느님과 회중 : 형제들에게 고백하오니, 생각과 말과 행위로 죄를 많이 지었으며 자주 의무를 소홀히 하였나이다. (가슴을 세 번 치며) 제 탓이요, 제 탓이요, 저의 큰 탓이옵니다. 그러므로 간절히 바라오니, 평생 동정이신 성모 마리아와 모든 천사와 성인과 형제들은 저를 위하여 하느님께 빌어주소서. 사제 : 전능하신 하느님, 저희에게 자비를 베푸시어 죄를 용서하시고 영원한 생명으로 이끌어주소서 회중 : 아멘

리마 예식서	천주교 미사 통상문
4. 용서의 선언 목사 : …나는 교회의 부름을 받고 안수를 받은 목사로서 예수 그리스도의 권위 를 힘입어, 성부와 성자와 성령의 이 름으로 여러분의 모든 죄가 용서받은 것을 선언합니다.	
5. 자비의 연도 목사 : 성령께서 평화의 줄로 여러분을 묶어 하나가 되게 하여 주신 것을 그대로 보존하고, 몸도 하나요 성령도 하나이 며, 주님도 한 분이시고 믿음도 하나 이고 세례도 하나라는 것을 함께 고백 할 수 있도록 주님께 기도 합시다. 회중 : '키리에 엘레이손' (주여, 자비를 베 푸소서) …(중략)…	4. 자비송 사제 : 주님, 자비를 베푸소서 회중 : 주님, 자비를 베푸소서 사제 : 그리스도님, 자비를 베푸소서 회중 : 그리스도님, 자비를 베푸소서 사제 : 주님, 자비를 베푸소서 회중 : 주님, 자비를 베푸소서
6. 영광송(교독이나 송영으로) 높은 곳에서는 하느님께 영광이요. –땅에 사는 그의 백성들에게는 평화 로다 주 하느님, 하늘의 왕, 전능하신 아버지 시여, –우리가 감사하로 주께 예배드리 나이다. 우리가 주님의 영광을 찬양 하며, –아버지의 외아들, 예수 그리스도를 찬미하나이다. …(중략)…	5. 대영광송 사제 : 하늘 높은 데서는 하느님께 ○ : 땅에서는 주님께서 사랑하시는 사람 들 에게 평화. ● : 주 하느님, 하늘의 임금님 ○ : 전능하신 아버지 하느님 ● : 주님을 기리나이다, 찬미하나이다. ○ : 주님을 흠숭하나이다, 찬양하나이다 ● : 주의 영광 크시오니 감사하나이다. ○ : 외아들 주 예수 그리스도님 …(중략)…

리마 예식서	천주교 미사 통상문
〈말씀의 예전〉	
7. 오늘의 기도	6. 본 기도(오늘 미사의 기도)
목사 : 기도합시다.	사제 : 기도합시다.
은혜가 풍성하고 자비로우신 주 하느님, 주께서는 사랑하는 아들이 요단강에서 세례를 받으실 때 성령으로 기름부으셔서 그를 예언자와 제사장, 또 왕으로 성별하셨나이다. …(중략)…지금도 살아계셔서 성부와 함께 세상을 통치하시며 성령과 하나 되어 세상끝 날까지 한 하느님으로 계실, 주님의 아들, 우리의 주님, 예수 그리스도의 이름으로 기도하나이다.	…성부와 성령과 함께 천주로서 영원히 살아 계시며 다스리시는 천주 성자 우리 주 예수 그리스도를 통하여 비나이다. (또는) …성자께서는 성부와 성령과 함께 천주로써 영원히 살아 계시며 다스리시나이다.
	회중 : 아멘
	··························· * ···························
8. 구약성서 봉독	〈말씀 전례〉
9. 명상의 시편	7. 제1독서
10. 사도서신 봉독	8. 화답송
11. "알렐루야" 영창	9. 제2독서
12. 복음서 봉독	10. 복음 환호송(알렐루야와 분향)
13. 설교	12. 복음
14. 침묵	14. 강론
15. 신앙고백(니케아 신조)	
16. 중보의 기도	15. 신앙고백
목사 : 믿는 마음으로, 아버지 하느님과 그의 아들 예수 그리스도와 성령께 기도드립시다.	16. 보편 지향 기도

회중 : '키리에 엘레이손' (이하 기도 내용 생략)	주님, 저희의 기도를 들어주소서
	    주님, 사랑을 베풀어 주소서
	    주님, 이 백성을 기억하소서

리마 예식서	천주교 미사 통상문
·············· * ··············	·············· * ··············
〈성찬의 예전〉	〈성찬의 전례〉
	17. 제대와 예물준비
	18. 빵의 봉헌
	19. 예물 준비 기도
17. 준비 기원	26. 예물 기도
18. 인사의 교환	27. 감사 송
목사 : 주님께서 여러분과 함께	사제 : 주님께서 여러분과 함께
회중 : 또 목사님과도 함께 하시길 빕니다	회중 : 또한 사제와 함께
목사 : 주님을 향하여 마음을 드높이	사제 : 마음을 드높이!
회중 : 주님을 향하여 우리의 마음을 드나	회중 : 주님께 올립니다
이다.	사제 : 우리 주 하느님께 감사합시다.
목사 : 우리 주 하나님께 감사 드립시다.	회중 : 마땅하고 옳은 일입니다.
회중 : 주님께 감사와 찬양을 드리는 것이 마	
땅하나이다.	
19. 처음 기원	
목사 : 오 주님, 거룩하신 아버지시요 전능	
하시고 영원하신 하나님, 시간과 장소	
에 제한이 없이, 주님께 영광을 돌리	
고 감사기도를 드림이 저희가 해야 할	
마땅한 일이 아니옵니까?…(중략)…	
주님, 그러므로 우리는 천사들과 모	
든 성도들과 함께 주님의 영광을 선	
포하고 찬양하나이다.	

리마 예식서	천주교 미사 통상문
20. 삼성창 회중 : "거룩, 거룩, 거룩…"	28. 거룩하시도다 회중 : 거룩하시다, 거룩하시다, 거룩하시다. 　　　　…(중략)… 80. 감사 기도(제1양식, 제2양식, 제3양식, 제4양식이 있다… 81. 산 이를 위하여 82. 성인들을 기억하며 88. 제물을 받아들이시기를 기도함 사제 : 주님, 우리 봉사자들과 온 가족이 바 　　　치는 이 예물을 기꺼이 받아들이소서. 　　　저희를 한 평생 평화롭게 하시며 영원 　　　한 벌을 면하고 뽑힌 이들의 무리에 　　　들게 하소서.
21. 성령 임재의 기원(I) 목사 : 오 하느님, 온 우주를 주관하시는 주 　　　님이시여,…(중략)…오순절날 사도들 　　　에게 내리셨던 생명의 성령을 이 주님 　　　의 성찬 예전 위에 보내 주시옵소서. 　　　이 불같은 성령께서 오셔서 이 감사의 　　　식탁이 성별되게 하시고 이 떡과 포도 　　　주가 우리를 위한 그리스도의 몸과 피 　　　가 되게 하소서.	90. 성령청원 : 축성기원 사제 : 주 하느님, 이 예물을 너그러이 받아들 　　　이고 강복하시어 참되고 완전한 제물 　　　사랑하시는 성자 우리 주 예수 그리스 　　　도의 몸과 피가 되게 하소서

리마 예식서	천주교 미사 통상문
22. 성찬 제정사 목사 : …곧 주 예수께서 잡히시던 날 밤에 떡을 손에 드시고 감사의 기도를 드리신 다음 떡을 떼시어 그의 제자들에게 주시며 말씀 하셨다. "자 받아 먹으라. 이것은 너희를 위하여 주는 내 몸이니 …(중략)…신앙의 신비가 크고 놀랍습니다.	91. 성찬제정과 축성문 사제 : 예수께서는 수난 전날 (사제는 빵을 조금 들어 오리고 계속한다) 거룩하신 손에 빵을 드시고 (사제는 위를 본다) 하늘을 우러러 전능하신 아버지께 감사를 드리며 축복하시고 쪼개어 제자들에게 주시며 말씀하셨나이다. (사제는 허리를 조금 굽힌다) "너희는 모두 이것을 받아먹으라. 이는 너희를 위하여 바칠 내 몸이니라 …(중략)…오 신앙의 신비여!
회중 : "주 예수여, 당신의 죽음을 우리가 선포하고 당신의 부활을 우리가 기뻐하나이다. 영광 가운데 당신의 오심을 우리가 기다리나이다."	회중 : 주님께서 오실 때까지 주님의 죽음을 전하며 부활을 선포하나이다. 주님께서 오실 때까지 이 빵을 먹고 이 잔을 마실 적마다 주님의 죽음을 전하나이다. 십자가와 부활로 저희를 구원하신 주님, 길이 영광받으소서
23. 기념사 목사 : 오 주여, 우리는 여기서 구원을 기뻐하나이다…그리스도의 사제직을 힘입어 이 기념의 말씀을 주님께 드리옵니다. 당신의 아들의 희생을 기억하시어 이 땅 위의 사람들에게 그리스도의 구원의 역사를 베풀어 주옵소서.	94. 기념과 봉헌 사제 : …이 깨끗한 제물, 거룩한 제물, 흠 없는 제물, 영원한 생명의 빵과 구원의 잔을 존엄한 대전에 봉헌하나이다… 멜기세덱이 바친 거룩하고 흠 없는 제물을 받아 주셨듯이 이를 받아들이소서.

리마 예식서	천주교 미사 통상문
	96. 성령 청원 : 일치 기원 전능하신 아버지, 간절히 청하오니 거룩한 천사의 손으로 이 제물이 존엄한 천상 제단에 오르게 하소서. 그리하여 이 제단에서 성자 의 거룩한 몸과 피를 받아 모실 때마다 하늘 의 온갖 은총과 축복을 가득히 내려 주소서
24. 추모의 기원 목사 : (산 자들을 위한 기도가 먼저 있은 후에)…또한 우리보다 먼저 그리스도와 평화 안에서 죽어간 우리의 자매들과 형제들, 그리고 그들의 믿음이 주님께만 알려진 모든 사람들도 기억해주시옵소서. 주께서 모든 백성들을 위해 예비하신 기쁜 잔치에 우리보다 먼저 간 모든 성도들과 더불어 이들도 참여 할 수 있도록 인도해 주옵소서. 이 모든 형제들과 더불어 주님을 찬양하며 주님의 나라에서 사는 기쁨을 기다리나이다…	**97. 전구(轉求) 죽은 이를 위하여** 사제 : 주님, 신앙의 보람을 지니고 저희보다 먼저 평안히 잠든 교우 ( )를 생각하소서. (사제는 손을 모으고서 잠깐 묵묵히 기도한 다음 팔을 벌리고 계속한다.) 주님, 간구하오니 그들과 그리스도 안에 쉬는 모든 이를 행복과 광명과 평화의 나라로 인도하소서
	98. 성인들과의 결합을 기도함 …(중략)…거룩한 사도들과 순교자들, 요한과 …와 그밖의 모든 성인들과 살게 하시며, …그들 무리에 들게 하소서
26. 마지막 기원 목사 : 성령과 더불어 하나이신 전능하신 아버지 하느님. 그리스도로 인한 모든 영광과 존귀가 지금부터 영세무궁토록 주님의 것이옵니다.	**100. 마침 영광송** 그리스도를 통하여 그리스도와 함께… …모든 영예와 영광을 영원히 받으소서
27. 주의 기도 목사 : …우리가 하느님의 아들딸로서… 회중 : 하늘에 계신 우리 아버지여…	〈영성체 예식〉 **125. 주님의 기도** 사제 : 하느님의 자녀되어… 회중 : 하늘에 계신 우리 아버지…

리마 예식서	천주교 미사 통상문
28. 평화의 인사 목사 : 주 예수 그리스도시여, 주께서 사도 들에게 이렇게 말씀하셨습니다. "나는 너희에게 평화를 주고 간다. 내 평화를 너희에게 주는 것이다." … 회중 : 아멘. 목사 : 주님의 평화가 여러분과 함께 회중 : 또 목사님과도 함께 하시길 빕니다. 목사 : 이제는 화해와 평화의 징표로 인사 를 나눕시다.	27. 평화 예식 사제 : 주 예수 그리스도님, 일찌기 사도들 에게 말씀하시기를, "너희에게 평화 를 두고 가며, 내 평화를 주노라 하셨 으니"… 회중 : 아멘. 사제 : 주님의 평화가 항상 여러분과 함께 회중 : 또한 사제와 함께 사제 : 평화의 인사를 나누십시오.
29. 분병례 목사 : …	130. 빵 나눔 사제 : …
30. 하느님의 어린양 31. 성찬에의 참여	131. 하느님의 어린양 132. 영성체 전 기도 133. 영성체
32. 감사의 기도 33. 폐회 찬송	139. 감사침묵기도 140. 영성체 후 기도
	〈마침 예식〉
34. 분부의 말씀 35. 축복 기도	142. 강복 143. 파견

위와 같이 리마 예식서를 천주교의 미사 통상문과 비교해 본 결과 몇 가지 순서와 문장의 표현들이 수정되었을 뿐, 그 기본 골격은 동일하다는 것을 발견하게 된다. 결국 여러 가지 미사여구로 예배갱신론자들이 극찬하는 리마 예식서는 다름 아닌 천주교의 미사의식을 차용한 것에 불과한 것이다.[168] 그러나 대부분의 목회자들이 천주교의 미사의식을 모르기 때문에, 리마 예식서의 내용과 의미를 정확히 이해하지 못하여 예배갱신론자들의 주장에 미혹될 수도 있다. 목회자들은 "리마 예식서"라는 이름으로 "천주교의 미사의식"이 침투하고 있음에 경각심을 가져야 할 것이다.

3). 리마 예식서에 포함된 신학적 오류들

리마 예식서는 성찬에 대한 서로 다른 신학들을 수용하여서 봉해 놓고, 의식만 타협하여 일치시켜 놓은 것이다. 리마 예식서의 기초가 되는 리마 문서는 성만찬에 대한 성경적이고 복음적인 의미를 천명하지 않고, 오히려 로마 카톨릭이나, 동방정교회, 성공회, 루터교, 개혁교회 등이 임의로 자기들의 입장에 맞는 성찬론을 선택해도 무방하도록 방임하고 있다. 그러므로 성찬식에 대한 의미는 서로 다르면서도 성찬식은 같이 할 수 있다는 것이다.

이러한 리마문서 (Lima Documents) 에 대하여 "세계복음주의협의회" (World Evangelical Fellowship) 는 「BEM에 대한 복음주의적 반응」 (An Evangelical Response to Baptism, Eucharist and Ministry) 이라는 책자를 발행하였는데, 거기에서 리마문서가 내포하고 있는 문제점들을 지적하고 있다. 그 가운데는 리마문서가 성찬을 은혜의 실제적인 수단이나 장소로 간주하고, 예전을 실재적 임재로 해석하고 있고, 주의 만찬을 찬양의 제사이며 우리가 하나님께 바치는 것으로 해석하면서 성찬에서 십자가의 희생이 실제화되는 것으로 이해하는 것은 성찬을 "화목의 희생"이라고 부르는 천주교의 전통적인 명칭처럼 들린다고 지적한다.[169] 또한 리마문서가 해석학적 열쇠로서 성경 외적인 것을 사용함을 지적하고, 요한복음 6장을 성찬에 대한 것으로 잘못 적용함을 지적한다.[170] 뿐만 아니라, 그리스도의 승천은 성찬에서의 실재적 임재에 반대됨을 강조하고, 리마문서의 기념에 대한 해석이 히브리서가 말하는 단번에 드려진 속죄의 특성과 충돌함을 지적하면서 성찬은 현실화된 희생제사가 아니라는 사실을 강조하고 있다.[171] 이제 리마문서에서 발견할 수 있는 신학적인 오류들을 지적해 보고자 한다.

a). 화체설을 수용하며 지지하고 있다.

리마 예식서의 기초가 되는 리마문서는 명백하게 화체설을 주장하고 있지는 않으나, 화체설을 배격하지 않고 수용하면서 또 한편으로는 그 표현이 화체설을 전제하거나 화체설에 기울어져 있음도 사실이다. 리마문서의 성만찬 제13번은 그리스도의 참된 임재를 주장하고 그 해설을 통해서는 다음과 같이 화체설을 수용하고 있다 (15번의 해설도 또한 그렇다).

> 많은 교회들은, 예수의 말씀과 성령의 능력에 의해서 성만찬의 떡과 포도주가, 참
> 되기는 하지만 신비한 방법으로, 부활하신 그리스도의 살과 피, 즉 전적인 완전하심
> 가운데 임재하시는 살아있는 그리스도의 살과 피로 된다는 것을 믿는다. 떡과 포도
> 주의 표징 하에서 가장 심연에 있는 실재란 우리를 먹이시고 우리의 전 존재를 변
> 혁시키고자 우리에게 오시는 그리스도의 통전적 존재 (total being) 이다…(이하 생
> 략)…[172]

더 나아가서 제14번과 그 해설에서는 영적 임재설을 배격하고 실체변화를 시사하고 있다.

해설— 이것은 그리스도의 성만찬 임재를 영적으로 해석하려고 하는 것이 아니라 성자와 성령 사이의 불가분의 연합을 긍정하는 것이다…(중략)…초기 전례들에 있어서 전체적인 "기도 행위"는 그리스도에 의해서 약속된 실재를 일으키는 것으로 생각되었다. …(이하 생략)…[173]

리마 문서는 제32번의 다음과 같은 표현은 화체설이나 공재설과 같은 실체변화를 전제하는 말이다. 리마문서는 이러한 변화 (그리스도의 임재) 가 개인의 신앙과는 상관없이 일어난다고 주장한다 (13번) .[174]

32. 일부 교회들은, 축성된 성찬 (떡과 포도주) 안에서의 그리스도의 임재는 그 의식이 끝난 후에도 계속된다는 것을 강조한다. 다른 교회들은 의식 자체의 행위 그리고 교제의 행위에서 성찬을 다 소모해 버릴 것을 강조한다. …(이하 생략)…[175]

b). 희생제사설을 수용하고 있다.

리마문서는 이러한 천주교의 희생제사설을 그대로 수용하고 있다. 성만찬 제8항의 해설은 다음과 같이 천주교의 희생제사설을 받아들이고 있다.

가톨릭교회 신학에 있어서 성만찬을 "화목제사 (propitiatory sacrifice)"로 언급되고 있다는 사실이 이해될 수 있는 것은 성만찬이 중재기도로서의 의미를 지니기 때문이다. 이러한 관념은 죄에 대한 보상은 단 하나, 즉 성만찬 안에서 실현되며, 모든 인류를 위한 그리스도와 교회의 중재기도 가운데서 성부 앞에 봉헌된 유일무이한 십자가의 희생의 보상밖에 없다는 관념을 말한다…(이하 생략)…[176]

이와 같이 리마문서가 천주교의 희생제사설을 수용하면서 제시한 이유는 "성만찬이 중재기도로서의 의미를 지니기 때문이라"는 것과, 기념에 대한 새로운 의미 부여에 있다.

c). 신학적 의미는 상관없고, 의식만 같이 하자는 것이다.

앞서 살핀 바와 같이 리마문서는 성만찬에 대한 천주교의 교리인 화체설(化體說, Transubstantiation) 과 희생제사설을 받아들이고 있다. 그렇다고 해서 기독교의 견해는 배격하느냐 하면 그것도 아니다. 각 종파에 따라 이렇게 의미를 부여할 수도 있고 저렇게 의미를 부여할 수도 있다는 것이다. 한 마디로 말해서 성만찬에 대한 특정한 교리를 고집하지 말고 상호간에 서로의 주장을 이해해 주자는 것이다. 즉, 성만찬에 대한 신학은 각자의 것을 그대로 유지하면서 의식만 같이 하면 되지 않겠느냐는 것이다. 결국 리마문서는 종교개혁자들이 그렇게도 정죄하고 반대했던 천주교 미사의식과 그 신학을 슬며시 받아들이고 있는 것이다.

d). 용서의 선언

리마 예식서의 제4번 순서가 "용서의 선언"인데, 그 내용을 보면, "목사:…나는 교회의 부름을 받고 안수를 받은 목사로서 예수 그리스도의 권위를 힘입어, 성부와 성자와 성령의 이름으로 여러분의 모든 죄가 용서받은 것을 선언합니다"[177] 라고 되어 있다. 이것은 천주교 미사의식에서 신자들이 참회의 고백을 한 후에 사제가 사죄해 주는 것과 같다.[178] 여기서의 문제는 과연 목사에게 사람들의 죄를 용서해 줄 권세가 있느냐는 것이다. 리마 예식서는 '안수 받은 목사로서'를 강조함으로서 안수 받은 목사에게는 사죄의 선언을 할 권세가 있는 것 같이 말하고 있는데, 단어상으로 '죄를 용서하는 것'과 '죄가 용서받은 것을 선언하는 것'은 차이가 있겠지만, 궁극적으로 죄를 용서할 수 있는 것은 하나님의 권한에 속한 것이기 때문에, 사죄의 선언을 목사가 한다는 것은 결국 하나님의 권한을 목사가 침범하고 있음을 의미하는 것이다.

e). 성인숭배

리마문서는 천주교의 성인 숭배 사상을 그대로 받아들이고 있는데, 성만찬 제11항은 "우리 주님과 연합되어 있으며, 모든 성인들과 순교자들과 교통 가운데 있는 우리는 그리스도의 피로 인쳐진 계약 안에서 새로워진다."[179] 고 진술되어 있다. 모든 성인들과 순교자들과 교통한다는 사상은 기독교의 사상이 아니라, 천주교의 사상이다. 리마문서가 말하는 모든 성인들과 순교자들과 교통한다는 것은 바로 이러한 천주교의 성인숭배 사상을 의미하는 것이다. 죽은 성인들에게 기도를 부탁하고, 연옥에 있는 영혼들을 위하여 기도하며, 기도나 선행의 댓가를 천국이나 연옥에 있는 이들과 서로 나눠주고 나눠 받을 수 있다는 사상은 성경적인 기독교 사상이 아니다. 천주교의 연옥 사상과 성인숭배 사상에서 온 것이다. 죽은 자들에게 기도하고, 죽은 자들을 위해 기도하며, 죽은 자들과 선행의 공로를 나눠 가질 수 있다는 사상은 우상숭배이며 미신이다.

f). 죽은 자를 위한 기도

리마 예식서의 25번 순서인 "추모의 기원"은 죽은 자들을 위한 기도인데 다음과 같다.

> 또한 우리보다 먼저 그리스도와 평화 안에서 죽어간 우리의 자매와 형제들, 그리고 그들의 믿음이 주님께만 알려진 모든 사람들도 기억해 주시옵소서. 주께서 모든 백성들을 위해 예비하신 기쁜 잔치에 우리보다 먼저 간 모든 성도들과 더불어 이들도 참여할 수 있도록 인도해 주옵소서. 이 모든 형제들과 더불어 주님을 찬양하며 주님의 나라에서 사는 기쁨을 기다리나이다.[180)

여기서는 적어도 두 가지 오류를 지적할 수 있겠다. 하나는, 죽은 자들을 위하여 기도하는 것이 성경적인가 하는 것이고, 두 번째는, "그들의 믿음이 주님께만 알려진 모든 사람들도 주의 백성들을 위해 예비하신 기쁜 잔치에 같이 참여 할 수 있도록 인도해 달라"는 내용이다. 여기서 "그들의 믿음이 주님께만 알려진 모든 사람들"은 누군가? 그것은 교회 밖에도 구원이 있다고 주장하는 사람들이 말하는 소위 "익명의 그리스도인"이 아닌가? 결국은 교회에 다니지 않고 예수를 믿지는 않았지만, 그래도 착하게 살았던 영혼들을 천국에 들여보내 달라는 기도가 아닌가? 그렇다면 이것은 믿지 않는 자들이 '죽은 영혼들이 좋은 곳에 가게 해달라고 명복을 비는 것'과 다를 것이 없다. 믿는 자든지, 안 믿는 자든지 간에 죽은 자들을 위해 기도하는 것은 사후기회론을 전제하는 것이기 때문에, 그것은 성경적인 사상이 아니다.

g). 사역의 상호 인정

리마문서의 성만찬 19번은 "한 주어진 장소에서 하나의 빵과 공동의 잔을 나눈다는 것은 어느 때 어느 곳에서라도 거기에 참여하는 자들이 그리스도와 그리고 그들의 동참자들과 하나가 됨을 말해 주며, 그러한 효험을 가지는 것이라"고 하였고, 그 해석 부분에서는 다른 종교의 성직자들이 성만찬을 주재할 권한이 있음을 인정해야한다고 주장한다.[181]

그러나 천주교인과 기독교인이 같이 미사의식 (리마예식) 을 한다고 해서 같은 신앙인이 될 것인가? 천주교는 교황의 통치하에 있지 않은 교회를 인정하지도 않고, 교황이 임명하지 않는 목회자의 권위도 인정하지 않는다. 그런데 리마문서는 천주교를 비롯한 동방정교회의 사제들의 권위를 인정하고 같이 성만찬에 동참하는 것이 옳은 일인 것처럼 말한다. 리마문서는 오히려 교리적 혼합을 조장하여 말하기를 "그리고 무엇보다도 그리스도의 몸 안에서 정당화 될 수 없는 신앙고백상의 대립을 고집함으로서 계속적인 심판 아래 있다는 것을 보여 준다" [182)고 주장한다.

h). 성찬에 참여함으로서 구원을 받는다는 주장

성경적 진리는 예수 그리스도를 믿어 구원을 받은 사람들이 세례를 받고 성찬에 참여하는 것이지, 성찬에 참여함으로서 비로소 구원을 받는 것이 아니다. 그럼에도 불구하고 리마문서는 성찬의 효능을 극대화시켜 해석하기를 '성찬에 참여함으로 구원의 은사를 받는다'고 다음과 같이 말한다 (성만찬 제2번).

모든 기독교인들은 그리스도의 살과 피에 참여함으로 이 구원의 은사를 받는다…

(중략)…하나님께서는 스스로 행위하시사 그리스도의 몸에 생명을 주시고 각 신도들

을 새롭게 하신다. 그리스도의 약속에 따라서 그리스도의 몸의 지체가 된 모든 세례

받은 자들은 성만찬 가운데서 죄의 사함을 보증받으며(마 26:28), 영원한 생명을 약

속받는다 (요 6:51-58).[183]

더 나아가서 리마문서의 성만찬 제26번에서는 "성찬이 그리스도인들을 현세에서 그리스도의 형상으로 변화시킨다"[184]고 주장한다. 우리는 이미 예수 그리스도를 믿음으로 의롭다 함을 받고 (갈 2:16), 믿음으로 구원을 얻었으며 (엡 2:8-9), 이미 영생을 얻은 바 되었다 (요일 5:13). 그러므로 성만찬 가운데서 죄 사함을 보증 받고, 영생을 약속 받는다는 리마문서는 잘못된 것이다. 또한 이미 우리가 그리스도 안에 있으므로 새로운 피조물이 되었는데 (고후 5:17), 리마문서는 성찬이 그리스도인들을 변화시킨다고 말한다. 성찬에 의해 구원의 은사를 받고 죄사함과 영생을 보증 받는다는 주장은 복음적인 기독교의 주장이 아니라, 천주교의 주장이다. 천주교는 "미사가 그리스도의 십자가의 제사와 동일하게 무한한 가치가 있다"[185]고 하고, 죄의 용서를 받으며,[186] "구원의 은혜를 받는다"[187]고 말한다. 리마문서는 이러한 천주교의 주장을 그대로 되풀이하고 있는 것이다.

i). 성찬은 하늘나라의 잔치를 미리 맛보는 것이다.

리마문서는 성만찬이 시내산 계약의 식사 (출애굽기 24장) 에서 미리 나타났다고 보고, 또한 어린양의 잔치 (계 19:9) 에 대한 배상으로서 베푸신 것이라고 주장한다.[188] 그래서 성찬은 그리스도의 재림과 그 마지막 왕국을 미리 맛

보는 것,[189] 즉 하나님 나라를 미리 맛보는 것이며,[190] 그러므로 성찬은 하나님 나라의 식사이고 하나님 나라가 도래함을 축하하고 예상하는 축제라고 한다.[191] 그러나 성찬을 "하나님 나라의 식사"로서 해석한다면, 그것은 본말을 전도하는 해석이다. 왜냐하면 성찬은 그리스도의 십자가 구속사건을 기념하기 위해서 제정하신 것이지, 하늘나라의 잔치를 미리 맛보게 하기 위해서 제정하신 것이 아니기 때문이다. 이러한 리마문서의 해석은 바로 천주교의 해석을 그대로 받아들인 것이다.[192]

j). 독단적인 우화적(Alegorical) 해석과 적용

리마문서는 도처에서 성찬의 의미를 제멋대로 우화적으로 적용하고 있는 바, 그 몇 가지를 열거한다면 다음과 같다.

성찬은 창조와 구원과 성화에서 완성된 모든 것에 대하여 감사하는 것이다.(3번); 성찬은 교회가 전 피조물을 대신하여 드리는 거대한 찬양의 제사이다.(4번); 성찬은 장차 올 세계를 의미한다.(4번) ; 성만찬은 삶의 모든 양상들을 포괄한다.(20번); 성만찬은 전 세계를 대신하여 감사와 봉헌을 드리는 대리적 행위이다.(20번); 성만찬은 그리스도의 부활을 축하하는 것으로, 매 주일마다 행해져야 한다.(31번); 그 밖에도 리마문서는 성만찬을 인종차별(20번), 사회구원(22번), 여성신학(24번), 하나님의 선교(25번), 등에 관련시키고 있다.[193]

한 마디로 말해서, 리마문서는 성만찬을 이것저것 할 것 없이 WCC가 관심을 갖는 모든 것에 관련시켜서 멋대로 우화적으로 해석하며 적용한다.

3. 예전운동 평가

a. 예전운동 평가에 있어서 고려할 점

기독교 예배에 있어서 의식적인 요소가 전혀 없을 수는 없다. 그러나 예배에 있어서 의식이 득세하면 영적인 면은 속박되고 고갈된다. 그렇기 때문에 하나님께 예배드림에 있어서 영적인 부분과 의식적인 부분이 얼마나 그리고 어떻게 조화되어야 하느냐 하는 것은 매우 민감하고도 단정하기 어려운 문제이다. 그렇기 때문에 예전운동에 대한 평가에 앞서서 몇가지 고려할 점들이 있음을 밝혀두고자 한다.

예전운동 평가에서 우선적으로 고려해야 할 점은 성만찬이나 예전의 필요성을 주장하는 사람들이 모두 예전주의자는 아니라는 것이다. 이는 마치 기독교 신앙에 있어서 신비와 신비주의가 다른 것과 마찬가지이다. 단순히 성찬을 자주 행하는 것을 선호한다고 해서 예전주의자가 아니며, 리마 예식서의 일부를 참고하여 예배순서를 만든다고 해서 예전주의자라고 할 수 없다. 적어도 예전주의라고 하려면 두 가지 요소가 충족되어야 한다.

첫째는 예전이 은혜의 통로라는 사상이 지배적이어야 한다. 예전주의자들은 하나님의 은혜와 축복이 예전을 통해서 기계적으로 전달되는 것처럼 생각한다. 그들은 말씀과 믿음과 성령의 역사보다 예전을 더 중요하게 생각하는 것이다. 하나님과의 관계에 있어서 영적이고 인격적인 관계보다 오히려 예전을 필수적인 것으로 여긴다. 물론 우리도 성만찬이 하나님의 은혜를 전달하는 하나의 방편이라는 사실을 부인하지는 않는다. 그러나 그것은 물리적이고 기계적인 방법으로 획일적으로 효력을 발생하는 것이 아니다. 믿음으로 참여할 때만이, 성령의 역사함으로써 만이 유효한 것이다. 뿐만 아니라, 성만찬이 은혜의 유일한 방편도 아니다. 하나님께서는 사람이 말씀을 들을 때에도 (행 10:44), 기도를 드릴 때에도 (행2:1-4; 12:5-12), 찬양을 할 때에도 (행 16:25-26) 얼마든지 은혜를 베푸시며, 성령은 역사하신다. 천주교의 사제주의와 같이 성례전 자체에 무슨 위력이 있거나, 성례전을 통해서만이 은혜가 전달된다고 생각하는 것은, 워필드 (B. B. Warfield) 박사가 지적한 바와 같이 "성령을 인간 통제에 복속시키는 것으로서, 인간 영혼이 하나님의 성령과 직접 접촉하지 못하도록 하는 것이다." [194]

둘째는 성만찬뿐만 아니라 교회력과, 성서일과와 색깔 사용 등 예전적 요소들을 전적으로 수용하고 사용해야 한다. 왜냐하면 예전의 기능은 성만찬이나 제의만 가지고 살릴 수 있는 것이 아니기 때문이다. 성공회의 정철범 신부가 지적한 바와 같이, 몇 가지 예복이나 예전 색깔을 사용한다고 해서 예전의 효과가 나타나는 것이 아니라, 예배의 시간, 장소나 건물, 예배 순서와 내용, 예식과 예복, 음악까지도 같은 목적을 위해 조화를 이루어야 한다. [195] 그러므로 단순히 성찬을 자주 행한다고 모두 예전주의자라고 볼 수는 없는 것이다.

칼빈 같은 경우에도 성찬을 자주 행할 것을 주장하였다. 그러나 예전주의자들과는 그 입장이 다르다. 칼빈은 성찬이 영의 양식이므로 자주 행해야 한다고 주장하였으나, 반면에 예전주의자들은 성찬은 예배의 본질적인 요소이므로[196] 성찬이 없는 예배는 진정한 예배가 아니기 때문에 예배 때마다 성찬이 있어야 한다고 주장한다. [197] 예전의자들과는 달리 칼빈은 "말씀과 믿음과 성령의 역사가 없이는 성찬은 없다"[198]고 주장한다. 그렇기 때문에 칼빈과 같은 입장에 있는 사람들은 성찬의 횟수에 대해서는 서로 다른 입장에 있을지라도, 예전주의자라고 단정하기는 어렵다. 뿐만 아니라, 말씀 중심의 기독교 예배에 있어서 보다 더 은혜로운 예배가 되기 위해서 단순히 예배 분위기나 예배 순서 등에 관하여 관심을 많이 가지고 있다고 해서 예전주의자라고 단정하기도 어렵다.

따라서 이 논문에서 예전주의를 평가할 때에는 제한된 의미에서의 예전주의를 그 대상으로 하고 있는 것이다. 즉 예전을 필수적인 것으로 여기거나 전적으로 의존하는 경우와 적극적으로 예전적인 모든 요소들, 예를 들면 교회력, 색깔, 제의, 성서일과, 상징, 예식서 등을 수용하여 의식적인 예배를 추구하는 경우를 대상으로 한다. 물론 천주교 미사와 예전운동에 대한 지식의 부족으로 인하여 맹목적으로 추종하는 경우도 평가의 대상에 포함된다.

b. 중세 카톨릭적인 의식주의 예배로의 복귀 운동이다.

예배갱신운동 (Liturgical Movement) 은 엄격히 말하면 "의식주의적인 예배운동"이다. 그들이 회복하고자 하는 것은 한마디로 말해서 중세적 천주교 예배의식으로의 복귀이다. 그들은 성찬이 없는 예배는 예배가 아니라고 말하면서, 매주일 성찬식을 해야 한다고 주장한다. 그리고 예배의식을 '말씀의 예전'과 '다락방 예전'으로 구분하면서, 우리 기독교 예배는 다락방 예전 (성찬식)이 없는 불구가 되었으므로, 다락방 예전을 회복해야 한다고 주장한다. 그러나 천주교가 매주일 미사 (성찬) 를 한다는 것과, 미사의식이 '말씀의 전례'와 '성찬의 전례'로 구성되었다는 것을 생각해 보면, 그들의 주장이 다름 아닌 천주교 미사의식을 말하는 것임을 금방 알 수 있다. 더구나 그들이 성찬식의 교과서인양 말하는 WCC의 "리마 예식서 (Lima Liturgy) "라는 것이 다름 아닌 천주교의 미사의식을 거의 그대로 옮겨 놓은 것에 불과하고, 그들이 주장하는 교회력이나 성서일과도 바로 천주교에서 사용하는 것이고, 또한 천주교 신부들이 착용하는 스톨 (Stole, 영대) 과 로마 칼라 (Roman Collar) 까지 가져오고, 천주교 제단 구조를 따라서 강대상을 배치하고 제단보 (강대상 보) 를 사용하고, 성당을 본 따서 스테인드 글라스와 장미창을 만들고, 제단을 설치하고 촛대를 세우는 등, 강단의 제단화, 목사의 사제화, 예배의 미사화, 교회의 성당화를 추구하는 것 같은 현상을 보이고 있다. 이렇게 볼 때, 소위 '예배갱신운동' 인 의식주의적 예배운동 (Liturgical Movement) 은 바로 중세적인 의식주의 예배로의 복귀 운동이라고 판단된다. 일리온. T. 존스 (Illion T. Jones) 는 그의 책 「복음주의적 예배의 이해」 에서 이렇게 말하였다.

> 예배 복고 운동은 개신교를 새 영역으로 이끌거나 예배를 향상시키기 위하여 개신교의 기본 원칙을 마련하는 일, 현대인의 필요를 예배에 적용하는 일을 담당하지 못하고 있다. 오히려 개혁을 회피하고 기독교 예배를 고대 사제식으로 되돌리는데 전력을 다하고 있는 듯한 느낌을 준다.[199]

c. WCC적인 에큐메니칼 운동의 일환이다.

의식주의적인 예배 운동이 WCC적인 에큐메니칼 운동의 일환이라는 것은 자타가 공인하는 바이다. WCC는 1937년 에딘버러에서 모였던 신앙과 직제 회의에서 교리적인 합의를 통한 일치의 추구는 가능성이 없음을 재확인하였고,[200] 그리하여 이제는 의식적 (성예전 적) 일치를 통한 세계 교회 통일을 꿈꾸게 되었으며,[201] 그러한 그들의 노력이 "리마문서"와 "리마 예식서"로 나타난 것이다. 예배갱신운동이 에큐메니칼 운동의 일환임은 다음과 같은 박근원 교수의 주장에서도 분명해진다.

오늘날 세계 교회의 두드러진 경향으로 예배의 '예전화' 현상을 들 수 있다. 즉흥적이고 틀과 구조가 무시되는 예배 보다는 예전적인(Liturgical) 예배가 교회와 예배의 일치에 공헌 할 수 있고 예배의 세계성 회복을 위해서도 문을 여는 일이 될 것이다.[202]

이것에 대해서는 천주교에서도 인정하고 있다. 「신 카톨릭 백과 사전」은 예배 갱신 운동 (예전 운동) 과 에큐메니칼 운동에 대해 말하기를, "개신교의 전례적 갱신의 진흥에서의 주요한 동인 (agent, 動因) 은 에큐메니칼 운동이라"[203] 고 하였다.

d. 전통문화와의 혼합주의 운동이다.

예배갱신론자들은 천주교의 미사의식 도입뿐만 아니라, 한국의 전통 문화와의 접목을 꾀하고 있다. 한신대학의 박근원 교수는 "한국 교회에서 성찬식에 대한 우리의 문화적 표현도 강조되어야 하며, 한국적인 성찬예식이 개발되어야 한다"[204] 고 말하고 또 "한국 교회의 예배에도 한국 문화적 표현이 장려되어야 한다. 그리스도교 예배를 한국의 마당극으로 이해하자면 두 마당극이다. 설교와 성만찬의 두 마당으로 연결된 축제 행위라고 볼 수 있을 것이다. 우리 교회의 예배가 그저 이질적인 서양 것의 흉내가 아니라 우리의 문화와도 어울리는 가락으로 이해되고 정리될 필요가 있는 것이다… (중략) 우리의 예배는 한국적 상황의 특성을 표현하기 위해서는 노래나 악기, 리듬과 동작에 있어서도 우리의 토착적인 표현이 좀 더 가미되어져야 한다."고 주장한다.[205]

목원대학의 박은규 교수 역시 전통문화와의 혼합 즉, 예배의 토착화를 주장하는데, "예배의 토착화는 시급한 과제임에 틀림없다. 그러나 우리는 우리의 것만 찾으려 하기 이전에 기독교의 경축의 내용과 기독교의 예배 전통을 충분히 이해하고 그것을 한국적인 것과 통전시킬 수 있어야 한다. 이 일을 위하여 우리들은 교회력, 제복, 건축양식, 상징, 음악, 예술, 예배용구, 지도력에 이르기까지 우리의 것을 폭넓게 찾아내고, 이를 기독교 신앙의 생활에 접목시킬 수 있는 길을 끊임없이 찾지 않으면 안 될 것이라"[206]고 주장한다. 뿐만 아니라 그는 "토착 음악적 성찬 예배"를 제시하고 있는데, 한국적인 가락과 장단 (자진모리, 세마치, 도드리, 굿거리장단) 그리고 장구의 사용을 권하고 있다.[207]

한편, 「기독교 신문」은 성찬식에서의 막걸리의 사용을 주장하였고,[208] 크리스챤 신문은 한국적인 가락과 장단으로 된 토착적 성찬 음악의 활용을 권장한 바 있으며,[209] 「교회 연합 신문」은 백자기와 분청으로 된 성찬기 개발을 보도한 바 있다.[210] 이러한 전통문화와의 접목을 주장하는 것은 최근에 자유주의 신학자들에 의해 제기된 소위 "토착화 신학"의 영향이라고 생각되는데, 기실 그들이 주장하는 토착화란 일종의 상황화 (contextualization) 로서, 전통문화와의 혼합을 주장하는 혼합주의 (syncretism) 에 불과하다. 혼합주의는 복음의 순수성을 파괴하는 비성경적인 주장이다.

e. 예배갱신운동의 부정적 영향

지금까지 우리는 예배갱신운동의 여러 부분들을 살펴 보았다. 그리고 그 성격도 분석해 보았다. 이제 마지막으로 생각해 봐야 할 것은, 이 의식주의적인 예배운동이 교회에 끼치는 영향이 무엇이냐 하는 것이다. 한마디로 말해 그것은 영적 고갈이며, 교회의 목을 조르는 것이었다. 단순히 교회와 교회의 예배를 성당과 중세의 미사의식으로 몰고 간 것만은 아니었다. 의식주의적인 중세교회의 상태가 어떠했던가를 안다면, 중세의 의식주의적인 예배로의 복고운동인 예배갱신운동의 결과가 어떠한지는 자명한 일이기도 하다. 일리온 T. 존스 (Illion T. Jones) 가 "형식을 강조하는 바로 그때가 영적 부흥이 필요한 때라"[211]고 잘 지적했듯이, 의식이 득세하면 생명은 고갈된다.

전가화 목사는 광명시 교회연합회가 주최한 한 목회자 세미나에서 "80년대 이후 한국교회의 성장이 멈췄다. 그 이유는 천주교를 본 따서 의식주의 (Litur- gical Movement) 로 가기 때문이라"[212]고 지적한 바 있는데, 참으로 정곡을 찌른 말이다. 그 이유는 한국교회가 기도운동, 성령운동, 전도운동보다 의식주의운동에 더 관심을 가졌기 때문이다. 의식주의적인 교회가 성장할 수 없음은 분명한 사실이다. 일리온 T. 존스는 "일반 대중은 간단하고 직접적인 예배를 원하지 복잡하고 어렵고 그들의 필요에는 적합하지도 않은 무리한 제사식의 예배를 원치 않는다"[213]고 지적한 바 있는데, 그러한 주장은 사실로서 입증되고 있다. 최근의 보도에 의하면, "러시아에서 오랫동안 뿌리를 내린 정교회가 예배의식을 지나치게 중요시하고 있기 때문에 많은 젊은 이들이 정교회를 떠나고 있고",[214] 남미에서는 천주교가 퇴조하고 기독교가 크게 성장하고 있는데, 남미에서 기독교가 인기를 끄는 이유는 무엇보다도 간단하고 자유스런 예식에 있다"[215]고 한다.

이러한 모든 사실들을 종합해 볼 때, 소위 "예배갱신운동"이란 미명으로 중세의 의식주의적인 예배로의 복고운동을 벌였던 '의식주의 운동'이 한국교회에 끼친 영향은 한마디로 말해서 "교회 성장의 둔화"에 일조했다고 볼 수 있다. 그것은 예견된 일이며, 자명한 결과였다. 의식이 득세하면 생명력이 죽는다는 것은 상식적인 사실이고, 역사가 말해주고 있는 사실이다. "역사의 언제 어느 곳에서든 기독교가 의식에 치중한 예배의식 때문에 영적으로 소생한 일은 별로 없다"[216]고 일리온 T. 존스는 지적한다. 중세 시대의 영적 상황이 그 역사적 증거이다. 여기서 우리가 얻을 수 있는 교훈은, 교회가 생명력있게 부흥하고 성장하려면, 의식주의 운동이 아니라, 말씀운동, 기도운동, 성령운동, 전도운동을 해야 한다는 것이다. 그러한 운동이 활발했던 1960—70년대의 한국교회의 급성장과, 의식주의 운동이 일어났던 1980년대 이후의 한국교회의 성장둔화 추세는 그러한 사실을 다시 한 번 실증하고 있는 것이다.

새로운 복음적 예배운동의 제안

역사는 반복하는가? "예수님의 기독교는 의식주의적인 유대교의 예배를 갱신하여 복음적인 예배를 발전시켰다. 그러나 몇 세기 후 중세의 의식주의가 득세하였다. 그리고 그 체계가 부패되었을 때 종교 개혁에 의한 복음주의 운동이 일어났다. 그러나 종교개혁이 일어난지 500여년이 지난 지금 기독교 예배는 소위 예배갱신운동 (Liturgical Movement) 에 의해 다시 의식주의적인 예배로 되돌아가고 있다. 우리가 종교개혁이라고 부르는 예언자적 예배운동은 이제 그 영향력을 잃고 예언자는 사제에게 그의 자리를 내어 주어야 하는 전환점에 와 있는 것이다." [217] 그러기에 H. G. 웰스가 역사에 대한 교훈으로 남긴 "역사에 대하여 우리가 배울 수 있는 가장 놀라운 교훈이 있다면, 그것은 사람들이 역사를 보면서 아무것도 배우지 않는다는 사실이라" [218]는 말이 새삼스럽다. 그러나 우리는 그러한 비관에 빠져있을 수는 없다. 의식주의 운동을 경계하고 복음주의적 예배를 활성화시키는 일을 착수해야 한다. 일리온 T. 존스는 그 일을 위해서 다음과 같이 제안하였다.

(1) 초기 종교 개혁자들의 용기와 결단력을 가지고 제단은 물론 제단과 관계되는 개념, 물건들, 관습을 제거해야만 한다.

(2) 주의 만찬을 화해를 위한 희생 제사로 보는 해석과 마술적이거나 미신적인 개념들, 그리스도의 임재를 거의 물질적으로 보는 것, 성권존중주의와 관계되는 개념들을 모두 제거해야 한다.

(3) 용기와 절제를 가지고 예배에서 사용되는 시각 상징들의 수효를 대폭 줄여야 하며, 이때는 반드시 독특한 복음주의적 교리를 전달할 수 있는가가 선택의 기준이 되어야 한다.

(4) 모든 용어와 예배절차는 복음주의의 기본적 믿음과 조화를 이루는 것이어야 한다. 다시 말하면 기독교인들이 용납하지 않는 중세 신학을 표현하거나 전달하는 용어와 표현을 예배 어휘에서 제거해야 한다.

(5) 복음주의 예배를 위해서 특히 예배드리는 장소에 대한 각별한 관심을 기울여야 한다.

(6) 복음주의 예배의 순서를 구성하는 일에도 많은 관심이 주어져 야 한다.

(7) 무엇보다도 관심의 초점이 되어야 하는 것은 예배하는 이들의 영혼에 어떤 영적인 변화가 일어나고 있는가이다. 근래 개신교도 예배의 가장 큰 약점이 바로 이것이다. 그들 마음속에 생생하고 의미 있는 감동이 없기 때문에 그들을 만족하게 해 줄 외적인 상징을 갈구하게 되는 것이다. 만일 설교가 훌륭하고, 복음주의 열정이 예배 자체에 가득 차며, 양심에 자극을 받고, 그들의 의지가 행동을 추구하며, 죄의 용서와 내면을 채워줄 영의 양식을 발견한다면, 만약 그들이 그들 마음속에 하나님의 영의 능력과 존재를 생생하게 경험한다면, 만족함을 얻고 예배에 감각적인 형태를 필요로 하는 일이 없이 예배에 참석하기를 즐겨할 것이다.[219]

영국의 유명한 목회자였던 맥클라렌 (Alexander Maclaren) 이 의식주의에 대해 "대수롭지 않은 것이 필수적인 것으로 바뀔 때, 그것은 더 이상 대수롭지 않은 것이 아니라 싸워 무너뜨려야 할 대상이 된다."[220]고 말한 것처럼 예배 갱신운동은 진정한 그리스도인들에게는 극복의 대상이 될 수밖에 없다. 이 점에 대해 맥클라렌은 다음과 같이 말하였다.

따라서 어떤 파나 어떤 교회가 외적인 의식을 필수적인 것으로 주장할 때는 언제든지, 그리스도 왕국의 영성을 지키고 자유로운 어깨에 철제 멍에를 지게 하려는 시도에 저항하기 위해 무장해야 할 때입니다.[221]

끝으로 후안 까를로스 오르티즈 (Juan Carlos Ortiz) 가 그의 책, 「주님과 동행하십니까」의 "의전 (儀典) 절차일랑 대통령을 위해서나 간직해 두라!" 는 항목에서 한 단락을 인용함으로써 예전주의자들에게 권고하고 싶다.

만약 당신이 의례를 좋아한다면, 그것은 대통령이나 여왕을 위해서나 잘 간직해 두십시오. 결코 그것을 하나님께 드리지는 마십시오. 우리가 여기 있는 것은 하나님을 섬기기 위함이지, 대단히 종교적이 됨으로써 스스로 자기 만족을 누리기 위한 것이 아닙니다.[222]

1)　「기독교대백과사전」, 제13권(서울: 기독교문사, 1984), p. 762, S. V. "전례운동".

2)　「기독교대백과사전」, 제13권, p. 765, S. V. "전례운동".

3)　New Catholic Encyclopedia, Vol. VIII (Washington, D. C. : The Catholic University of America, 1967), S. V. "Liturgical Movement, Protestant".

4)　정장복, 「예배학 개론」 (서울: 종로서적출판주식회사, 1988), pp. 49-50.

5)　혹자는 천주교의 "전례운동"이란 말에 대해 "예전운동" 또는 "예배갱신운동"이라는 용어를 사용하여 프로테스탄트 교회의 용어인 것처럼 쓰고 있으나, 본래 천주교의 "전례운동(Liturgical Movement)"에서 온 말이다.

6)　Encyclopaedia Britannica : A New Survey of Universal Knowledge, Vol. 14 (Chicago : Encyclopaedia Britannica, Inc., 1964), S. V. "Liturgical Movement, Roman Catholic".

7)　New Catholic Encyclopedia, Vol. VIII, 1967 ed., S. V. "Liturgical Movement, Catholic".

8)　New Catholic Encyclopedia, Vol. VIII, 1967 ed., S. V. "Liturgical Movement, Catholic".

9)　「기독교대백과사전」, 제13권, p. 762, S. V. "전례운동".

10)　「기독교대백과사전」, 제13권, p. 762, S. V. "전례운동".

11)　「기독교대백과사전」, 제13권, p. 762, S. V. "전례운동".

12)　「기독교대백과사전」, 제13권, p. 762, S. V. "전례운동".

13)　Encyclopaedia Britannica, Vol. 14, 1964 ed., S. V. "Liturgical Movement, Roman Catholic".

14)　「기독교대백과사전」, 제13권, p. 763, S. V. "전례운동".

15)　Encyclopaedia Britannica, Vol. 14, 1964 ed., S. V. "Liturgical Movement, Roman Catholic".

16)　「기독교대백과사전」, 제13권, p. 764, S. V. "전례운동".

17)　정장복, 「예배학 개론」, p. 49.

18)　「기독교대백과사전」, 제13권, p. 765, S. V. "전례운동".

19)　New Catholic Encyclopedia, Vol. VIII, 1967 ed., S. V. "Liturgical Movement Protestant".

20)　New Catholic Encyclopedia, Vol. VIII, 1967 ed., S. V. "Liturgical Movement, Protestant".

21)　New Catholic Encyclopedia, Vol. VIII, 1967 ed., S. V. "Liturgical Movement, Protestant".

22)　「기독교대백과사전」, 제13권, p. 762, S. V. "전례운동".

23)　New Catholic Encyclopedia, Vol. VIII, 1967 ed., S. V. "Liturgical Movement, Protestant".

24)　New Catholic Encyclopedia, Vol. VIII, 1967 ed.,,, S. V. "Liturgical Movement, Catholic".

25)　성갑식, 「그리스도교 대사전」(서울: 대한기독교서회, 1981), p. 771.

26)　성갑식, 「그리스도교 대사전」, p. 52.

27)　Williston Walker, 「기독교회사」, 류형기 역편(서울: 한국기독교문화원, 1987), p. 606.

28) 송낙원,「기독교회사」(서울: 기독교문화사, 1970), p. 482.

29) 「기독교대백과사전」, 제13권, p. 765, S. V. "전례운동".

30) 「기독교대백과사전」, 제13권, p. 765, S. V. "전례운동".

31) 일리온 T. 존스,「복음적 예배의 이해」, 정장복 역(서울: 대한예수교장로회 총회 출판국, 1988), pp. 201-202.

32) New Catholic Encyclopedia, Vol. VIII, 1967 ed., S. V. "Liturgical Movement, Protestant".

33) New Catholic Encyclopedia, Vol. VIII, 1967 ed., S. V. "Liturgical Movement, Protestant".

34) 백동섭,「새예배학」(부천: 중앙문화사, 1983), p. 92.

35) 김수학,「개혁과 예배학」(대구: 보문출판사, 1982), pp. 257-258.

36) 정장복,「예배학 개론」, pp. 49-50.

37) 일리온 T. 존스,「복음적 예배의 이해」, p. 368.

38) 일리온 T. 존스,「복음적 예배의 이해」, p. 371.

39) 「기독교대백과사전」, 제13권, p. 765.

40) 김수학,「개혁과 예배학」(대구 : 보문출판사, 1982), p. 249.

41) 로버트 웨버,「예배학」, 김지찬 역(서울: 생명의말씀사, 1988), p. 194.

42) 일리온 T. 존스,「복음적 예배의 이해」, p. 290.

43) 김소영, "교회 예배 갱신의 과제,"「기독교 사상」, 35, No. 11 (1991. 11), p. 23.

44) 김수학,「개혁과 예배학」, p. 248.

45) 백동섭,「새예배학」(부천 : 중앙문화사, 1983), p. 254.

46) 김외식, "예배의 구성 요소 비교 연구,"「기독교 사상」, 35, No. 11 (1991. 11), p. 29.

47) 한규영, "한국 개신교회 건축의 공간적 질서,"「건축과 환경」, 028 (1986, 12), p. 66.

48) 정장복,「예배학 개론」(서울: 종로서적출판주식회사, 1985), p. 50.

49) New Catholic Encyclopedia, Vol. VIII, p. 874.

50) J. G. Davies, ed., The New Westminster Dictionary of Liturgy and Worship (Philadelphia : The Westminster Press, 1986), p. 526.

51) New Catholic Encyclopedia, Vol. VIII, p. 302.

52) 정장복,「예배학 개론」(서울: 종로서적출판주식회사, 1985), pp. 49-50.

53) J. G. Davies, ed., The New Westminster Dictionary of Liturgy and Worship, pp. 525, 538-539.

54) 최형락,「카톨릭 교리 용어집」(서울 : 계성출판사, 1987), p. 104.

55) 최형락,「카톨릭 교리 용어집」, p. 252.

56) 일리온 T. 존스,「복음적 예배의 이해」, p. 371.

57) 정철범, "교회력과 예배의식," 연세대학교 연합신학대학원 편,「연신원 목회자 세미나 강의집」, 제6집 (서울: 유니온학술자료원, 1989), p. 279.

58) 박근원, "현대 예배신학의 동향과 그 과제," 연세대학교 연합신학대학원 편,「연신원 목회자 세미나 강

의집」, 제6집, pp. 190-191.

59) 정장복,「예배학 개론」, pp. 49-50.

60) New Catholic Encyclopedia, Vol. VIII, p. 916.

61) J. G. Davies, op. cit., p. 133.

62) Philip Schaff, History of the Christian Church, Vol. III(Mich : WM. B. Eerdmans Publishing Co., 1910), p. 445.

63) 에드워드 T. 혼,「교회력」, 배한국 역(서울: 컨콜디아사, 1989), p. 44.

64) 박도식 편,「가톨릭 교리 사전」(서울: 가톨릭출판사, 1988), pp. 189-203(p. 204-219에는 가나다 순으로 정리되어 있음).

65) 김동수,「교회력 : 교회의 절기 해설」(서울: 광음서림, 1962), p. 24.

66) 김동수,「교회력 : 교회의 절기 해설」, p. 22.

67) 한국 가톨릭 대사전 편찬위원회 편,「한국 가톨릭 대사전」(서울: 한국 교회사 연구소, 1989), p. 1042.

68) Encyclopaedia Britannica, Vol. 13(Chicago: Encyclopaedia Britannica, Inc., 1768), p. 859.

69) 더글러스 밀즈,「성서일과」, 김소영 역(서울: 대한기독교서회, 1991), pp. 29-30.

70) 「크리스챤신문」, 1989. 9. 30, p. 6.

71) 박근원, "현대 예배신학의 동향과 그 과제," 연세대학교 연합신학대학원 편,「연신원 목화자 세미나 강의집」, 제6집(서울: 유니온 학술자료원, 1989), p. 193.

72) 박은규,「예배의 재발견」(서울: 대한기독교출판사, 1988), p. 221.

73) 황대익, "한국 전통음악과 기독교",「크리스챤신문」, 1989. 1. 21, p. 7.

74) 황대익, "한국 전통음악과 기독교",「크리스챤신문」, 1988. 10. 29, p. 7.

75) 바실레아 슈링크,「록 음악의 위험」(서울: 도서출판 엠마오, 1989), p. 27.

76) 바실레아 슈링크,「록 음악의 위험」; 밥 라슨,「록(Rock) 음악의 사탄적 현상」; 손종태,「팝 음악에 나타난 사탄의 활동」; 야콥 아란자,「도그시나타스」 등의 관련 연구서에는 이에 대하여 자세히 소개되어 있다.

77) 바실레아 슈링크,「록 음악의 위험」, p. 25.

78) 「기독교 대백과사전」, 제13권, p. 752.

79) New Catholic Encyclopedia, Vol. VIII, 1967 ed., S. V. "Liturgical Symbolism (Eastern)", p. 914.

80) New Catholic Encyclopedia, Vol. VIII, p. 737.

81) 「기독교 대백과사전」, 제8권(서울: 기독교문사, 1983), p. 880.

82) New Catholic Encyclopedia, Vol. VIII, 1967 ed., p. 937, S. V. "Liturgy, Allegori- cal Interpretation of".

83) 「기독교대백과사전」, 제13권, pp. 279-280.

84) 「기독교대백과사전」, 제13권, p. 752.

85) 일리온 T. 존스,「복음적 예배의 이해」, p. 304.

86) 「기독교 대백과사전, 제13권」, p. 763. ; Paul Schotenboer ed., An Evangelical Response to Baptism,

Eucharist and Ministry (Carlisle : The Partnernoster Press, 1992), p. 10. 참조.

87) 김소영, "예배신학," 연세대학교 연합신학대학원 편, 「연신원 목회자 세미나 강의집」, 제6집(서울: 유니온 학술자료원, 1989), p. 363. ; 정장복, 「예배학개론」, p. 181.; 정용섭, 「교회 갱신의 신학」(서울: 대한기독교출판사, 1980), pp. 133-134. ; 김수학, 「개혁과 예배학」, p. 189.을 참조할 것

88) 정장복, 「예배학개론」, pp. 153-154.

89) 박근원, "현대 예배신학의 동향과 그 과제," 연세대학교 연합신학 대학원 편, 「연신원 목회자 세미나 강의집」, 제6집(서울: 유니온 학술자료원, 1989), p. 189.

90) 박근원, "현대 예배신학의 동향과 그 과제," 연세대학교 연합신학 대학원 편, 「연신원 목회자 세미나 강의집」, 제6집, p. 189.

91) 박근원, "현대 예배신학의 동향과 그 과제," 연세대학교 연합신학 대학원 편, 「연신원 목회자 세미나 강의집」, 제6집, p. 188.

92) 정장복, 「예배학개론」, p. 153.

93) 정장복, "개신교 예배의식에 대한 새로운 이해," 연세대학교 연합신학 대학원 편, 「연신원 목회자 세미나 강연집」, 제3집(서울 : 유니온 학술자료원, 1989), p. 412.

94) 김소영, "예배신학", p. 357.

95) 정장복, 「예배학 개론」, p. 153.

96) 정장복, "개신교 예배 의식에 대한 새로운 이해", p. 414.

97) 김수학, 「개혁과 예배학」, p. 177.

98) 김수학, 「개혁과 예배학」, p. 179.

99) 정장복, "개신교 예배의식에 대한 새로운 이해", p. 413.

100) 정장복, "개신교 예배의식에 대한 새로운 이해", p. 414.

101) 정장복, "개신교 예배의식에 대한 새로운 이해", p. 413.

102) 정장복, "개신교 예배의식에 대한 새로운 이해", p. 416.

103) 정장복, 「예배학 개론」, pp. 156-157.

104) 정장복, 「예배학 개론」, p. 191.

105) 정장복, 「예배학 개론」, p. 203.

106) 정장복, "개신교 예배 의식에 대한 새로운 이해", p. 416.

107) 유선호, 「천주교도 기독교인가?」, 재판(서울: 도서출판 하늘기획, 1998), p. 174.

108) 정장복, "개신교 예배 의식에 대한 새로운 이해", p. 413.

109) John Calvin, Institutes of the Christian Religion, Vol. II, ed. by John T. McNeill(Philadelphia : The Westminster Press, 1973), IV. 18. 7 (이하 Inst.로 약칭함). - 번역서로는 "죤 칼빈, 「기독교 강요(下, Vol. IV)」, 김종흡 외 3인 공역 (서울: 생명의 말씀사, 1986)"을 참조했음.

110) J. J. 폰 알멘, 「주의 만찬」, 박근원 역(서울: 양서각, 1986), pp. 12-15.

111) 로버트 G. 레이번, 「예배학」, 김달생.강귀봉 공역(서울: 성광문화사, 1982), p. 107.

112) 로버트 G. 레이번,「예배학」, p. 105

113) 로버트 G. 레이번,「예배학」, p. 110.

114) 제임스 F. 화이트,「예배의 역사」, 정장복 역(서울: 쿰란출판사, 1997), p. 27. - 로버트 G. 레이번, 「예배학」, pp. 105, 110. 참조.

115) 〈고전 14:26〉 그런즉 형제들아 어찌할꼬 너희가 모일 때에 각각 찬송시도 있으며 가르치는 말씀도 있으며 계시도 있으며 방언도 있으며 통역함도 있나니 모든 것을 덕을 세우기 위하여 하라

116) 〈고전 11:33〉 그런즉 내 형제들아 먹으러 모일 때에 서로 기다리라

117) 제임스 F. 화이트,「개신교 예배」, 김석한 역(서울: 기독교문서선교회, 1997), p. 13.

118) 황원찬,「개혁주의 예배학 총론」(안양: 도서출판 잠언, 1996), p. 67.

119) 일리온 T. 존스,「복음적 예배의 이해」, pp. 109-110.

120) James F. White,「예배의 역사」, 정장복 역 (서울: 쿰란출판사, 1997), p. 26.

121) 김득룡,「현대교회 예배학 신강」(서울: 총신대학교출판부, 1985), p. 62.

122) William D. Maxwell,「예배의 발전과 그 형태 「기독교 예배의 역사 개관」, 정장복 역(서울: 쿰란출판사, 1996), p. 14.

123) 제이스 F. 화이트,「예배의 역사」, 정장복 역 (서울: 쿰란출판사, 1997), p. 27.

124) 프랭클린 M. 지글러,「예배학 원론」, 정진황 역 (서울: 요단출판사, 1989), p.48.

125) 일리온 T. 존스,「복음적 예배와 이해」, 정장복역 (서울: 대한예수교장로회 총회출판국, 1988), pp.111-117.

126) 프랭클린 M. 지글러,「예배학 원론」., pp.48-49.

127) 로버트 웨버,「예배학」, 김지찬 역 (서울: 생명의 말씀사, 1988), p.70.

128)「사도전승」, 이형우 역주(경북: 분도출판사, 1992), pp. 28-36.

129) Philip Schaff, History of the Christian Church, Vol. II (Mich: WM. B. Eerdmans Publishing Co., 1910), p. 222.

130)「기독교대백과사전」, 제13권(서울: 기독교문사, 1985), p. 1190.

131) Plin, Epp. x, 96, 97. Cf. E. T. Merrill, Essays in Early Christian History (London: 1924), pp. 174ff. ; F. F. 브루스,「신약사」, 나용화 역(서울: 예수교문서선교회, 1978), pp. 489-490.

132) 일리온 T. 존스,「복음적 예배와 이해」, p.116.

133) 로버트 G. 레이번,「예배학」, p. 105.

134) 제임스 F. 화이트, 「기독교 예배학 입문」, 정장복 역(서울: 도서출판 엠마오, 1992), p. 34.

135) 정일웅,「기독교 예배학개론」(서울: 도서출판 솔로몬, 1996), p. 75.

136) 제이스 F. 화이트,「예배의 역사」, 정장복 역(서울: 쿰란출판사, 1997), pp.50-51.

137) 정용섭,「교회 갱신의 신학」(서울: 대한기독교출판사, 1980), p. 117.

138) 레온하르트 고펠트,「모형론」, 최종태 역(서울: 새순출판사, 1987), p. 188,

139) 정용섭,「교회 갱신의 신학」, p. 123.

140) 박익수, "세례와 성만찬의 재발견," 연세대학교 연합신학대학원 편,「연신원 목회자 세미나 강의집」, 제8집(서울: 유니온 학술자료원, 1989), p. 297.

141) 박근원 편,「리마 예식서」(서울: 한국기독교교회협의회, 1987), p. 9.

142) 박근원 편,「리마 예식서」, p. 27.

143) 박근원, "리마 성찬 예식서의 의의와 가치",「신학사상」, 제56호(서울: 한국신학연구소, 1987 봄), p. 231.

144) 박근원, "리마 성찬 예식서의 의의와 가치", p. 231.

145) 박영호,「WCC운동 비판」(서울: 기독교문서선교회, 1984), p. 93.

146) 박종화, "리마문서의 신학적 의미",「기독교 사상」, 35, No.11 (1991.11), p. 57.

147) 박근원, "리마 성찬 예식서의 의의와 가치", p. 48.

148) 이현웅, "리마 성찬 예식서 연구",「월간 목회」, 163(1990. 3), p. 283.

149) 박근원 편,「리마 예식서」, p. 41.

150) 박근원 편,「리마 예식서」, p. 10.

151) 세계교회협의회 신앙과직제위원회 편,「세례 °성만찬 °사역」, 한국기독교장로회총회 번역 편집(서울: 한신대학 출판부, 1982), pp. 42-43.

152) Max Thurian, "리마 성찬 예식서의 해설과 본문," 박근원 역,「신학사상」, 제 56 호(1987, 봄), p. 235.

153) 이현웅, "리마 성찬 예식서 연구", pp. 297-298.

154) 이기정 편,「중요 교리 °전례 °용어해설」(서울: 가톨릭출판사, 1977), pp. 151- 156.

155) 박근원 편,「리마 예식서」, p. 23.

156) 박도식,「가톨릭 교리 사전」(서울: 가톨릭출판사, 1985), p. 59.

157) 막스 투리안은 리마문서의 전신인 아크라문서의 기초자였고, 리마문서의 신학적 배경에 지대한 영향을 끼쳤다.

158) Max Thurian, "리마 성찬 예식서의 해설과 본문", pp. 236-237.

159) Max Thurian, "리마 성찬 예식서의 해설과 본문", p. 237.

160) Max Thurian, "리마 성찬 예식서의 해설과 본문", p. 239.

161) 박종화, "리마문서의 신학적 의미", p. 58.

162) Max Thurian, "리마 성찬 예식서의 해설과 본문", p. 239.

163) Max Thurian, "리마 성찬 예식서의 해설과 본문", pp. 239-240.

164) 박근원 편,「리마 예식서」, p. 25.

165) Max Thurian, "리마 성찬 예식서의 해설과 본문", p. 242.

166) Max Thurian, "리마 성찬 예식서의 해설과 본문", p. 243.

167) 여기서 인용된 미사 통상문은 한국천주교주교회의 편,「가톨릭 기도서」, (서울 : 한국천주교중앙협의회, 2009), pp.131-238에서 인용한 것으로서, 양자 택일적인 양식일 경우에는 리마 예식서에 가까운 것을 인용하였고, 미사의 각 순서에 대한 해설들은 최윤환,「미사해설」, pp. 23-50,. 이기정 편,「중요 교리 °전례 °용어해설」, pp. 151-161., 최형락,「가톨릭 교리 용어집」, pp. 133-139. 등을 참고할 것.

168) 여기서 인용한 미사통상문이 2009년에 나온「가톨릭 기도서」에 실린 것이기 때문에, 혹시 로마 카톨릭이 "리마 예식서"에 준하여 미사통상문의 순서를 수정하여서 유사하게 된 것이 아닌가 하여 조사하였

지만, 1972년판의 수정판인 1987년판과 유사할뿐 아니라, "리마 예식서"가 나오기 훨씬 전인 1977년에 나온「중요교리 °전례 °용어해설」에 게재된 미사해설이나, 1982년에 나온 최윤환 저「미사해설」에 나오는 순서와 별로 틀린 것이 없었다. 따라서 그러한 염려는 쓸데없는 것으로 판단된다.

169) Paul Schotenboer ed. An Evangelical Response to Baptism, Eucharist and Ministry(Carlisle : The Partnernoster Press, 1992), p. 11.

170) Paul Schotenboer ed. An Evangelical Response to Baptism, Eucharist and Ministry, p. 12.

171) Paul Schotenboer ed. An Evangelical Response to Baptism, Eucharist and Ministry, p. 13.

172) 세계교회협의회 신앙과직제위원회 편,「세례 °성만찬 °사역」, 한국기독교장로회총회 번역 편집(서울: 한신대학 출판부, 1982), pp. 42-43.

173) 세계교회협의회 신앙과직제위원회 편,「세례 °성만찬 °사역」, pp. 36-37.

174) 세계교회협의회 신앙과직제위원회 편,「세례 °성만찬 °사역」, p. 36.

175) 세계교회협의회 신앙과직제위원회 편,「세례 °성만찬 °사역」, pp. 44-45. - "축성"이란 신부(사제)에 의해 떡과 포도주가 거룩하게 변화되어 그리스도의 몸과 피가 되었음을 의미하는 말이다.

176) 세계교회협의회 신앙과직제위원회 편,「세례 °성만찬 °사역」, p. 35.

177) Max Thurian, "리마 성찬 예식서의 해설과 본문", p. 248.

178) 최윤환,「미사해설」, p. 26.

179) 세계교회협의회 신앙과직제위원회 편,「세례 °성만찬 °사역」, p. 35.

180) Max Thurian, "리마 성찬 예식서의 해설과 본문", pp. 254-255.

181) 세계협의회 신앙과직제위원회 편,「세례 °성만찬 °사역」, pp. 38-39.

182) 세계협의회 신앙과직제위원회 편,「세례 °성만찬 °사역」, p. 40.

183) 세계교회협의회 신앙과직제위원회 편,「세례 °성만찬 °사역」, p. 32.

184) 세계교회협의회 신앙과직제위원회 편,「세례 °성만찬 °사역」, p. 41.

185) 이기정 편,「중요 교리 · 전례 · 용어 해설」(서울: 가톨릭출판사, 1977), p. 150.

186) 박도식,「가톨릭 교리사전」, p. 59.

187) 박도식, 천주교와 개신교-하나인 교회(서울: 가톨릭출판사, 1980), p. 76.

188) 세계교회협의회 신앙과직제위원회 편,「세례 °성만찬 °사역」, p. 32.

189) 세계교회협의회 신앙과직제위원회 편,「세례 °성만찬 °사역」., p. 34.

190) 세계교회협의회 신앙과직제위원회 편,「세례 °성만찬 °사역」, p. 38.

191) 세계교회협의회 신앙과직제위원회 편,「세례 °성만찬 °사역」., pp. 40-41.

192) R. 로울러 · D. 우얼 · T. 로울러,「그리스도의 가르침」, 오경환 역(서울: 성바오로 출판사, 1977), p. 452.

193) 세계교회협의회 신앙과직제위원회 편,「세례 °성만찬 °사역」, p. 33-44.

194) B. B. Warfield,「구원의 계획」, 박종칠 역 (서울 : 새시대문화사, 1972), pp. 70-72.

195) 정철범, "교회력과 예배의식," 연세대학교 연합신학대학원 편,「연신원 목회자 세미나 강의집」, 제6집 (서울 : 유니온 학술 자료원, 1989), pp. 288-289.

196) 정장복, 「예배학 개론」 (서울 : 종로서적출판주식회사, 1985), pp. 153-154.

197) 박근원, "현대 예배신학의 동향과 그 과제," 연세대학교 연합신학 대학원 편, 「연신원 목회자 세미나 강의집」, 제6집 (서울 : 유니온 학술 자료원, 1989), p. 189.

198) Inst., IV. 17. 39; IV. 17. 33.; IV. 17. 33.

199) 일리온 T. 존스, 「복음적 예배의 이해」, p. 371.

200) 박근원 편, 「리마 예식서」 (서울: 한국기독교 교회협의회, 1987), p. 12.

201) 박영호, 「WCC운동 비판」 (서울: 기독교문서선교회, 1984), p. 93.

202) 박근원, "현대 예배신학의 동향과 그 과제," 연세대학교 연합신학대학원 편, 「연신원 목회자 세미나 강의집」, 제 6 집(서울: 유니온 학술자료원, 1989), p. 191.

203) New Catholic Encyclopedia, Vol. VIII (Washington, D. C.: The Catholic Uni- versity of America, 1967), p. 906.

204) 박근원, "목회와 성례전," 연세대학교 연합신학대학원 편, 「연신원 목회자세미나 강의집」, 제 4 집(서울: 유니온 학술자료원, 1989), p. 376.

205) 박근원, "현대 예배신학의 동향과 그 과제," 연세대학교 연합신학대학원 편, 「연신원 목회자세미나 강의집」, 제 6 집(서울: 유니온 학술자료원, 1989), pp. 192-193.

206) 박은규, 「예배의 재발견」 (서울: 대한기독교출판사, 1988), p. 205.

207) 박은규, 「예배의 재발견」, p. 221.

208) 「기독교신문」, 1989. 10. 1, p. 5.

209) 「크리스챤신문」, 1989. 9. 30, p. 6.

210) 「교회연합신문」, 1986. 4. 27.

211) 일리온 T. 존스, 「복음적 예배의 이해」, p. 385.

212) 1991. 6. 18. 광은교회에서 열린 「광명시 교회 연합회」 주최의 "교회성장과 목회자의 영성"이라는 제하의 강의에서.

213) 일리온 T. 존스, 「복음적 예배의 이해」, p. 382.

214) 「국민일보」, 1992. 7. 22, p. 24.

215) 「크리스챤신문」, 1992. 9. 19, p. 2. ; 「기독교연합신문」, 1992. 9. 27., p. 4.

216) 일리온 T. 존스, 「복음적 예배의 이해」, p. 385.

217) 일리온 T. 존스, 「복음적 예배의 이해」, pp. 372-373.

218) 이동원, 「첫 믿음의 계승자들 이삭, 야곱, 요셉」 (서울: 종합선교-나침반사, 1989), p. 94.

219) 일리온 T. 존스, 「복음적 예배의 이해」, pp. 379-380.

220) 알렉산더 맥클라렌, 「갈라디아서 강해」, 심이석 역(서울: 크리스챤 다이제스트사, 1986), p. 86.

221) 알렉산더 맥클라렌, 「갈라디아서 강해」, p. 87.

222) 후안 카를로스 오르티즈, 「주님과 동행하십니까」, 김병국 역(서울: 도서출판 바울, 1990), p. 180.

예배가 살아야
교회가 산다

EVANGELICAL CHRISTIAN WORSHIP AND REVIVAL OF THE CHURCH

6

PART

요약 및 결론

천주교의 미사에 대한 교리는 화체설과 희생제사설, 성체숭배 및 수찬금지 제도로 요약되는데, 이러한 미사제도는 구약적 제사개념의 재흥과 바벨론과 이집트, 그리고 그리스와 로마세계에 있었던 이교도들의 종교의식에서 영향을 받아 형성되었다. 이러한 천주교의 미사제도는 루터와 쯔윙글리와 칼빈 등 모든 종교개혁가들의 비판의 대상이 되었다. 특히 "그리스도의 십자가의 제사를 반복한다"는 미사의 희생제사의 개념은 모든 종교개혁가들을 분노하게 했고, 철저하게 미사를 거부하게 만들었다.

루터는 독일에서, 쯔윙글리와 칼빈은 스위스에서 각각 미사의 개혁을 진행하였는데, 그들의 공통점으로는 첫째는 미사의 배격과 중지, 둘째는 성경적이고 초대교회적인 예배 회복의 목적, 셋째는 회중들의 자발적인 참여와 자국어의 사용, 넷째는 천주교의 7성사를 거부하고 세례와 성찬만을 성례로 인정, 다섯째는 설교 중심의 예배, 여섯째는 회중찬송의 회복, 일곱째는 회중들이 떡과 포도주에 다 참여하는 성찬의 회복을 들 수 있다.

이러한 종교개혁가들의 미사개혁은 그들의 후세대에 역사적으로 커다란 영향을 끼치게 되는데, 루터의 경우에는 루터파 교회들과 영국교회, 감리교 등에 영향을 끼쳤고, 쯔윙글리와 칼빈의 개혁파는 영국의 청교도와 스코틀랜드의 개혁에 결정적인 영향을 끼쳤으며, 미국교회의 예배형성에 커다란 영향을 끼치게 되었다. 특히 쯔윙글리의 역사적 영향은 결정적이어서 오늘날까지 대부분의 교회가 성찬이 없는 말씀 중심의 예배를 드리고, 1년에 1회 내지 3—4회의 비주기적인 성찬을 갖게 되었다.

지금까지 천주교 미사와 기독교 예배의 역사적 형성과정과 그 의미들을 살펴보았고, 그 둘에 대하여 신학적으로 비교하여 본 결과, 그 두 사이에는 결코 건널 수 없는 커다란 신학적 간격이 있고, 서로가 용납할 수 없는 신앙적 본질이 있음을 알게 되었다. 천주교 미사와 기독교 예배는 그 기원과 역사성이 서로 다르고 그 신앙과 신학적 본질도 다르다. 미사와 예배는 그 속에 들어 있는 신학적 요소들인 기독론, 구원론, 교회론, 종말론적 요소들이 전혀 다르다.

위와 같은 비교분석을 결론삼아서 천주교 미사에 대해서 복음적인 기독교의 관점에서 신학적으로 비평을 한다면, 한마디로 그것은 비성경적이고 그리스도의 십자가의 완전성을 부인하며, 사제들은 그리스도의 대제사장직과 중보직을 가로채고 있다는 것이다. 이러한 천주교 미사는 많은 복음적인 사람들로부터 우상숭배요, 종교적 사기이며, 사탄적이라는 평가를 받고 있다.

한편, 19세기에 천주교 내에서는 "전례운동"이라는 중세 지향적 의식주의운동이 일어났는데, 전례운동은 그것이 처음에는 로마 카톨릭의 내부에서 시작되었으나, 특히 과거 30년 동안에 거의 모든 교파에 확산되었으며 대부분의 기독교권에 영향을 끼쳤다. 그로 인해서 기독교 예배현장에서도 예전 운동 (예배갱신운동) 이 일어나게 되었는데, 기독교 내에서의 예전운동 역시 "전통으로의 회귀운동"이며 중세 지향적 의식주의 운동이다. 예전운동은 종교 개혁가들의 정신을 이어받은 복음주의 교회의 예배를 더 의미 있게 만들고 있기보다는 오히려 중세 예배를 재현하는데 골몰해 있으며, 의식하든지 못하든지 기독교 예배를 더 퇴보시키고 있다.

의식적인 예배운동 즉 예전운동 (예배갱신운동 또는 예배복고운동) 에서는 성만찬을 기독교의 예배의 핵심적인 부분으로 간주하고, "성만찬이 없는 예배는 예배가 아니라"고 주장한다. 그들의 주장에 따르면, 예배의 본질적 요소가 말씀과 성만찬이라는 주장의 근거는 신약성서와 초대교회 연구의 결과라는 것이다. 다시 말해서 초대교회서부터 16세기 동안 '말씀과 성례 (성찬) '의 예배 전통이 이어져 왔었는데, 종교개혁가들의 주장을 잘못 받아들여서 오늘날과 같이 말씀만 있는 잘못된 예배 의식을 가지게 되었다는 것이다.

그러나 많은 복음적인 예배학자들은 그들의 주장은 사실이 아니라고 반박하고 있다. 신약성경이나 초대교회에서 성찬이 예배의 본질적 요소라는 분명한 증거를 발견할 수 없다는 것이다. 오히려 신약에 나타난 예배는 한마디로 말해서 비예전적이고 자벌적인 예배였다는 것이다. 이러한 초대교회예배의 대부분은 그 후 4세기가 지나는 동안 모두 사라져버렸다가 종교개혁을 통해서 다시 부각되었기 때문에, 복음적인 기독교 예배가 초대교회와 종교개혁의 전통을 이어받고 있음을 지적하고 있다.

최근 "예배갱신"을 부르짖는 학자들에 의해서 추앙받는 것이 있다면, "리마 예식서"가 바로 그것이다. 이 리마예식서는 로마 가톨릭, 동방 정교회, 성공회, 루터교 등 여러 종교에서 나온 자료들을 혼합하여 만든 혼합주의의 산물이다. 특별히 리마예식서를 천주교의 "미사통상문"과 비교해 보면, 그 큰 뼈대는 천주교의 미사의식 임을 금방 알 수 있다. 이 리마예식서를 살펴보면, 천주교의 화체설과 희생제사설, 사죄의 선언, 성인숭배, 죽은 자를 위한 기도, 천주교 사제직 등을 수용하고 있을 뿐만 아니라, '성찬 참여로 구원받는다.', '성찬은 하늘나라의 잔치를 미리 맛보는 것이라'는 등 도처에서 성찬의 의미를 비유적 (allegorically) 으로 적용하고 있다.

이러한 예전운동에 대해서 평가를 해본다면, 한마디로 예배갱신운동은 엄격히 말하면 "의식주의적인 예배운동"이라고 할 수 있다. 그들이 회복하고자 하는 것은 한마디로 말해서 중세적 천주교 예배의식으로의 복귀이다. 한편, 의식주의적인 예배 운동이 WCC적인 에큐메니칼 운동의 일환이라는 것은 자타가 공인하는 바이다. WCC는 교리적인 합의를 통한 일치의 추구는 가능성이 없음을 재확인 하였고, 이제는 의식적 (성예전 적) 일치를 통한 세계 교회 통일을 꿈꾸게 되었으며, 그러한 그들의 노력이 "리마문서"와 "리마 예식서"로 나타난 것이다. 더 나아가서 예전운동은 전통문화와의 혼합주의 운동이기도 하다. 그리하여 예배갱신론자들은 천주교의 미사의식 도입뿐만 아니라, 한국의 전통 문화와의 접목을 꾀하고 있다.

이러한 모든 사실들을 종합해 볼 때, 소위 "예배갱신운동"이란 미명으로 중세의 의식주의적인 예배로의 복고운동을 벌였던 '의식주의 운동'이 한국교회에 끼친 영향은 한마디로 말해서 복음적인 기독교 예배를 천주교적인 의식주의 예배로 전락시키면서 그 결과로서 교회 성장의 둔화에 일조했다고 볼 수 있다. 여기서 우리가 얻을 수 있는 교훈은, 교회가 생명력 있게 부흥하고 성장하려면, 의식주의 운동이 아니라, 말씀운동, 기도운동, 성령운동, 전도운동, 성령의 임재를 경험하는 예배운동을 해야 한다는 것이다.

제언

유명한 칼빈주의 신학자 루이스 벌코프 (Louis Berkhof) 는 종교의 본질에 대하여 말하기를 "종교는, 하나님에 대한 의식적이며, 자발적인 영적 관계로서, 그 자체를 생활전체 속에서, 특히 어떤 예배행위에서 표현하는 것으로 정의할 수 있다. 하나님께서는 자신이 기뻐하시는 찬양과 예배와 봉사를 스스로 결정하시는 것이다. 하나님께서는 그의 말씀과 반대되는 예배는 어떠한 예배라도 받지 않으신다."고 하였다. 이러한 진술에 따른다면, 참된 교회는 참된 예배로 나타날 것이고, 반면에 참된 예배가 참된 교회의 표지라고 할 것이다. 이러한 추론이 정당하다고 할 수 있는 것은 그 공동체의 신학과 신앙은 궁극적으로 예배로서 농축되어 표현되기 마련이기 때문이다. 그렇기 때문에 예배의 타락은 그 공동체의 신학과 신앙의 타락을 의미하며, 신령하고 은혜로우며 건강한 예배는 그 공동체의 영적 건강함을 의미한다.

따라서 이 책에서는 천주교 미사와 기독교 예배에 대하여 비교분석하고 그 결과를 현재의 예배현장에 적용함으로써, 두 가지 목적을 달성하고자 하였다. 그 하나는 잘못된 예배의 전형으로서의 중세 천주교 미사와 참된 예배의 모델로서의 종교개혁가들에 의해 회복된 복음적인 예배를 상호 비교함으로써 그 차이를 명확히 하는 것이고, 다른 하나는 19세기에 일어난 천주교의 전례운동의 영향을 받아 일어난 기독교의 예배갱신운동에 대하여 복음주의적 관점에서 분석 평가하고 예배갱신운동의 정체를 분명히 함으로써, 그로 인하여 현재 한국교회의 예배현장이 천주교의 성당과 미사의식을 추종하는 현상에 경종을 울리는 것이다.

서론에서 이미 밝힌 바와 같이 이 논문에서는 천주교 예배와 기독교 예배의 비교연구를 통하여 복음적인 기독교 예배의 본질을 규명하고, 지금의 예전운동이 과연 이러한 기독교 예배의 본질에 부합하는 것인가를 논하며 새로운 복음적 예배운동을 제안하는 것으로 제한하였다. 그것을 넘어서서 구체적인 예배의식이나 방법 등을 만들어서 제시하는 것은 비교종교학적 범위를 넘어서는 일이고, 예배학 등 실천신학에서 해야 할 일로 판단되기 때문이다. 그렇지만 분명한 사실은 한국교회가 다시 한 번 부흥의 전기를 마련하려면 예배가 활기차게 살아나야 한다는 것이다. 예배를 통해서 성도들이 하나님의 임재를 체험하고 하나님의 사랑과 복음의 열정으로 가슴이 뜨거워질 때에 교회마다 영적으로 부흥이 일어나고 성장하게 될 것이기 때문이다. 앞으로 많은 복음적인 목회자들과 실천신학자들에 의하여 한국교회 강단에 더욱 은혜와 축복이 넘치는 신령한 복음적 예배운동이 활발하게 전개되고, 구체적인 예배 프로그램들이 목회현장에서 많이 시도되기를 기대한다.

참고 문헌

1차 자료

영문 서적

Calvin, John. Calvin's New Testament Commentary, Vol. IV : The Gospel According to St. John, part one. tr. by T. H. L. Parker. Mich : WM. B. Eerdmans Publishing Co., 1959.

_____. Institutes of the Christian Religion, Vol. I. ed. John T. McNeill. Philadelphia : The Westminster Press, 1967.

_____. Institutes of the Christian Religion, Vol. II. ed. by John T. McNeill. Philadelphia : The Westminster Press, 1973.

Luther, Martin. Three Treatises. Trans. Charles M. jacobs, A. T. W. Steinhauser and W. A. Lambert. Philadelphia : The Fortress press, 1960.

New Catholic Encyclopedia, Vol. VIII. Washington, D. C. : The Catholic University of America, 1967.

The Catholic Encyclopedia, Vol. V. New York : The Encyclopedia Press, Inc., 1913.

The Catholic Encyclopedia, vol. IX. New York: The Encyclopedia Press, Inc., 1913.

Schotenboer, Paul ed. An Evangelical Response to Baptism, Eucharist and Ministry. Carlisle : The Partnernoster Press, 1992.

번역 서적

Luther, Martin. 「교회의 바벨론 감금」. 지원용 역. 서울 : 컨콜디아사, 1985.

Thurian, Max. "리마 성찬 예식서의 해설과 본문". 박근원 역. 「신학사상」, 제 56 호. 1987, 봄. 「가톨릭 교회 교리서」. 주교회의교리교육위원회 역. 개정판. 서울: 한국천주교중앙협의회, 2009.

「제2차 바티칸 공의회 문헌」. 개정판. 서울: 한국천주교중앙협의회, 2009.

「사도전승」. 이형우 역주. 경북: 분도출판사, 1992.

루터, 말틴. 「교회의 바벨론 감금」. 지원용. 서울: 컨콜디아사, 1985.

_____. 「말틴 루터의 종교개혁 3대 논문」. 지원용 역. 서울: 도서출판 컨콜디아사, 1993.

밀즈, 더글러스. 「성서일과」. 김소영 역. 서울: 대한기독교서회, 1991.

세계교회협의회 신앙과직제위원회 편. 「세례 °성만찬 °사역」. 한국기독교장로회총회 번역
         편집. 서울: 한신대학 출판부, 1982.

세계교회협의회 편. 「BEM 문서 : 서례, 성만찬, 직제」. 이형기 역. 서울: 한국장로교출판사,
         1993.

칼빈, 존. 「기독교강요(上, Vol Ⅰ,Ⅱ)」. 김종흡 외 3인 공역. 서울: 생명의말씀사, 1986.

_____. 「기독교 강요(下, Vol. Ⅳ)」. 김종흡 외 3인 공역. 서울: 생명의말씀사, 1986.

한글 서적

「예수교대한성결교회 헌장」. 제18판. 서울: 예수교대한성결교회 총회본부, 2006.

가톨릭 공용어 심의위원회 편. 「가톨릭 기도서」. 수정판. 서울: 한국천주교중앙협의회, 1987.

한국 가톨릭 대사전 편찬위원회 편. 「한국 가톨릭 대사전」. 서울: 한국 교회사 연구소, 1989.

영문 서적

Atkinson, James. Martin Luter and the Birth of protestantism. Atlanta : John Knox Press, 1981.

Cardinal Carberry, Jhon J. Reflections and Prayers for Visits with Our Eucharistic Lord. Boston
         : St. Paul Books and Media, 1992.

Hislop, Alexander. The Two Babylons or The Papal Worship. N. J. : Loizeaux Brothers, Inc.,

2차 자료

1959.

Schaff, Philip. History of the Christian Church, Vol. II. Mich : WM. B. Eerdmans Publishing
　　　Co., 1910.

_____. History of the Christian Church, Vol. III. Mich : WM. B. Eerdmans Publishing Co.,
　　　1910.

_____. History of the Christian Church, Vol. IV. Mich : WM. B. Eerdmans Publishing Co.,
　　　1910.

_____. History of the Christian Church, Vol. VII. (Mich : WM. B Eerdmans Publishing Co.,
　　　1910.

_____. History of the Christian Church, Vol. VIII. (Mich : WM. B. Eerdmans Publishing Co.,
　　　1910.

Thompson, Bard. Liturgies of the Western Church. N. Y. : World Publishing Co., Inc., 1961.

번역 서적

Maxwell, William D.「예배의 발전과 그 형태　기독교 예배의 역사 개관」. 정장복 역. 서울: 쿰
　　　란출판사, 1996.

Walker, Williston.「기독교회사」. 류형기 역편. 중판. 서울: 한국기독교문화원, 1987.

개블러, 울리히.「쯔빙글리」. 박종숙 역. 서울: 아가페출판사, 1993.

고펠트, 레온하르트.「모형론」. 최종태 역. 서울 : 새순출판사, 1987.

니이브, J. L.「기독교교리사」. 서남동 역. 서울: 대한기독교서회, 1965.

니젤, 빌헬름.「비교교회론」. 이종성·김항안 공역. 서울: 대한기독교출판사, 1988.

디이슨, 헨리.「조직신학강론」. 권혁봉 역. 서울: 생명의말씀사, 1975.

딘슬리, 마가렛.「중세교회 역사」. 박희석 역. 서울: 기독교문서선교회, 1993.

래토레트, 케니스.「기독교사(중)」. 윤두혁 역. 서울: 생명의말씀사, 1980.

램, 버나드. 「복음주의 신학의 흐름」. 권혁봉 역. 서울: 생명의말씀사, 1985.

레이번, 로버트 G. 「예배학」. 김달생.강귀봉 공역. 서울: 성광문화사, 1982.

로울러,R · 우얼,D. · 로울러,T. 「그리스도의 가르침」. 오경환 역. 서울: 성바오로출판사, 1977.

로제, 베른하르드. 「기독교 교리의 역사」. 차종순 역. 서울: 목양사, 1986.

리베라, 알베르토. 「악령의 처소」. 서달석 역. 서울: 생명의 서신, 1989.

_____. 「큰 바벨론」. 서달석 역. 서울: 생명의 서신, 1990.

린제이, 토마스 M. 「종교개혁사(1)」. 이형기 · 차종순 역. 서울: 대한예수교장로회총회출판국,
       1990.

_____. 「종교개혁사(II)」. 이형기 · 차종순 역. 서울: 대한예수교장로회총회출판국, 1991.

_____. 「종교개혁사(III)」. 이형기. 차종순 역. 서울: 대한예수교장로회총회출판국, 1991.

맥아더, 죤. 「참된 예배」. 한화룡 역. 서울: 도서출판 두란노, 1992.

맥클라렌, 알렉산더. 「갈라디아서 강해」. 심이석 역. 서울: 크리스챤 다이제스트사, 1986.

멕가티, 제임스 G. 「가톨릭에도 복음이 있는가?」. 조남민 역. 서울: 도서출판 한인성경선교
       회, 2006.

버터필드, 클락 M. 「로마 카톨릭에서 그리스도인으로」. 서달석 역. 서울: 생명의 서신, 1989.

베닛, 리처드 . 버킹엄, 마틴 편. 「교황 대신 예수를 선택한 49인의 신부들」. 이길상 역. 서울:
       아가페출판사, 2001.

베인턴, 롤란드. 「종교개혁사」. 홍치모 · 이훈영 역. 경기: 크리스챤다이제스트, 1997.

뵈트너, 로레인. 「로마 카톨릭 사상 평가」. 이송훈 역. 서울: 기독교문서선교회, 1992.

브루스, F. F. 「신약사」. 나용화 역. 서울: 예수교문서선교회, 1978.

뻘콥, 루이스. 「뻘콥 조직신학」. 제6권 교회론. 고영민 역. 서울 : 기독교문사, 1981.

_____. 「기독교 교리사」. 신복윤 역. 서울 : 성광문화사, 1980.

_____. 「기독교신학개론」. 신복윤 역. 서울: 은성문화사, 1974.

빨라치도, 백. 「미사는 빠스카 잔치이다」. 경북: 분도출판사, 1976.

샘 힌. 「예배로의 부르심」. 서울: 도서출판 예인, 1996.

슈링크, 바실레아. 「록 음악의 위험」. 서울: 도서출판 엠마오, 1989.

스카르가, P.. 「성체현존」. 조원규 역. 서울: 크리스찬출판사, 1988.

스튜아트, 알렉산더. 「로마교 교리와 성경교리」. 최진도 역. 부산: 성문사, 1961.

스피츠, 루이스 W. 「종교개혁사」. 서영일 역. 서울 : 기독교문서선교회, 1983.

알멘, J. J. 폰. 「주의 만찬」. 박근원 역. 서울 : 양서각, 1986.

압바, R. 「기독교 예배의 원리와 실제」. 허경삼 역. 서울: 대한기독교서회, 1974.

앵글, 폴 E. 「당신의 예배생활은 전통적인가 성경적인가」. 정광욱 역. 서울: 종합선교-나침반
          사, 1991.

오르티즈, 후안 카를로스. 「주님과 동행하십니까」. 김병국 역. 서울: 도서출판 바울, 1990.

오브라이언, 죤. 「억만인의 신앙」. 정진석 역. 서울: 가톨릭출판사, 1960.

와닝거, 로버트 하인리히. 「쯔빙글리의 종교개혁 이야기」. 정미현 역. 서울: 한국장로교출판
          사, 2002.

우드로우, 랄프. 「로마 카톨릭주의의 정체」. 안금영 역. 서울 : 도서출판 태화, 1984.

워렌, 릭. 「새들백교회 이야기」. 김현희.박경범 역. 서울: 도서출판 디모데, 1966.

워필드, B. B. 「구원의 계획」, 박종칠 역. 서울: 새시대문화사, 1972.

웨버, 로버트. 「예배학」. 김지찬 역. 서울: 생명의말씀사, 1988.

제베르그, R. 「기독교 교리사(중.근세 편)」. 김영배 역. 서울: 도서출판 엠마오, 1985.

조지, 티모디. 「개혁자들의 신학」. 이은선 · 피영민 역. 서울: 요단출판사, 1994.

존스, 마틴 로이드. 「로마 카톨릭사상 평가」. 편집부 역. 서울: 도서출판 안티오크, 1994.

존스, 일리온 T. 「복음적 예배의 이해」. 정장복 역. 서울: 대한예수교장로회총회출판국, 1988.

지글러, 프랭클린 M. 「예배학 원론」. 정진황 역. 서울: 요단출판사, 1979.

카아슨, 허버트 M. 「천주교는 과연?」. 박우석 역. 서울 : 생명의말씀사, 1984.

카워드, 해롤드 G. 「종교다원주의와 세계종교」. 오강남 역. 서울: 대한기독교서회, 1993.

카이퍼, B. K. 「세계 기독교회사」. 김해연 역. 서울: 성광문화사, 1980.

테스타, 스테반 L. 「천주교는 성경에 있는가?」. 조인숙 역. 부산: 기독교다이제스트사, 1972.

토저, A. W. 「이러한 예배라야…」. 엄성옥 역(서울: 도서출판 은성, 1993.

툰, 피터. 「카톨릭, 개신교와 무엇이 다른가?」. 박용규 역. 서울: 도서출판 솔로몬, 1995.

혼, 에드워드 T.「교회력」. 배한국 역. 서울: 컨콜디아사, 1989.

화이트, 제임스 F.「개신교 예배」. 김석한 역. 서울: 기독교문서선교회, 1997.

_____.「기독교 예배학 입문」. 정장복 역. 서울: 도서출판 엠마오, 1992.

_____.「예배의 역사」. 정장복 역. 서울: 쿰란출판사, 1997.

후우비, 요셉 편.「가톨릭 사상사」. 강성위 . 중판. 서울: 성바오로출판사, 1982.

휴튼, 시드니.「기독교 교회사」. 정중은 역. 서울: 종합선교—나침반사, 1988.

히슬롭, 알렉산더.「두 개의 바빌론」. 안티오크 번역실 역. 서울: 도서출판 안티오크, 1997.

한글 서적

김동수.「교회력 : 교회의 절기 해설」. 서울: 광음서림, 1962.

김득룡.「현대교회 예배학 신강」. 서울: 총신대학출판부, 1985.

김석한. 「개혁주의 예배의 이론과 실제」. 서울 : 도서출판 영문, 2002.

김수학. 「개혁과 예배학」. 대구: 보문출판사, 1982.

김영재. 「교회와 예배」. 경기: 합동신학대학원출판부, 1995.

김진호. 「숨겨진 보물 예배」. 서울 ; 도서출판 예수전도단, 1989.

목창균. 「현대신학 논쟁」. 서울: 도서출판 두란노, 1995.

박근원 편. 「리마 예식서」. 서울: 한국기독교교회협의회, 1987.

_____.「현대신학 실천론」. 서울: 대한기독교서회, 1998.

박도식.「무엇하는 사람들인가?」. 서울: 가톨릭출판사,1964.

_____.「천주교와 개신교-하나인 교회」. 서울: 가톨릭출판사, 1980.

박명수,「근대사회와 복음주의」(서울: 한들출판사, 2008),

박영호.「WCC 운동 비판」. 서울: 기독교문서선교회, 1984.

박윤선.「성경주석 로마서」. 서울: 영음사, 1984.

박윤선.「성경주석 사무엘서 열왕기 역대기」. 제3판. 서울: 영음사,1980.

_____.「성경주석 에스라서 느헤미야서 에스더서」. 2판. 서울: 영음사, 1980.

박은규. 「예배의 재발견」. 서울: 대한기독교출판사, 1988.

박희민. 「평신도를 위한 예배학」. 서울: 보이스사, 1998.

방지형. 「기초예배학」. 서울: 성광문화사, 1992.

백동섭. 「새예배학」. 부천: 중앙문화사, 1985.

송낙원. 「기독교회사」. 서울: 기독교문화사, 1957.

연세대학교 연합신학 대학원 편. 「연신원 목회자 세미나 강연집」. 제1집. 서울 : 유니온 학술자료원, 1989.

_____편. 「연신원 목회자세미나 강의집」. 제3집. 서울: 유니온 학술자료원, 1989.

_____편. 「연신원 목회자세미나 강의집」. 제4집. 서울: 유니온 학술자료원, 1989.

_____편. 「연신원 목화자 세미나 강의집」. 제6집. 서울: 유니온 학술자료원, 198.

_____편. 「연신원 목회자 세미나 강의집」. 제8집. 서울: 유니온 학술자료원, 1989.

오덕교. 「종교개혁사」. 경기: 합동신학대학원대학교출판부, 1998.

오연수. 「종교개혁사」. 서울: 도서출판 한글, 2000.

원세호. 「천주교회란?」. 서울: 국종출판사, 1984.

유선호. 「천주교도 기독교인가?」. 재판. 서울: 도서출판 하늘기획, 1998.

_____. 「천주교를 배격하는 7가지 이유」. 서울: 하늘기획, 1999.

유스토 L. 곤잘레스. 「종교개혁사」. 서영일 역. 서울: 은성, 1988.

이강호. 「예배학」. 안양: 성결대학교출판부, 1997.

이기정 편. 「중요 교리 · 전례 · 용어 해설」. 서울: 가톨릭출판사, 1977.

이동원. 「첫 믿음의 계승자들 이삭, 야곱, 요셉」. 서울: 종합선교-나침반사, 1989.

이상규. 「교회 개혁사」. 서울: 성광문화사, 1997.

이상근. 「신약주해 마태복음」. 서울 : 대한예수교장로회 총회교육부, 1966.

_____. 「요한복음 주해」. 서울: 대한예수교장로회 총회교육부, 1975.

이성주. 「조직신학」, 제1권. 서울: 성지원, 1989.

_____. 「현대신학」, 제2권. 서울: 문서선교 성지원, 1994.

이장식. 「기독교 사상사」, 제1권. 서울: 대한기독교서회, 1963.

_____. 「기독교 사상사」, 제2권. 서울: 대한기독교서회, 1963.

_____.「기독교 신조사」. 서울: 컨콜디아사, 1979.

이형기.「종교개혁 신학사상」. 서울: 장로회신학대학출판부, 1984.

이홍기.「미사 전례」. 경북: 분도출판사, 1997.

전호진.　「종교다원주의와 타종교 선교전략」. 서울 개혁주의신행협회, 1992.

정승훈.　「말씀과 예전」. 서울: 대한기독교서회, 1998.

정용섭.　「교회 갱신의 신학」. 서울 : 대한기독교출판사, 1980.

정일웅.　「기독교 예배학 개론」. 개정증보판. 서울: 도서출판 솔로몬, 1996.

정장복.　「예배학 개론」. 서울: 종로서적출판주식회사, 1985.

정진홍.　「기독교와 타종교의 대화」. 서울: 전망사, 1980.

차종순.　「교리사」. 서울: 한국장로교출판사, 1993.

최윤환.　「미사 해설」. 서울: 가톨릭출판사, 1982.

최형락.　「가톨릭 교리 용어집」. 서울: 계성출판사, 1987.

한국복음주의실천신학회 편.「복음주의 예배학」. 서울: 요단출판사, 2001.

한철하.　「고대기독교사상」. 서울: 대한기독교서회, 1985.

황원찬.　「개혁주의 예배학 총론」. 서울: 도서출판 잠언, 1996.

세계교회협의회 편.「BEM 문서 : 서례, 성만찬, 직제」. 이형기 역. 서울: 한국장로교출판사, 1993.

사전

Encyclopaedia Britannica : A New Survey of Universal Knowledge, Vol. 14. Chicago : Ency-
　　　clopaedia Britannica, Inc., 1964.

Encyclopaedia Britannica, Vol. 13. Chicago : Encyclopaedia Britannica, Inc., 1768.

The New Encyclopaedia Britannica, vol. 9. Chicago : Encyclopaedia Britan- nica Inc., 1989.

Gesenius' Hebrew and Chaldee Lexicon to the Old Testament Scriptures. tr. by Samuel P.
　　　Tregelles. Mich : WM. B. Eerdmans Publishing Co., 1949.

Davies, J. G. ed. The New Westminster Dictionary of Liturgy and Worship. Philadelphia : The
　　　Westminster Press, 1986.

Hastings, James. Encyclopaedia of Religion and Ethics, vol. V. N.Y. : Charles Scribner's Sons, 1981.

Arndt, William F. and Gingrich, F. Wiber. A Greek - English Lexicon of The New Testament

and Other Early Christian Literature. Ill : The University of Chicago Press, 1957.

Websters' Collegiate Dictionary. 5th ed. Mass : G. & C. Merriam Co., Publish- ers, 1942.

「기독교 대백과사전」. 제6권. 서울: 기독교문사, 1980.

「기독교 대백과사전」. 제8권. 서울: 기독교문사, 1983.

「기독교 대백과사전」. 제9권. 서울: 기독교문사, 1983.

「기독교대백과사전」. 제13권. 서울: 기독교문사, 1984.

「기독교대백과사전」. 제15권. 서울: 기독교문사, 1985.

「동아 프라임 영한사전」. 신개정2판. 서울: 동아출판사, 1989.

두산동아사전편찬실 편.「동아 새국어사전」. 서울: 두산 동아, 1997.

박도식. 「가톨릭 교리사전」. 서울: 가톨릭출판사, 1985.

성갑식 편.「그리스도교 대사전」. 서울: 대한기독교서회, 1972.

신학사전편집위원회 편.「신학사전」. 서울: 개혁주의신행협회, 1978.

안상님 편.「신학 영어사전」. 개정증보판. 서울: 대한기독교서회, 1992.

정기 간행물 및 논문

「건축과 환경」. 028. 1986, 12).

「기독교 사상」. 35, No. 11. 1991. 11.

「신학사상」. 제56호 . 서울: 한국신학연구소, 1987 봄.

「월간 목회」. 163. 1990. 3.

「한국 여성신학」. 41호. 한국여성신학회, 2000년 봄.

「교회연합신문」. 1986. 4. 27.

「국민일보」. 1992. 7. 22.

「국민일보」. 2005. 4. 22.

「국민일보」. 2009.07.14., p.26.

「국민일보」. 2010.11.04., p.29.

「국민일보 」. 2011.04.02., p.23.

「기독교신문」. 1989. 10. 1.

「기독교신문」. 1992. 8. 23.

「기독교연합신문」. 1992. 8. 30, p. 1.

「기독교연합신문」. 1992. 9. 27.

「크리스챤신문」. 1988. 10. 29.

「크리스챤신문」. 1989. 1. 21.

「크리스챤신문」. 1989. 3. 18.

「크리스챤신문」. 1989. 9. 30.

「크리스챤신문」. 1992. 9. 19.

유선호. "천주교 미사에 대한 종교개혁가들의 비판과 개혁." 석사학위논문, 서울신학대학교 신학전문대학원, 2005.

유선호. "천주교 미사와 기독교 예배의 신학적 비교연구 : 예전운동에 대한 복음주의적 적용을 위하여". 박사학위논문, 서울신학대학교 신학전문대학원, 2009.

이현웅. "장로교 예배모범의 역사와 전망에 관한 연구." 박사학위논문, 장로회신학대학교 대학원,2004.

한기철. "칼빈의 성만찬론을 통한 한국교회 예배갱신 연구."박사학위논문, 국제신학대학원대학교,2003.

황명현. "예전의 역사 연구를 통한 한국 개신교회의 예배예식서 제안." 박사학위논문, 한세대학교 목회대학원, 2004.